HUAWEI

UBUHLAKANI BUKAREN ZHENGFEI

HUAWEI

UBUHLAKANI
BUKAREN ZHENGFEI

JIN YI

Huawei: Ubuhlakani BukaRen Zhengfei

Jin Yi

Translated by Siyanda Siwela & Bongane Skosana

B&R Book Program

First Zulu Edition 2022
By SW Books

Original edition by Jin Yi © Jin Yi
Arranged by China Renmin University Press

ISBN: 978-1-927670-37-8

Okuqukethwe

HUAWEI

UBUHLAKANI BUKAREN ZHENGFEI

INGXENYE 1

Umfula Wentwasahlobo Ugelezela EMpumalanga

Ngesikhathi sifika kulo mphakathini, ngangingayejwayele indlela yokuhweba ngezimpahla futhi ngangingenalo ikhono lokuwenza lo msebenzi. Ngaqala njengomphathi enkampanini yezobuchwepheshe. Ngahlangabezana nokwehluleka kanye nokukhohliswa. Ngokuhamba kwesikhathi, angilitholanga ithuba lokuqashwa kwenye inkampani, futhi kwasekungekho engingakwenza ngaphandle kokusungula iHuawei.

Umsunguli weHuawei URen Zhengfei

ISAHLUKO 1

Ukukhulela Endlaleni

Kunoma yiluphi ucwaningo lwezamabhizinisi eShayina kusetshenziswa iHuawei njengesibonelo. Kungekona nje ukuthi iHuawei iyibhizinisi elithathelwa phezulu emhlabeni wonke, kodwa futhi ingenye yamabhizinisi ambalwa aseShayina agxile kakhulu kucwaningo nentuthuko. Ngenxa yezobuchwepheshe bayo, iHuawei ikwazile ukwedlula i-Ericsson neCisco eminyakeni engamashumi amathathu nje kuphela, futhi yaba yilona bhizinisi elihamba phambili emkhakheni wayo.

Izibalo ezisemthethweni zeHuawei zikhombisa ukuthi ngonyaka ka-2017, imali eyenziwa ngokudayisa iHuawei yabalelwa ezigidini ezingu-603.621 zama-*Yuan*, ngokuqhathanisa ukukhula unyaka nonyaka okungaba ngu-15%. Ukusebenza okuhle kweHuawei bekungeke kube yimpumelelo ngaphandle komsunguli wayo uRen Zhengfei. Ngaphansi kobuholi bakhe, iHuawei ibe yibhizinisi elisezingeni 'le-*Unicorn*' emhlabeni wonke.

Ukuze kudalulwe imfihlo yokuphumelela kweHuawei, ithimba lethu lichithe izinyanga licwaninga futhi lihlela okutholakele ekusungulweni nasekuthuthukisweni kweHuawei. Yiqiniso ukuthi, lapho sibhala indaba yeHuawei, kuye kwadingeka ukuba sibheke emuva ohanjeni lwezamabhizinisi lowasungula iHuawei, uRen Zhengfei, kanye neminyaka eyingqayizivele nevusa imizwa ayiphilile.

Ubudlelwano Nendawo yaseGuizhou

Ikakhulukazi amasiko omdabu abunjwa yimvelo umuntu akhulele kuyona. Lokhu kuhambisana nesisho sesiShayina esithi, 'njengalokhu izimbiwa zendawo zemvelo zihlinzeka izakhamizi zaleyo ndawo, leyo mvelo ichaza amasiko abo labo bantu.' Lokhu kuyiqiniso ngoba abantu baseGuizhou bondliwa yimifula yezintaba ebabazekayo namanzi amtoti aseNtwasahlobo abenza basebenze ngokuzimisela, ngokuzikhandla okujulile nangokuphikelela. Kwenzeka okufanayo nakuRen Zhengfei – usomabhizinisi omkhulu. Esihlokweni sakhe esithi, *UMama NoBaba Wami,* uRen Zhengfei wabhala wathi, 'Ubaba wayegqoka izingubo ezixutshwe nokotini zophiko lwezokubuyiswa komhlaba, futhi walandela Amabutho Empi Yenkululeko Yabantu Alwa Nobugebengu waya esifundeni esinezintaba saseGuizhou esihlala abantu bomdabu abayingcosana uma beqhathaniswa nenani labanye ezweni. Wayezosungula Isikole Samabanga Aphakathi Sabantu Abayingcosana. Ngokuphazima kweso, kwase kwedlule amashumi eminyaka. Iningi labafundi abakhulisa, ngokuhamba kwesikhathi, laba nezikhundla eziphakeme Eqenjini nakuhulumeni. Abanye babo baba ngabaholi bezikole zeCentral Institution.'

Le iyona ndlela uRen Zhengfei asungula ngayo ubudlelwano neGuizhou.

Lokhu kwaphinde kwakha ukuzithoba kwakhe nomoya wakhe ophansi. Kuyaziwa ukuthi isifundazwe saseGuizhou, esisogwini oluseNingizimu-Ntshonalanga, sinezigcawu nezindawo ezinhle kanye nezintaba ezibabazekayo. Ichazwa kangcono njengeparele lasethafeni. IGuizhou ayilona nje ikhaya leMpophoma yeHuangguoshu edume umhlaba wonke kuphela, kodwa iphinde ibe nayikhaya lomkhiqizo odume wonke umhlaba wotshwala baseShayina, iMaotai.

Kodwa-ke, nangaphezu kwabo bonke ubukhazikhazi namaphupho aseGuizhou, kunesimo sobuphofu esaziwa yibo bonke abantu. Yingakho ezinye izazi ziye zaphetha ngokuthi zithi kokhuna 'o-akukho' abane uma zibheka izici zendawo yaseGuizhou, 'azikho izinsuku ezintathu ezilandelanayo lapho ilanga libalele khona, akutholakali ndawo engamafithi angaphezu kwamathathu ubukhulu, akukho zinhlamvu zemali ezingaphezu kwezintathu ephaketheni lomuntu, futhi akukho ukuzwelana kwesigamu esisodwa kwezintathu kubantu.'

Imigqa emibili yokuqala ichaza isimo sezulu nezici zendawo yaseGuizhou. Isimo sezulu saseGuizhou sibi impela futhi sinokwenza okungalindelekile. Imigwaqo yakhona esezintabeni nayo ayihambeki kalula, ngokufanayo nje nesimo sezwe esaziwa ngeKarst thophografi evamile. Imigqa emibili yokugcina ikhomba ukuthi iGuizhou ayimpofu nje kuphela, kodwa futhi ayinawo nomusa wobuntu.

Yize lezi zinkulumo bezingelona iqiniso ngokuphelele, zazinobuqotho kakhulu kunencazelo yezisho ezinjengesithi 'imbongolo yaseGuizhou iphelelwe amaqhinga,' noma esithi 'iNkosi uYelang icabanga ukuthi ingcono kunaye wonke omunye umuntu.' Nanxa kunjalo, lezi zisho zaqanjwa zihlose ukuqonda iGuizhou. Abantu asebephile isikhathi eside eGuizhou bangakuzwa kufaneleka ukukhuluma izincazelo ezinjalo, njengoba bebambeke njengethambo lenhlanzi emphinjeni.

Mayelana nokuvezwa kweGuizhou, owayeyinxusa eliKhulu Lokuxoxisana laseShayina ngokungena kwayo eNhlanganweni Yokuhwebelana Yomhlaba, kanye noNobhala-Jikelele we-Boao Foram yase-Eshiya, uLong Yongtu, waphawula ukuthi emehlweni abantu bakwamanye amazwe, isithombe seGuizhou simane nje 'siyisihlahla [i-Huangguoshu, noma iMpophoma 'Yomuthi Wesithelo Esiphuzi'], ibhodlela lotshwala [iMaotai] nendlu [Indawo Yengqungquthela yaseZunyi].'

Phakathi kwamakhadi amagama amathathu ngeGuizhou, amabili awo aqhamuka edolobheni laseZunyi, eGuizhou. Idolobha laseZunyi yidolobha elisezingeni lesifunda ngaphansi komthetho wesifundazwe saseGuizhou. Igama elithi 'Zunyi' liqhamuka emugqeni we*Shangshu* [Umlando Wokungasoze Kwabuna], 'Njengoba elandela [uZun] osho ukuhleleka kwasebuKhosini [uYi] kufanele ahlale engachemi futhi elungile.' IZunyi isenkabeni eseNingizimu-Ntshonalanga neShayina. Izinze eNyakatho yesifundazwe saseGuizhou, eNyakatho yeNtaba iDalou naseNingizimu yoMfula iWujiang. Ezikhathini zasendulo, yayiyiDolobha laseLiangzhou futhi kwakuyindlela esetshenziswa kakhulu ukusuka eGuizhou ukuya eSishuan, ngaleyo ndlela kwakuyidolobha elibalulekile eNyakatho yeGuizhou. Utshwala obudumile, iMaotai, baziwa kakhulu ezweni nakwamanye amazwe. Womabili la makhadi egama likaZunyi anokuxhumana okuqondile nokungaqondile neQembu lamaKomanisi aseShayina (i-CPC). Ngonyaka ka-1935, i-CPC yaba nengqungquthela edumile eZunyi, eyaba nomkhulu umthelela ekuhanjisweni nasekuphathweni kwe-CPC. Yingakho iZunyi yayaziwa nangokuthi 'yiDolobha lenguquko, iNhlokodolobha yemihlangano.'

IMaotai yaba yiwayini laseShayina lokuxhumana, futhi ingabukwa nanjengotshwala bukazwelonke.

Ikhadi legama lesithathu leGuizhou kwakuwukuziqhenya kweShayina, impophoma yayo enkulu, impophoma yeHuangguoshu (etholakala esifundeni saseZhenning). Yilapho uRen Zhengfei azalelwa khona. Ngonyaka ka-1944, uRen Zhengfei wazalelwa esigodini esincane endaweni empofu enezintaba esifundeni saseZhenning, idolobheni i-Anshun, esifundazweni saseGuizhou, eduze nempophoma edumile iHuangguoshu.

Impophoma iHuangguoshu ingamamitha angu-77.8 ukuphakama, lapho ukuphakama kwempophoma enkulu kungamamitha angu-67. Le mpophoma ingamamitha angu-101 ububanzi, isiqongo esikhulu salawa manzi sithatha amamitha angu-83.3. UXu Xiake, umbhali wezokuvakasha ovela ebukhosini bakwaMing, wachaza ubuhle bempophoma yeHuangguoshu ngokuthi, 'Uma ubheka eNingizimu ngembotshana, amanzi ubukeka kusengathi andiza emoyeni ngakwesokunxele sendlela, kungamashumi ezinkulungwane zamaconsi ehla evela phezulu. Amatshe asemfuleni afana nokukha amaqabunga elothasi, avula amasango amathathu phakathi, namanzi ehla esuka phezulu emaqabungeni. Kuba sengathi izingcezu zeshifoni eziyisigidi ezilukwe yizinhlanzi-muntu ezemboze amasango. Umuntu akanakulinganisa lelo banga ngamagxatho nje kuphela.

Lapho ubuhlalu bamanzi bushayisana njengokuqhuma kocezu lwetshe eliyigugu, ijeyidi, igwebu libuyela emuva, njengentuthu egxumayo. Lowo umbono omuhle kakhulu.

Uma lokhu kungachazwa 'njengekhethini lobuhlalu elehliswayo, lindiza emoyeni ngesikhathi lilenga esiqwini esikude,' kungabe lokho akushayi khona.'

Izintaba nemifula yeGuizhou kwamkhulisa uRen Zhengfei, yilapho isiko lakhona eligciniwe nelincomekayo labumba ubuntu bakhe obuphansi futhi laba nomthelela eswini lebhizinisi leHuawei. Zonke lezi zinto zaholela, ngokungaqondile, ukuba uRen Zhengfei abe ngumholi omkhulu wamabhizinisi eShayina.

Ukukhulela Endlaleni

Nakuba iGuizhou iyikhaya lemvelo enjengeparadesi kanye nempophoma iHuangguoshu, noma ipharadesi lasemhlabeni njengoba umbhali wezohambo lweMing Dynasty, uXu Xiake eyibiza kanjalo, asikwazi ukungabunaki ubumpofu besifundazwe saseGuizhou kanye nokungabi nentuthuko ngenxa yomlando wayo nezinye izizathu ezehlukahlukene. URen Zhengfei, owazalelwa eGuizhou, wayebhekene nazo lezi zinkinga.

Embhalweni wakhe oyi-athikili othi, *UMama NoBaba Wami,* uRen Zhengfei waxoxa ngezinsuku azichitha endlaleni eGuizhou. Wabhala wathi, 'Engikukhumbula kakhulu futhi okugqamile ngenkathi sisakhula sihlala nabazali bethu, kwakuwukubekezelela iminyaka emithathu yobunzima. Ngisayikhumbula kahle nanamuhla.'

Kunabantu abayisishiyagalolunye emndenini kaRen Zhengfei, uma ubala izingane eziyisikhombisa kanye nabazali bakhe. Babephila ngeholo elingenele labazali. Njengoba yayingekho eminye imithombo yemali engenayo, impilo yabo yayinzima kakhulu.

Ngesikhathi uRen Zhengfei nezingane zakubo ezimelamayo bekhula, ngokuhamba kwezinsuku, izembatho zabo zazingasabalingani. Kwakufanele baye nasesikoleni futhi bakhokhe ama-*yuan* amabili ukuya kwamathathu njengemali yesikole ingane ngayinye, kusigamu semfundo ngasinye, ngakho-ke izindleko zomndeni zazimba eqolo.

Umama kaRen Zhengfei wayekhathazeka njalo nje uma kufanele kukhokhwe izindleko.

Uma kuqhathaniswa nemindeni okwakunzima kakhulu ukuba iziphilise ngeholo layo, phakathi kwezinye zezizathu, umndeni kaRen Zhengfei wawusezingeni elibucayi kakhulu ngenxa yezingane zakhona ezazisesikoleni. URen Zhengfei wabhala wathi, 'Ngangivamese ukubona umama eboleka ama-*yuan* amathathu ukuya kwamahlanu kubantu ekupheleni kwenyanga ukuze sizibe indlala. Ngezinye izikhathi, wayebuya elambatha nanxa engqongqothe eminyango eminingana.'

URen Zhengfei wayengakakaze aligqoke ihembe kwaze kwaba yilapho ephothula esikoleni samabanga aphakeme. Waqhubeka egqoka ijazi elikhulu ngisho nalapho likhipha umkhovu etsheni. Labo ayefunda nabo esikoleni baze bameluleka ukuthi akacele ihembe kumama wakhe. Kodwa kuRen Zhengfei owayenomqondo ohluzekile, akungabazeki ukuthi leso sicelo sasinzima kakhulu. Uma ekhumbula, uRen Zhengfei uthi, 'Ngangingasaceli lutho, ngoba ngangazi ukuthi kwakungenakwenzeka ukuthi leso sicelo sigcwaliseke.'

Kunjengokusho kwesisho sesiShayina esithi, 'Umama uyakhathazeka uma indodana yakhe ikude ngamamayela ayinkulungwane nasekhaya,' Umama kaRen Zhengfei wamnika amahembe amabili ngasikhathi esisodwa uma uRen Zhengfei esezohamba ekhaya aye ekolishi eChongqing. URen Zhengfei wadabuka kakhulu lapho ebona lawo mahembe. Uthi uma ekhumbula, 'Ngacishe ngakhala, ngoba ukuba namahembe amabili kwakusho ukuthi izingane zakithi ezimbili zizophila kanzima. Ngezinye izikhathi, sibabili noma sibathathu sasabelana ingubo yokulala eyodwa ekhaya, futhi amashidi ethu okulala amadala sasiwabeka phezu kotshani esasilala kubona.'

Ngesikhathi seNguquko Yamasiko, ikhaya likaRen Zhengfei lahlaselwa amambuka. Lawo mambuka ayecabanga ukuthi umndeni kaRen Zhengfei wawucebile njengoba uyise wayefunde kakhulu njengothishanhloko wesikole semisebenzi yezandla. Kodwa ashaqeka lapho ebona isimo sekhaya labo.

Njengoba uRen Zhengfei wahamba nengubo yokulala lapho eya ekolishi, impilo yaba nzima kakhudlwana emndenini wakhe. Ngalezo zikhathi, kwakunomthetho wokwabiwa kwamathikithi endwangu namathikithi kakotini, futhi kwakuthi uma unyaka umubi kakhulu, wonke umuntu wayenikwa amamitha angu-0.5 kuphela endwangu. Njengoba babengenawo amashidi emibhede, umama kaRen Zhengfei wayecosha amashidi ombhede adabukile ayelahlwe yilabo asebephothule izifundo zabo, awathunge, awahlanganise bese ewawasha. Lawo mashidi ombhede uRen Zhengfei wawasebenzisa iminyaka emihlanu yonke ekolishi eChongqing.

Ngenxa yephutha langesikhathi se-Great Leap Forward phakathi konyaka ka-1959 nonyaka ka-1962, kanye neminyaka emithathu yobunzima, iShayina yazifaka enkingeni yezomnotho. URen Zhengfei wayesesikoleni samabanga aphakeme ngaleso sikhathi, futhi kuye, ubunzima obukhulu kwakuwukubhekana nendlala.

Wayelamba futhi engakwazi ukugxila ezifundweni zakhe. Yingakho, ehluleka futhi kwadingeka aphinde athathe izivivinyo lapho esesonyakeni wesibili.

Esikoleni samabanga aphakathi, uRen Zhengfei waba yisibonelo sokufundisa abafundi ngokwamakhono abo. Nakuba kunjalo, waphinde wehluleka futhi wathatha izivivinyo esikoleni esiphakeme. Uma uRen Zhengfei ekhumbula uthi, 'Ngangingenakho ukulangazelela okuhle lapho ngisasemusha. Engangikukhuthalele kuyo yomithathu iminyaka ngisesikoleni samabanga aphakeme, kwangukuthola ithuba lokudla ibhanisi elimhlophe elifudunyeziwe. Ngakho-ke, ngiyaluqonda usizi lwaseNorth Korea kule minyaka embalwa edlule. Kodwa sebenalo usizo oluvela kwamanye amazwe manje, futhi inani labantu bakuleyo ndawo lincane. Ngalezo zikhathi, iShayina yayibhekene nokuvinjezelwa kwezomnotho kanye nontswinyo lwamazwe aseNtshonalanga, eholwa yiMelika, futhi nenani labantu bethu lalilikhulu. IShayina yayibhekane nobunzima obukhulu ngaleso sikhathi kuneNorth Korea kanye nezwekazi lase-Afrika kulezi zinsuku.'

Kusukela ngaleso sikhathi, njengoba indlala ilokhu imbelesele, indlela yakhe yokwenza izinqumo nayo yathuthuka. URen Zhengfei uthi uma ekhumbula, 'Sasikhuphuka izintaba siyokha izithelo ezibomvana ezihlabayo (lezo esizisebenzisela ukwenza umbala oluhlaza), sigaye izimpande zesitshalo ifeni zibe yizicucu bese sigaya iziqu eziluhlaza zibe yimpuphu kube ukudla kwethu loko. Kwakunezikhathi lapho udadewethu omncane owayevuna ubhontshisi we-*castor* ukuba awose futhi awudle njengamantongomane, kodwa emva kwalokho wayehanjiswa yisisu ngokushesha. Ngokuhamba kwesikhathi, satshala amathanga ensimini eyayingalinyiwe ezintabeni, sathola ukudla ngokupheka izimpande zeminduze ye-*canna* [imbali]. Lapho siqala ukudla i-*canna*, sasesaba ukuthi hleze iwushevu, futhi umama wasivumela sonke ukuba sizame ucezwana oluncane. Lapho sibona ukuthi sonke sisaphila, saba nesibindi. Ubusuku ngabunye, thina zelamani, sasizungeza isitofu bese silinda umama apheke izimpande ze-*canna* noma amathanga ngebhodwe elikhulu ukuze sigcwalise izisu zethu. Wonke umndeni wawuphila ngokuzwana. Ngaleso sikhathi, sasingenalo ikhishi langempela. Sasivele simbe umgodi eceleni kombhede egunjini lokulala ukuze senze isitofu somgodi esasisisebenzisela ukupheka nokuzifudumeza. Sasihlala sakhe indilinga ukuze sidle amathanga futhi saseneme.'

ISAHLUKO 2

Uhlelo, Uhlelo

Ngonyaka ka-2017, i-athikili enesihloko esithi, *Ungayivumeli IHuawei Ihambe* yayigcwele yonke indawo ku-inthanethi. Umusho wokuqala wawuthi, 'Uma ungabuza ukuthi nginosizi olungakanani, vele ubheke iHuawei ishona eMpumalanga. Iyisibonelo sesimo samkauva seShenzhen. Kungenzeka ukuthi abakwaShenzhen babuzwa ngempela ubuhlungu bokuthutha kweHuawei. Isifunda saseLonggang sashicilela umbiko osemthethweni oqukethe amagama athi 'Angikwazi ukwenza lutho ngaphandle kweHuawei,' futhi kwamenyezelwa nesiqubulo esithi 'Sebenzela iHuawei, khona manje!'.'

Ngokusobala, iHuawei manje iyinkampani enkulu kakhulu. Ngisho nohulumeni basekhaya kufanele bahlinzeke ngezinsiza eziyisisekelo zangempela ukuze iHuawei ingemuki.

Noma kunjalo, ngeminyaka yowo-80, uRen Zhengfei wayeseqale uhambo elingumhlahla-ndlela lamabhizinisi eShenzhen ngenxa nje yokuthi yayingasekho enye indlela ayengayiqoka, njengoba aba nobunzima obuningi kuyo yonke impilo yakhe. Ngaleso sikhathi, kuleyo ndlu eyayinamakamelo amabili angangeni ukukhanya kwelanga, uRen Zhengfei wayengazi ukuthi iHuawei yayizobamba iqhaza elikhulu ekuthuthukisweni kwezimboni zaseShenzhen. Uma kubhekwa emuva, uRen Zhengfei wabhekana nomsebenzi onzima wokwenza iHuawei ibe nkulu nanxa kwakukhona ubunzima, kodwa lokho akubikwanga emaphephandabeni.

Iminyaka Evusa imizwa Yomzabalazo

Kungenxa yokuthi uRen Zhengfei uzalwa emndenini onabantu abahlakaniphile, yingakho ekutusa ukuthi umuntu athole ulwazi. Ngisho nangesikhathi seminyaka emithathu enzima yaseShayina, abazali bakaRen Zhengfei baphikelela ukuthi bathumele izingane zabo esikoleni. Lesi sinqumo sayithinta yonke impilo kaRen Zhengfei.

Ngempela, lokho kwaba yisisekelo esiqinile sokuthi uRen Zhengfei akwazi ukungena kuChongqing Institute of Architectural Engineering (Emva kwalokho eyaba yiChongqing University). Ngonyaka ka-1963, uRen Zhengfei, owayefunda eChongqing Institute of Architectural Engineering, wayesezophothula iziqu zakhe esikhathini esingaba unyaka. Ngaleso sikhathi, iNguquko Yamasiko yaseyiqedile iShayina, kuhlanganisa neGuizhou eyayivaliwe futhi ikude.

Ngesikhathi lokhu kwenzeka, ubaba kaRen Zhengfei wayeboshiwe wagqunywa esibayeni sezinkomo. Lapho uRen Zhengfei ezwa lezi zindaba, wakhathazeka ngobaba wakhe owayehlushwa, futhi ngokuphelelwa yithemba, wagibela isitimela esiya ekhaya engenalo nethikithi.

Ngesikhathi salokhu kuvakasha, ubaba wakhe wamtshela ukuthi angayeki ukufunda. Ngemuva kokuphindela eChongqing Institute of Architectural Engineering, uRen Zhengfei wathatha isinqumo sokuzifundisa amakhompyutha, ubuchwepheshe bedijithali, ukulawula ngokuzenzakalelayo kanye nezinye izinto zobuchwepheshe. Waphinde waxazulula uquqaba lwezinkinga zezibalo ezijulile zikaFan Yingchuan kabili kusukela ekuqaleni kuze kube sekugcineni. Emuva kwalokho, uRen Zhengfei wabhalisela izifundo zengqondo nefilosofi. Ngaphezu kwalokho, wazifundisa nezilimi ezintathu zakwamanye amazwe futhi wafinyelela ezingeni lokuzazi kahle, akwazi ngisho nokufunda izincwadi zasenyuvesi ezibhalwe ngalezo zilimi.

Umndeni kaRen Zhengfei wagqilazeka kakhulu ngesikhathi senhlekelele yeNguquko Yamasiko. Isimo somnotho womndeni wakhe saba sibi kakhulu.

Ngaleso sikhathi, ukuze kunqotshwe 'ongxiwankulu bezomnotho, amakapitali, Iqembu leNguquko Yamasiko lakhipha umyalelo wokuthi izindleko zomndeni wakhe zilinganiselwe ku-15 *yuan*. Okwaba kubi kakhulu ukuthi, ngemuva kokuba amaqembu abavukeli bombuso ehlukene eseyidlile leyo mali, umama kaRen Zhengfei wayethola ama-*yuan* angaba yishumi nje kuphela ezindleko zokuphila kumuntu ngamunye.

Ngaleso sikhathi, uRen Zhengfei wayenalabo afunde nabo besebenza ehhovisi lesifunda esingaphansana, futhi efunela nezingane zakubo imisebenzi efana nokukha isihlabathi emfuleni, ukulungisa ujantshi, kanye nokududulwa komhlabathi ukuze kwakhiwe kuleyo ndawo ... Njengoba ubaba kaRen Zhengfei wayenerekhodi lokuphenywa, izingane zakubo ezincane zazenqatshelwa njalo ukwemukelwa esikoleni. Ngaleso sikhathi, lokhu kwakusho ukuthi lalingekho ithuba lokuthola imfundo ephakeme.

Ngokusho kukaRen Zhengfei, nangaphezu kokuphazamiseka kwezifundo zakhe zeminyaka emithathu ekolishi ngengxa yeNguquko Yamasiko, ezinye izingane zakubo azisiqedanga isikole samabanga aphakeme, isikole esiphakathi kanye nesikole semfundo eyisiqalo.

Uma uRen Zhengfei ekhumbula uthi, 'Umama wayenesifo esibi sofuba ngaleso sikhathi. Isimo somnotho somndeni wethu sasisibi kakhulu futhi sasingadli ngokwenele. Okubi kakhulu, ukuthi umama kwadingeka ukuthi amelane nengcindezi yezepolitiki yokuthi kufanele ahambise ukudla esibayeni sezinkomo futhi akopele imibhalo yokuzigxeka. Waze wagxiviza lowo mbhalo esitsheni sikababa esakhiwe ngengcina, ngethemba lokuthi kuzokhiqizwa amakhophi amaningi futhi kuxazululwe lezo zinkinga ngokushesha. Ngaleso sikhathi, imishini yokukopela etholakalayo yayisetshenziswa amavukela-mbuso kuphela futhi wawungenakuyetsheleka kuwona. Umama wasika isiqeshana somhlanga wagxiviza iphepha elinamafutha ukuze anyathelise imibhalo yokuzigxeka....Njengoba umama wayengatholanga ukwelashwa okufanele, wacishe wangasezwa ezindlebeni.'

Phakathi nale nhlekelele, uRen Zhengfei wayehlala engathintekile ngoba wayesesikoleni, kwenye ingxenye yesifundazwe. Ngasekupheleni kweNguquko Yamasiko Enkulu, ngesikhathi sokuqhashwa emsebenzini ngemuva kokuphothula esikoleni, uRen Zhengfei kwakungeyena yedwa owayekulobu bunzima. Ngaleso sikhathi, amashumi ezigidi zezifundiswa ayelahlekelwe yimisebenzi kulo lonke elaseShayina. Ngaphezu kwalokho, kwakungekho zizathu ezibambekayo zezinsongo ezazenziwe ngoyise, lokho kwakusho ukuthi lokhu kwakungeze kwasetshenziswa ukumvimbela ukuba aqhashwe. Emva kwalokho, uRen Zhengfei wajoyina ibutho lamasosha. Ngokwezizathu ezifanayo nezangaphambili, uRen Zhengfei waphumelela ekuhlolweni kwakhe, kodwa wanikwa isikhundla sokuba unjiniyela wezempi.

Iphrojekthi yokuqala aphathiswa yona kulezi zikhathi ezibucayi kwakuyiphrojekthi yokufaka imishini yamakhemikhali efayibha. Ukuze kuxazululwe izinkinga zezingubo zokugqoka eShayina, iShayina yathenga isethi yemishini yamakhemikhali efayibha enkampanini iSpeichim yaseNice, eFransi. Leyo mishini yafakwa edolobheni laseLiaoyang, eNyakatho-Mpumalanga yeShayina. URen Zhengfei wasebenza kule phrojekthi kusukela ekuqaleni kwayo, kwathi lapho esehamba, imishini yafakwa, kwase kuqala ukukhiqizwa.

Njengoba udaba olubhekene nobaba kaRen Zhengfei lwalungaxazululwanga, isicelo sikaRen Zhengfei sokujoyina i-CPC senqatshwa isikhathi eside impela, kwaze kwaba yilapho kuchithwa khona iGang of Four.

URen Zhengfei uthi, 'INguquko Yezamasiko yayiyinhlekelele yezwe lonke, kodwa kwaba umbhaphadiso womlilo kimina. Kwangenza ngakhula ukusukela ekubeni yimpethu yencwadi ukuya ekubeni umuntu ovuthiwe emkhakheni wezepolitiki. Nakuba ngangibambe iqhaza emhlanganweni omkhulu weRed Guard, angikaze ngibe yilungu leRed Guard. Lokhu kwakungukwenza nje. Ngenxa yecala likababa, alikho iqembu elangivumela ukuba ngijoyine amaRed Guard. Futhi ngangingafuni ukuba 'umkhuzi,' ngoba lokho kwakuzodinga ukuba ngiqoqe abantu abambalwa abalahlwe umphakathi, ngenze iqembu lempi, ngenze namabhande agqokwa emkhonweni. Ngaleso sikhathi, ukugqoka amabhande anjalo kwakuwuphawu lokuba nesikhundla esithile sezepolitiki. Ngangibahalela nalabo engafunda nabo imindeni yabo eyayinamarekhodi ahlanzekile. Ngakho-ke, engangingakwenza ukuthi ngibe sengathi ngimdibi munye nezinhlangano ezinjalo.'

Ngonyaka ka-1976 ku-Okthoba, iKomidi Elikhulu lahlakaza iGang of Four ngegalelo elilodwa. URen Zhengfei waqala ukuphumelela empilweni yakhe – "Lokho kwasikhulula. Ngokuphazima kweso, ngase 'ngingomusha ocebile' ngemiklomelo etholakele'." Ngesikhathi seNguquko Yamasiko, uRen Zhengfei wayengakaze athole nowodwa umklomelo, noma ngabe wayesebenze kanzima kangakanani.

Eqenjini elaliholwa nguRen Zhengfei, amasosha athola imiklomelo eminingi yesigaba sesithathu, isigaba sesibili, kanye nomklomelo wesigaba sesibili oyigugu, minyaka yonke. NguRen Zhengfei kuphela, umholi, owayengakaze anconywe. Noma kunjalo, uRen Zhengfei wathi, "Angikaze ngizizwe ngiphethwe ngokungenabulungiswa. Ngasengiyejwayele impilo ethule ngaphandle kokunconywa. Lokhu kwangiqeqeshela ukuba ngumuntu ongabheki ukubaluleka njengokuhambisana nemiklomelo. Impilo yami yaguquka ngesikhathi iGang of Four ichithwa. Njengoba ngangifake isandla ekufezekiseni izidingo zezwe kabili futhi ngenza ubuchwepheshe obabuzosebenza kuleyo nkathi, imiklomelo enjengokuthi 'isosha eliyisibonelo' kanye 'nesakhamuzi esivelele' yeza itheleka ivela kwabezempi nakuhulumeni wendawo. Ngangingeyena umuntu owayezothokoziswa yilokho. Imiklomelo eminingi yaqoqwa ngabanye esikhundleni sami, ngakho ngayabelana nawo wonke umuntu'."

Ngesikhathi kuqhubeka ingqungquthela kazwelonke yonjiniyela bezempi nengqalasizinda, eyabanjwa phakathi komhla ka-8 ku-Okthoba nomhla ka-5 kuNovemba ngonyaka ka-1977, uchwepheshe owayesemncane ngaleso sikhathi, uRen Zhengfei, waklonyeliswa ngokukhulisa isilinganiselo somfutho womoya ngempumelelo, futhi wemukelwa abaholi bezwe bangaleso sikhathi uHua Guofeng, uYe Jianying, uDeng Xiaoping, uLi Xiannian noWang Dongxing.

Ngemuva kwalokho, abezindaba babika ngokwenziwe uRen Zhengfei kwezobuchwepheshe. URen Zhengfei wakubhala lokhu ku-athikili yakhe ethi, *UMama NoBaba Wami*, lapho abhala uthi, 'Ngaya kwingqungquthela yeNational Science ngoMashi ngonyaka ka-1978. Kubantu abangu-6000, kwakukhona abangaba yikhulu namashumi amahlanu ababengaphansi kweminyaka engu-35. Mina ngangineminyaka engu-33 ngaleso sikhathi. Ngaphezu kwalokho, ngangingomunye wabamele amabutho ambalwa ayengeyona ingxenye ye-CPC. Ngosizo oluvela ngqo egatsheni lezempi lalelo qembu, amabutho enza uphenyo oluzimele lokuqinisekisa isizinda sikababa wami, ngisho nangaphambi kokuba kuhlanzwe igama lakhe.

Amabutho aphinde avuma ukuthi kwakukhona nezinye izinsolo ezingamanga futhi athumela akutholile kuhulumeni waleyo ndawo lapho ubaba ayegqunywe khona ejele. Emva kwalokho, ngagcina ngijoyine iqembu lamaKomanisi laseShayina, futhi ngaya kuNational Congress of the Communist Party of China yeshumi nambili. Ubaba wabiyela isithombe engasithatha nabaholi beKomidi Elikhulu Leqembu ngohlaka olukhulu futhi wasilengisa odongeni. Wonke umndeni waziqhenya ngalokho.'

Ubaba kaRen Zhengfei washeshe wadedelwa ngemuva kokuchithwa kweGang of Four. Ngaleso sikhathi, kwakunezinto eziningi okwakumele zenziwe futhi iqembu kwakudingeka liqhubeke nokusebenza ngokushesha kwezinye izikole ezimaphakathi ukuze kuthuthukiswe izinga lokuphumelela kuzivivinyo zokungena emakolishi. Ubaba kaRen Zhengfei waqokwa waba uthishanhloko.

Ngaphambi kweNguquko Yamasiko, ubaba kaRen Zhengfei wayenguthishanhloko esikoleni sezobuchwepheshe. Nanxa kunjalo, ubaba kaRen Zhengfei akakhathazekanga ngalokhu kwehliselwa esikhundleni esingaphansi, ukuzuza nokulahlekelwa. Wavele wakubona njengethuba lomsebenzi futhi wazinikela emsebenzini. Wayithuthukisa ngokushesha indlela yokufundisa. Izinga lokuphumelela esikoleni lalingaphezu kuka-90% futhi laziwa kahle kakhulu. Ubaba kaRen Zhengfei wathatha umhlalaphansi lapho eseneminyaka engu-75 ngonyaka ka-1984.

Ngonyaka ka-1983, lapho kuxoshwa onjiniyela bezempi nokwakhiwa kwengqalasizinda ngohlelo lwenhlangano yaseShayina, uRen Zhengfei, owayeyisikhulu seButho Lenkululeko Yabantu, wakhushulelwa kwesinye isikhundla futhi waphinde wathunyelwa eShenzhen Nanhai Petroleum Logistics Service Base.

URen Zhengfei uthi, 'Ngaba nenhlanhla yokuzwa inkulumo kaComrade Luo Ruiqing ayeyibhekise kwabamele amasosha eNational Science Conference ezinyangeni ezintathu ngaphambi kokushona kwakhe. Waveza ukuthi eminyakeni eyishumi ezayo kwakuzoba nesikhathi esingejwayelekile sokuthula futhi kwakufanele sizinikele ekwakheni umnotho. Ngaleso sikhathi ngangisemncane futhi ngingenandaba nezepolitiki. Ngakho, ngangingaqondi ukuthi wayesho ukuthini. Ngemuva kokwehliswa kwesibalo sezikhali ezinkulu iminyaka emibili ukuya kwemithathu, lapho igatsha lethu lonke lahlakazwa khona, ngaqala ukuqonda ukuthi kusho ukuthini ukuba ngumholi onombono. Ngonyaka ka-1982, ngesikhathi lapho kubanjwa iNational Congress yeshumi nambili ye-CPC, ukungatholakali kwezikhali kwakuyisihloko esikhulu sezingxoxo phakathi kweqembu lethu lonjiniyela bezempi nengqalasizinda kanye neRailway Corps, ngoba sasiyoxoshwa ebuthweni elihleliwe, ngokushesha nje lapho kuphela iNational Congress yeshumi nambili ye-CPC. Sasimanqikanqika ngezindlela ezithile. Nakuba kunjalo, sasesiyejwayele impilo yezempi iminyaka engaphezu kweyishumi noma engamashumi amabili.'

Ngonyaka ka-1982, uRen Zhengfei wasuka ebuthweni lezempi waya eShenzhen futhi wasebenza njengephini lomqondisi-jikelele enkampanini esebenza ngogesi, ngaphansi kweNanyou Group, elinye lamabhizinisi elalilikhulu kakhulu eShenzhen ngaleso sikhathi.

Ukuqala KweHuawei

Njengoba wayejabulele ukuhamba etshuzaa okwesikebhe, uRen Zhengfei wahlangana 'nobusika' bokuqala bokuphila kwakhe. Kwesinye isehlakalo, wakhwatshaniselwa ebhizinisini lakhe, futhi akakwazanga ukuqoqa imali engaphezu kwezigidi ezimbili zama-*yuan*. Ngeminyaka yawo-1980, ama-*yuan* ayizigidi ezimbili kwakungeyona imali encane. Ngisho neholo elejwayelekile lanyanga zonke ledolobha laseMainland alikaze lifike ku-100 yama-*yuan*.

URen Zhengfei wake wathi, 'Ngemuva kokuthuthela emphakathini, ngangingajwayelene nomnotho wokudayiselana futhi ngingenamandla okuwulawula. Ngaqala ngaba umphathi enkampanini yezinto ezisebenza ngogesi. Ngahlangabezana nokwehluleka kanye nokukhohliswa. Emva kwalokho, angikwazanga ukuthola umsebenzi kuyo yonke indawo, futhi kwasekungekho engingakwenza ngaphandle kokusungula iHuawei. Uhambo lweHuawei lwaqala ezimeni ezinzima kakhulu eminyakeni yenkampani embalwa yokuqala. Ngaleso sikhathi, mina, abazali bami kanye nomshana wami sasihlala egunjini elincane kuphela lamamitha ayisikwele ambalwa futhi sinendawo yokupheka kuvulandi.

Babekhathazeka njalo ngami futhi bephila impilo eqikelela ukonga. Baze bonga nemali bethi kungenzeka isetshenziselwe ukungisiza ngokuzayo. . . Ngemuva kokuthi iHuawei ithole impumelelo yezinga eliphakeme, ngaba ngaphansi kwengcindezi enkulu yokuphatha inkampani. Akukhona nje kuphela ukuthi angikwazanga ukunakekela abazali bami ngaleso sikhathi, kodwa nami ngokwami ngangingakwazi ukuzinakekela. Kwakungaleso sikhathi futhi lapho isimo sami sempilo sawohloka khona ngenxa yokukhathala. Ngenxa yesimo sami, abazali bami bathuthela eKunming ukuze bayohlala endaweni kadadewethu. Kulokho, ngafunda ukuthi kufanele kube khona ukuzidela uma kukhona inhloso ethile. Ukwakha iHuawei kwangincisha ithuba lokunakekela abazali bami kanye nempilo yami.'

Ngenxa yalesi sehlakalo, kusobala ukuthi uRen Zhengfei waphelelwa yithemba kuNanyou Group. Ngaleso sikhathi, uRen Zhengfei kwakumele anakekele indodana nendodakazi yakhe, eseke abazali bakhe ababesebathatha umhlalaphansi, futhi anakekele izingane zakubo eziyisithupha. Zonke lezi zinguquko zaphoqa uRen Zhengfei ukuba aqale uhambo lokuhweba ukuze asebenze ngokuzimisela. Wasungula iHuawei ngenxa yokuphelelwa yithemba.

Ekhuluma ngenhloso yokuqala yokusungulwa kweHuawei, uRen Zhengfei wabelane ngezinsusa zakhe kwiForamu yeDoros eSwitzerland ngomhla ka-22 ku-Januwari ngonyaka ka-2015, wathi 'Ukusungula iHuawei kwakungeyona into engangihlele ukuyenza. Ngenza lokho ngenxa yokuthi ekuqaleni kweminyaka yawo-1980 (ikhulu lamashumi amabili leminyaka), amabutho amaShayina abuyekezwa kakhulu, futhi umbuso wasixosha emsebenzini. .. Lokho kwakungeyona into enothando njengoba kucatshangwa, futhi kwakungajabulisi. Saphoqeka ukuba sithathe le ndlela ukuze sisinde.'

Kuyabonakala kule nkulumo-mpendulwano ukuthi owake waba yisosha, uRen Zhengfei, waphoqeka ukuthi athathe uhambo lokushintsha umsebenzi ngenxa yezinguquko emphakathini, ikakhulukazi kanye nangenxa yokuhlakazeka kwezempi. Njengoba wayengekakuqondisisi ukuhanjiswa kwezamabhizinisi ngaleso sikhathi, wahlangabezana nembibizane.

Ngemuva kokubhekana nale mbibizane enkulu empilweni yakhe, uRen Zhengfei waqoqa ama-*yuan* angu-21 000 futhi wasungula iHuawei nabangani bakhe abambalwa abaneminyaka emaphakathini futhi abacabanga njengaye. Ngaleso sikhathi, uRen Zhengfei wakhetha indlela efanele nanxa ayazi ukuthi lolu hambo olwaluza lwaluzogcwala izingqinamba nezithiyo. Imigqa esenkondlweni esidumile kaRobert Frost ethi, 'The Road Not Taken' ikuchaza ngokusobala ukuthatha izinqumo empilweni kanye nokulahlekelwa. Ithi, 'Imigwaqo emibili yehlukana ehlathini, kodwa Mina --/ ngaqoka leyo okungahanjwa ngayo kakhulu, / Futhi lokho kwenza umehluko omkhulu.'

Esikhathini esedlule, emehlweni amasosha amaningi, ukuxoshwa emsebenzini kanye nokuguquka kwenkambiso kwakusho ukulahlekelwa yithuba lokukhushulwa, kodwa kwanikeza uRen Zhengfei ithuba elingejwayelekile lentuthuko. Ubani obengacabanga ukuthi iHuawei, okuyinkampani encane eyasungulwa efektri egugile, ingaphumelela ukwenza izinguquko iphinde ibhale umlando waseShayina kabusha, kanye nokuba yimboni yokukhiqiza ezokuxhumana emhlabeni wonke? Esihlokweni esithi *UBaba NoMama Wami*, uRen Zhengfei wabhala ukuthi, 'Ukube bekungezona lezo zimo, kwakungenzeka ngingaqashwa ngisho nayinkampani efana neHuawei. Kwakuzoba nje nomunye umfuyi wezingulube onekhono emphakathini, noma omunye usobuciko onekhono emigwaqweni.'

ISAHLUKO 3

Ukudayisa, Ukudayisa

Ngemuva kokusungula iHuawei, uRen Zhengfei wazama ukuhola inkampani ngezindlela ezehlukahlukene ukuze idlondlobale. Ekugcineni waba ngumdayisi-jikelele wemishini yamaswishi enkampani yaseHong Kong. Ngaleso sikhathi, amabhizinisi okudayisa anjengeHuawei ayesanda kuvela kuyo yonke indawo.

Ngaphezu kweminyaka engu-30 emuva kwalokho, lapho iHuawei imemezela ngokuziqhenya inani layo lokudayisa ngonyaka ka-2017 elalibalelwa kuzigidigidi ezingu-603 621 zama-*yuan*, labo badayisi ababeqale esikhathini esifanayo neseHuawei babengasekho. Lokho kungenxa yokuthi ngesikhathi uRen Zhengfei ezibandakanya ebhizinisini lokudayisa, waqala wabheka kwezocwaningo nentuthuko. Yisona sizathu nje iHuawei yagcina iphumelele futhi yaba nentuthuko enjalo.

Ibhodwe Lokuqala LeHuawei Okungelegolide

URen Zhengfei waxoxisana nabezindaba ngokuthi ibhodwe lakhe lokuqala legolide ohanjeni lokuba ngusomabhizinisi kwakuwukudayisa.

Ngaphambi kokuba ngumdayisi wemishini yamaswishi (iswishi eyayidayiswa yiHuawei ekuqaleni kwakungeyona iswishi esetshenziswa yihhovisi lezokuxhumana, kodwa kwakuyi-'*switchboard*' encane yokushintshana kwangasese kwegatsha, eyaziwa nangokuthi 'ukuxhumana okuncane'). URen Zhengfei wayengomunye wosomabhizinisi bokuqala eShenzhen ukuhwebelana. Njengosomabhizinisi abaningi, inkinga yangempela uRen

21

Zhengfei abhekana nayo ngemuva kokusungula iHuawei, kwakuwukuxhasa ibhizinisi ngezimali.

Nanxa iHuawei yayaziwa njengenkampani yezobuchwepheshe ngaleso sikhathi, kodwa yayisebhizinisini lokuhwebelana. Yayingenandlela eqondile, futhi yayizibophezela kunoma yini enenzuzo. Ezinsukwini zayo zokuqala zokusungulwa, iHuawei yake yadayisa namaphilisi okunciphisa umzimba.

Kwesinye isehlakalo, uRen Zhengfei wezwa ukuthi ibhizinisi lokudayisa amatshe omngcwabo eShenzhen lalidume kakhulu futhi linenzuzo. Ngakhoke washeshe wathumela umuntu ukuba ayophenya. Nakuba iHuawei yathatha igxatho lokubamba noma yiliphi ithuba kanye nokudideka ezinsukwini zokuqala, uRen Zhengfei wayazi kahle ukuthi ukudayisa amaphilisi okunciphisa umzimba kanye namatshe emingcwabo kwakungezukumusa ndawo. Kwakumane kuwukuthi iHuawei yayinengqondo yokuthi 'noma yikuphi, uma nje kunenzuzo futhi kungagcina inkampani iqhubeka' ezigabeni zayo zokuqala, ukuze izokhula ibe yilokho eyikhona namuhla.

Ngemuva kwethuba lokwethulwa ngumphathi weHhovisi Lezokuxhumana Kwezolimo Lesifundazwe saseLiaoning, uRen Zhengfei waba ngumdayisi wangasese wemikhiqizo yokushintshana yegatsha laseHong Kong, iHung Nien Electronics Ltd (okungukuthi amaswishi amancane okudlulisela imigqa kuzandiso ezikuyunithi). IHuawei yabe isiqala uhambo lokudayisa imishini yezokuxhumana.

Engqungqutheleni yaseDavos eSwitzerland, uRen Zhengfei wakhuluma ngemvelaphi yakhe yokusebenza kwemishini yezokuxhumana ngaleso sikhathi. Ingxoxo eningi eyaba phakathi kukaRen Zhengfei nomsingathi wengqungquthela yahamba kanje:

> Umsingathi: *Mnu. Ren, leso sikhathi kwakuyisikhathi esinzima kakhulu sokuthi izinkampani ezizimele zihlale zisebenza eShayina. Ungakwazi yini ukuchaza uhlobo lobunzima owahlangabezana nabo? Kunezingqinamba izinkampani ezizimele ezazibhekana nazo esikhathini esedlule kanye namanje. Ingabe kukhona ongathanda ukukubona kushintshiwe?*
>
> URen Zhengfei: *Lapho sisungula le nkampani, iShayina yayingakulungele ukwenza izimboni ezinjalo zikhule kalula. Inkinga izwe laseShayina elabhekana nayo ngaleso sikhathi, kwakuwukufika kwentsha efundile ebuyela edolobheni. Njengoba yayingasebenzi futhi ingenakwabelwa*

imisebenzi, uhulumeni wayicela ukuthi iqale amabhizinisi ayo, idayise
amabhanisi; yenze noma yini; izakhele izitolo zamatiye, njalo njalo.
Leyo nqubo kahulumeni engaguquki yaphenduka impumelelo. Le ntsha
yaseShayina yaqala uhambo lwayo lwezamabhizinisi lokudayisa ngokuvula
izitolo zangasese nezitolo zetiye. Ngaleso sikhathi, kwakukhishwa ushicilelo
olugqugquzela ubuchwepheshe obuphakeme bangasese, futhi kwakunesidingo
sokuthi izinkampani zibe nabaqondisi abahlanu nama-yaun angu-20,000.
Lokhu futhi kwakunzima kakhulu. Savele saqoqa imali lapha nalaphaya.
Saphumelela ngokuthi siqoqele imali yethu ndawo nye. Ngaleso sikhathi,
asizange siwubone umehluko phakathi kwamabhizinisi aqhutshwa
nguhulumeni kanye namabhizinisi aphethwe nguhulumeni. Asikwazanga
ukwethemba neyodwa, futhi asizwanga ngcindezi yokuncintisana nawo
kwasanhlobo. Kodwa-ke, umhlaba uthuthuka ngokushesha okukhulu,
ikakhulukazi ngenxa yomnotho wangaphandle ongena emakethe yaseShayina.
Kungemuva nje kokutshala imali enkulu yakwamanye amazwe eShayina,
lapho iShayina yabona khona ukuthi uhlelo lwayo lwezemisebenzi
alunakukwazi ukuhambisana nomhlaba. Ngakho-ke, ngelinye ilanga lapho
ngihlangana nabaholi abathile, ngoba ngaleso sikhathi izwe lethu lalicabanga
ukuthi akunakwenzeka ukuthi ubunjiniyela bobuchwepheshe baphumelele,
izinhlelo zobunjiniyela bezobuchwepheshe zabekelwa eceleni. Kuthe uma izwe
lizikhahlela lezi zinhlelo, wayengekho owayengancintisana nathi. Njengoba
kungekho omunye umuntu owayekwenza lokhu, yithina kuphela esasisele
kule mboni. Sasingenzi kahle njengabantu bakwamanye amazwe, kodwa
kuningi esasingakufunda kulawo mazwe. Ngesikhathi sisebenza ngoswishi,
akekho noyedwa kithina owayeke wawubona, ngakho-ke ngaya eJilin ukuze
ngikwazi ukukhombisa wonke umuntu enkampanini ukuthi iswishi lika-No.
5 lalinjani. Ngaleso sikhathi, sasibona kancane nje kuphela. Iswishi lika-No. 5
kwakuyikhabethe lensimbi. Ngokufanayo nendlela esasithathe ngayo izivivinyo
zethu zezezimali, sasingaqinisekanga nathi ngokwethu, ukuthi okuqukethwe
yikhabethe kwakuyindilinga yini noma kungunxande.

Lapho ngibasa ohanjeni ngaleso sikhathi, izinswelaboya zangena
emagunjini ethu okulala ebusuku njengoba sasinganakile. Ngangiphethe
izipho ezithile futhi ngangizigcine egunjini, kodwa sasiphethwe ubuthongo
kakhulu. Kwacaca uma sesifika esikhumulweni sezindiza ukuthi imali yethu
yayingasekho, namadokhumenti ethu nakho konke okunye. Ngaleso sikhathi,

sasizihlonipha kakhulu izinkampani zaseNtshonalanga, futhi sasifisa ukufunda okuningi kuzona.

Kule ngxoxo siyabona ukuthi iShayina yayinesidingo esikhulu semikhiqizo yamaswishi, esasidalwa umbuso waseShayina wemboni yezokuxhumana yangaleso sikhathi.

Ngasekupheleni kweminyaka yawo-1980, umgogodla wenethiwekhi yezingcingo zaseShayina wasewakhiwe ngokugcwele. Ngaleso sikhathi, emcabangweni ojulile, zazingekho izinkinga zokufaka izingcingo, kodwa uhulumeni waseShayina nomnyango wakhe wezokuxhumana babesadinga imali yokuthuthukisa amanethiwekhi asemadolobheni. Imali yayiseyinkinga enkulu. Ngakho-ke, uhulumeni waseShayina wenza inqubomgomo yomnyango wezokuxhumana, eyayivumela ukukhokhisa izakhamuzi imali yokufakelwa izingcingo zazo. Emadolobheni amaningi, imali yokufakelwa ucingo yokuqala yayingabiza ama-*yuan* angu-5 000.

Ebhekene nenkinga yezindleko eziphakeme zokufakwa kokuqala, amabhizinisi akwazi ukunciphisa izindleko ngokusebenzisa amaswishi. La maswishi ayesebenza kangcono. Amashumi ezinkulungwane zamabhizinisi amakhulu kanye namanye amabhizinisi akwazi ukuzinciphisa kakhulu izindleko zokufakelwa izingcingo okokuqala. Akwazi futhi nokuhlangabezana nezidingo zokuxhumana zabasebenzi ngokufaka ngqo izingcingo emadeskini abasebenzi. Inkokhelo yezingcingo zenkampani uma abasebenzi beshayelana ngaphakathi, yancipha kakhulu. Lokhu kwaholela ekuthini onke amabhizinisi afune awawo amaswishi.

Iminyaka yawo-1980 kwakuyisikhathi lapho ukufakwa kocingo kwakungenzeka kuphela kube 'isipho,' 'ubudlelwano obukhethekile,' noma 'ukulinda ukuze uthole imvume ekhethekile.' Abadayisi ababekwazi ukuba namaswishi eHong Kong bakwaze ukwenza inzuzo engu-100% uma bedayisela izwekazi laseShayina amaswishi. Ibhizinisi elinjalo 'lokuthenga nokudayisa kabusha' lalibukwa njengebhizinisi elinenzuzo. Ngokuhambisana nesidingo esikhulu saseShayina sezokuxhumana ngocingo, iHuawei yakwazi ukuqoqa imali eyizigidi zama-*yuan* kungekapheli ngisho iminyaka emithathu ukuya kwemine, futhi yasungula amahhovisi okudayisa ayishumi eShayina.

Uma sibheka emuva, iHuawei yaqala ngokungena emakethe eyigebe ezindaweni zasemakhaya, ngemali ebhalisiwe engama-*yuan* angu-20 000, futhi yathola imali yayo yokuqala ngomehluko wezintengo ngokudayisa amaswishi eHung Nien's HAX yaseHong Kong.

Ukugxila Kumakhasimende

Kunesidingo esikhulu samaswishi emakethe, njengoba la maswishi enza kube lula futhi anciphisa nezindleko, ikakhulukazi lapho izingcingo eziqondile zokudayela zimba eqolo. Ngaphezu kwalokho, uhlelo lwaseShayina lweposi kanye nezokuxhumana lwalungekahlukaniswa ngaleso sikhathi, futhi amabhizinisi engaphansi koMnyango Wezeposi Nokuxhumana abengasebenzi kahle. Phakathi konyaka ka-1987 nonyaka ka-1989, babengekho abakhiqizi baseShayina abadayisa amaswishi.

Lesi sidingo esikhulu kangaka sabhekiswa eHong Kong kanye naseShenzhen Special Economic Zone, engumakhelwane. Lokhu kwadala imakethe yesikhumulo sokuhwebelana.

Ezinsukwini zayo zokuqala, iHuawei ayizange ingenele umsebenzi wokukhiqiza nokucwaninga nentuthuko (R&D) yamaswishi. Yalandela indlela 'yokuhweba, ukukhiqiza, nentuthuko' eyayilandelwa amabhizinisi ayehamba phambili. Yaqala ibhizinisi lokudayisa. Kulesi sigaba, iHuawei yayiyingxenye yabenzeli, ama-ejenti, amaningi, ibamba iqhaza njengomsabalalisi oyinhloko.

Akuthathanga isikhathi eside ukuthi uRen Zhengfei aveze eyakhe imibono ngezobuchwepheshe namakhasimende. Ngesikhathi esebenza njengomdayisi, washeshe wathola ukuqonda kabanzi ngomkhakha wezokuxhumana. Ngonyaka ka-1989, uRen Zhengfei waphawula ngokusobala ukuthi abakhiqizi bezokuxhumana ngocingo basekhaya babelungiselela ukwethula umkhiqizo wamaswishi. URen Zhengfei wayazi ukuthi lapho abakhiqizi beqala ukukhiqiza amaswishi, babengangena emakethe yamaswishi ngamanani aphansi, bese bephoqa imikhiqizo ebiza kakhulu evela ngaphandle ukuba iphume emakethe. Lolu shintsho lwalusho ukuthi impilo izoba nzima ngokwengeziwe kuHuawei, njengomdayisi waseShenzhen.

Isidingo samaswishi kumabhizinisi nakumayunithi ebhizinisini ngawo-1980 nawo-1990 kwakungukuthi abathengi bacinge abadayisi. Impilo njengomdayisi yayinethezekile kakhulu. Ukuze ubambe iqhaza kumodeli yebhizinisi 'yokuthenga nokudayisa kabusha,' lalingekho ikhono elidingekayo ngaphandle nje kokuba nesibindi sokungena emakethe.

Zazingekho kakhulu izingqinamba. Nakuba izimo zazinjalo, abantu abavela kuzo zonke izigaba zokuphila babefuna isabelo sabo sikaphayi. EShenzhen kuphela, kwavela amakhulu abadayisi abanjalo ngenyanga eyodwa. Ngokungangabazeki, ukwanda kwabadayisi kwaqinisa umncintiswano emakethe. 'Ayikho into wena ongakwazi ukuyenza kodwa abanye behluleke. Konke kuncike ekutheni abathengi bethembe wena ukuba ukwenze!' Lo kwakuwumqondo ofakwa emakhanda ngokushesha kubasebenzi baseHuawei.

Ngempela, ukudayisa kuncike kubudlelwano, intengo kanye nosizo olutholayo. Uma sikubeka kahle, alikho ikhono elikhethekile nelidingekayo ukuze ube yingcweti kulo mkhakha. Njengoba imakethe yamaswishi angasese yakhula ngokweqile ngonyaka ka-1989, amayunithi angaphezu kuka-200 ayephethwe uhulumeni kuzwe lonke aqala ukukhiqiza nokudayisa amaswishi angasese. Izwe lenqabela ukungeniswa kwemishini yesikweletu neyokulawula. Kanjalo, ibhizinisi leHuawei lokudayisa lafadabala.

Njengomdayisi, iHuawei yahlangabezana nezingqinamba ezehlukahlukene ezazingagwemeki zokungeniswayo nokukhishwayo ezweni, kanye nezingqinamba ezazivela kumkhiqizi. Ngenxa yokuntuleka kwemikhiqizo yamaswishi ngaleso sikhathi, imicimbi yokusika iribhoni kwakumele ihlelwe futhi isekelwe abaholi besifundazwe ngaso sonke isikhathi lapho kuxhunywa iswishi enemigqa engu-500. Abasebenzisi beyunithi yebhizinisi abafisa ukufaka ama-oda, kwakudingeka bakhokhe idiphozi kwaHuawei, okungenani kusasele isigamu sonyaka lungekafiki usuku lokuxhunywa kwayo.

IHuawei yabe isikhokha idiphozi kumkhiqizi waseHong Kong. Kodwa-ke, njengoba ukuhlinzekwa kwamaswishi kungakwazanga ukuhambisana nesidingo, abakhiqizi baseHong Kong babevame ukuletha imikhiqizo sekwephuzile. Babengakwazi ukulungisa imikhiqizo enamaphutha ngesikhathi, futhi behluleka nokuhlinzeka abadayisi nganoma yimaphi amabhodi ayisipele noma izingxenye eziyisipele. Konke lokhu kwadala ukuba iHuawei ingaphumeleli ukusebenzela amakhasimende ayo.

Nanxa kunjalo, iHuawei yahlala yethembekile kumbono wayo wokugxila kumakhasimende ayo. IHuawei yabhala embikweni wayo wezezimali ka-2016, ukuthi 'Ngonyaka ka-2016, iHuawei Consumer BG yaqhubeka nokugxila kakhulu kubathengi, futhi yaluthuthukisa njalo ulwazi lwabathengi. Sasigxile ekwakheni okubalulekile, futhi senze impumelelo enkulu ezindaweni eziningi. Sathola amazinga amasha obuholi bezimboni, ukwakheka okusha komkhiqizo,

26

kanye nokuqashelwa emhlabeni jikelele njengebhizinisi olikhulu. Imikhiqizo yethu manje isithandwa ngabathengi abaningi futhi yesekwa ngabalingani abaningi emhlabeni jikelele. Ngonyaka ka-2016, imali eyangena evela ebhizinisini lethu labathengi yayingu-CNY 179 808 wezigidi, ukwenyuka okungu-43.6% unyaka nonyaka. Sithumele ama-*smartphone* ayizigidi ezingu-139 unyaka wonke, ukwanda okungu-29% kusuka ngonyaka ka-2015, futhi sathola ukudlondlobala okukhulu eminyakeni emihlanu ngokulandelana.'

Ngakho-ke, kusobala ukuthi isizathu sokukhuphuka njalo kwenani labathengi beHuawei singukuzinikela komsunguli wayo, uRen Zhengfei 'ngokugxila kumakhasimende.'

Eqinisweni, wayekwenza lokhu kusukela ezinsukwini zokuqala zokusungulwa kweHuawei. Ngonyaka ka-1987 ku-Agasti, uChen Kangning, owayesebenza eCongqing Telecommunication Bureau, washiya umsebenzi, wajoyina izinkampani ezizimele. Kwaba nesikhathi lapho asabalalisa khona imikhiqizo yakwaHuawei ngemuva kokuzibamdakanya nezinhlangano yangasese.

Wayesungule inkampani eChongqing, futhi umsebenzi wayo obalulekile kwakuwukumaketha amaswishi eSwitch Program Control (SPC) kumayunithi ebhizinisi, endaweni yaseChongqing.

Ngasekupheleni kuka-1987, uRen Zhengfei ngokwakhe wathatha uhambo lokuya eChongqing ukuyokwandisa imakethe yamaswishi angasese kuwo wonke amabhizinisi. Lapho, kwahlelwa umhlangano phakathi kukaRen Zhengfei noChen Kangning.

Ngemuva komhlangano wabo wokuqala, uChen Kangning wabona sengathi uRen Zhengfei wayengumuntu oqotho futhi ongananazi. Ngemuva kokubuyela eShenzhen, uRen Zhengfei washeshe wathumela amabhokisi ezincwadi zamaswishi nezinye izinto kuChang Kangning.

Ngaleso sikhathi, izinto zokuthuthukisa imikhiqizo yeHuawei zazisezincwajaneni ezibovu. Njengoba imikhiqizo yayiqhamuka eHong Kong, okuqukethwe yileyo mikhiqizo kwakubhalwe ngezinhlamvu zesiShayina somdabu.

Emibhalweni yokuphromotha imikhiqizo yakwaHuawei, kunezindawo ezimbili ezashiya amakhasimende ekhexe imilomo. Eyokuqala kwakuyisiqubulo esasigxivizwe ekhasini elingemuva, esithi 'Iya emaphandleni, iya emaphandleni. Kuningi ongakufeza emathafeni.' Owesibili umbhalo kwakuyisethembiso seHuawei esithi, 'Noma ngubani othenga umkhiqizo weHuawei angawubuyisela ngaphandle kwemibandela. Amakhasimende abuyisa izimpahla namakhasimende azithengayo amukeleke ngendlela elinganayo.'

Lokhu kwenza ukuthi uChen Kangning abe umdayisi weHuawei eChongqing. Ngaleso sikhathi, izinga lokungasebenzi kahle kwamaswishi laliphakeme kakhulu njengoba iswishi ngokwayo yayisesigabeni sokuqala sentuthuko. Ngaphezu kwalokho, amaswishi, ngokuvamile, ayevela kwamanye amazwe. Ngakho-ke, kwakunzima kakhulu ukuhambisana namasevisi awo ezobuchwepheshe, njengokusetshenziswa kwamabhodi ayisipele nezingxenye eziyisipele.

Ukuze kuluqinisekiswe ukunakekelwa kwamaswishi okwenziwa ngabadayisi, iHuawei yayinikezela nangenye iswishi, ngaphezu kwezingxenye zokulungisa. Lapho kwenzeke iphutha, abadayisi beHuawei babengenza izivivinyo, noma bakhiphe ebhodini lesekhethi laleyo swishi ngesikhathi belilungisa. Le swishi yokwengezela yayiphindiselwa eShenzhen, kanye nebhodi lesekhethi elinephutha.

Lapho esefake imishini embalwa ehlinzekwe yiHuawei kumakhasimende, uChen Kangning wabona ukuthi iHuawei yayihlala isebenzisa imicabango yayo engavamile kubadayisi bayo. Ngenxa yalokho, wazibandakanya kakhudlwana kulowo mkhiqizo. Indlela yeHuawei yokuxhasa abadayisi bayo yaqinisekisa amakhasimende ngekhwalithi yesevisi yangemuva kokudayisa. Ngaphandle kwalokho, azikho ezinye izinkampani ezazidayisa imikhiqizo efanayo, ngaleso sikhathi, ezazingakwazi ukuthola ukwesekwa okunjalo.

Ngonyaka ka-1988, uChen Kangning wahamba namakhasimende akhe esuka eChongqing eya eShenzhen ukuyofunda ngeHuawei nokufaka ama-oda.

Ngemuva kokufika eShenzhen, uChen Kangning wabona ukuthi iHuawei inabasebenzi abambalwa kuphela, futhi yayingazange ibe namahhovisi kwezinye izindawo.

Uma uChen Kangning eseqedile ukuxoxa ngenkontileka yakhe neHuawei, ilanga laseliyoshona. URen Zhengfei wathi imoto okuwukuphela kwayo eyayihlonophekile kwaHuawei, iphelekezele amakhasimende nabasebenzi eNanrong Restaurant, bayodla isidlo sakusihlwa.

Kuthe uma imoto seyihamba, uChen Kangning wabona uRen Zhengfei ehamba ngezinyawo eya ekhaya, eceleni komgwaqo. UChen Kangning akasikhohlwa lesi senzo sikaRen Zhengfei. Amakhasimende nabasebenzi babegibele imoto kodwa umphathi jikelele wenkampani yena eya ekhaya ngezinyawo.

Ngonyaka ka-1989, uChen Kangning waphekeleza umqondisi wenkampani nezinduna besuka esifundeni saseSishuan beya eShenzhen ukuyofunda ngeHuawei. Bahlala eGrand Skylight Hotel, eduzane neHuaqiang North eShenzhen.

Beselishaye ledlula ihora leshumi nanye ebusuku, lapho uRen Zhengfei eqeda ukwethula imikhiqizo yakhe kuzihambeli zakhe ehhotela. Ngemuva kwalokho, wabuyela eNantou, esuka eNyakatho neHuaqiang. Ngisho nangemoto, lolu hambo lwaludinga isikhathi esingaphezu kwehora. Ngaleso sikhathi, kwakunomgwaqo owodwa kuphela, wobhuqu, owehla unyusa osuka eHuaqiang North oya eNantou. Amasimu eLychee namapulazi kwakuseceleni komgwaqo. Njengoba uRen Zhengfei ayephume sekwephuzile, izihambeli zakhe zacabanga ukuthi uzofika ehhotela cishe sekwephuzile ngakusasa. Kodwa-ke, uRen Zhengfei wafika egcekeni lehhotela cishe ngehora lesikhombisa ekuseni. Wehlela nezihambeli zakhe phansi endaweni yesidlo sasekuseni. Lokhu kwakusho ukuthi uRen Zhengfei kwakufanele aphume ekhaya kuqeda kushaya ihora lesihlanu ekuseni, nokuthi wayephumule amahora amane kuphela ngobusuku obandulela lolo suku.

Wonke umuntu wayithakaselela imfudumalo nobuqotho uRen Zhengfei ayikhombisa izihambeli zakhe. Kungaleso sikhathi lapho uChen Kangning aqiniseka khona isinqumo sakhe sokujoyina iHuawei.

NgoMashi wonyaka ka-1990, uChen Kangning wahamba wayovalelisa kulowo mphathi wehhovisi lesifunda laseSichuan, ayevakashele naye iHuawei. Isifunda sasifake i-oda leswishi ye-200-*line* SPC evela komunye umkhiqizi wendawo, kodwa umkhiqizo awulethwanga. Ngalowo mzuzu, umqondisi wakhipha isaziso esithi abakhiqizi ababengawahloniphi amakhasimende futhi bephula izivumelwano nawo, kwakuzokwesulwa izinkontileka zabo futhi esikhundleni sabo kufakwe uchungechunge lwamaswishi e-200-*line* eHuawei HAX-100. UChen Kangning wasayinda lesi sivumelwano egameni leHuawei.

UChen Kangning weza nale nkontileka futhi wajoyina iHuawei ngomhla ka-1 ku-Ephreli ngonyaka ka-1990. Emva kwalokho, uChen Kangning waba umphathi weminyango eminingana kwaHuawei, okubandakanya ukumaketha, ukukhiqiza namasiko enkampani.

Kuthe uma iHuawei idlondlobala iba nezimoto ezingaphezu kweyodwa, uChen Kangning waqaphela ukuthi imoto enhle kakhulu yayisagcinelwe amakhasimende, hhayi abaholi benkampani.

Ngasekupheleni konyaka ka-1997, okwakudayiswe yiHuawei kwase kufinyelele izigidigidi zama-*yuan*, kodwa uRen Zhengfei wayesalokhu ehamba ngezinyawo isigamu sehora, ehamba yedwa, uma eya emsebenzini. Kungaleso sikhathi nje lapho indlunkulu yeHuawei yathuthela endaweni ekude kakhulu nendawo ayehlala kuyo lapho uRen Zhengfei athenga khona eyakhe imoto ayezoya ngayo emsebenzini. Akakaze athathe izimoto zeHuawei azisebenzisele yena uqobo.

ISAHLUKO 4

I-R&D, Ukucwaninga Nentuthuko

Ngesikhathi esebenza njengomdayisi, uRen Zhengfei wabona ukuthi njengeqembu elizimele lokucwaninga nentuthuko (*Research and development* – R&D), ngaphandle kwemikhiqizo yayo kanye nokutholakala kwezingxenye eziyisipele, iHuawei kungenzeka ingakwazi ukuhlinzeka ngezinsiza ezisezingeni eliphezulu ngaso sonke isikhathi, lapho umkhiqizo ungasebenzi kahle. Ngaphansi kwezimo ezinjalo, 'ukuhlinzeka amakhasimende ngamasevisi asezingeni eliphezulu' kungaba yisithembiso esingenakufezeka.

URen Zhengfei waphinde wabona nokuthi imikhiqizo, amakhasimende, ama-oda, ukuphathwa kwezemali yenkampani kanye nesiphetho sale nkampani, konke kwakungekho emandleni akhe. IHuawei yayibhekene nokungatholakali kwamaswishi enele emakethe yendawo kanye nokuntuleka kwabahlinzeki bayo yonke imishini ehlobene nalokho.

Ngaleso sikhathi, abadayisi abamali yabo yayisonqenqemeni lokushabalala ngenxa yenqubo-mgomo yesikweletu sezwe eyayiqinile, ekugcineni babengeke bazibeke kwenye ingozi yezimali ukuze benze amaswishi. Ibhizinisi lokudayisa izinto lalingenye yezindlela lapho osomabhizinisi bokuqala baseShayina babekwazi khona ukuzuza amabhakede abo okuqala egolide ngemuva kokuvuselelwa nokuvuleka kwamathuba. Lokhu kusenjalo namanje. Ngaphandle kweHuawei eyayikumboni ye-IT ngaleso sikhathi, iLenovo eyayizinze eBeijing nayo yaqala lwayo uhambo 'okuhweba.' Kodwa-ke, umehluko phakathi kwalezi zinkampani ezimbili ukuthi iHuawei yaseyilahle ithemba ebhizinisini layo lokudayisa izinto ngemuva kokuthola isifundo kwayo okokuqala njengomdayisi. Yaqala uhambo lokuzimela i-R&D, kanye nokukhiqiza okuzimele.

Ukulingiswa Komhlangano

Ngonyaka ka-1989, uRen Zhengfei wayazi kahle kamhlophe ukuthi iHuawei yayingeke ikwazi ukuhlala njengomdayisi uma ifisa ukuba yibhizinisi elizohlala isikhathi eside nelizinzileyo. Ngemuva kokucabangisisa ngokucophelela, uRen Zhengfei waqala uhambo locwaningo oluzimele kanye nelentuthuko.

Eqinisweni, ngaleso sikhathi, iningi labanye abadayisi, ngaphandle kukaRen Zhengfei, nalo lalifuna ukwenza i-R&D ngokuzimela, kodwa lalingenabo ubuchwepheshe noma isiphiwo. URen Zhengfei wayebhekene nenkinga yoqobo. Kwakufanele iqale kuphi iHuawei?

Ngaleso sikhathi, amayunithi ambalwa aphethwe nguhulumeni ngaphansi koMnyango Wezamaposi Nokuxhumana ayeqale ukukhiqiza amaswishi emigqa engu-34 nengu-48 ukuze isebenzele amayunithi ebhizinisi. Lapho ebhekene nezimbangi, uRen Zhengfei kwadingeka ukuba aguqule nezinhlelo zakhe zokukhula. Lokho kwakungenxa yokuthi uRen Zhengfei wayenqume ukuhlinzeka ngamaswishi ahlanganiswe ngezingxenye ezingezodwa, ezithengwe ngokwehlukana, bese edlondlobalisa uphawu lweHuawei. Eminyakeni emibili eyayandulela lowo, iHuawei yayisivele isungule ukuxhumana kokudayisa okutholakala ezweni lonke jikelele.

Ngonyaka ka-1989, uRen Zhengfei wethula iqhinga lentengo yamaswishi emigqa engu-24. Wabeka intengo encintisana kakhulu. Kwathi ngesikhathi esingatheni, yabangela ukuthi imakethe ifune ukubuyela kwaHuawei ngokushesha.

Ngenxa yalokho, iHuawei yathola inani elikhulu lamadiphozi. Kodwa-ke, isidingo salolu hlobo lwamaswishi sasisikhulu kakhulu kangangokuba iHuawei ayikwazanga ukuthenga izingxenye ezifanele. Ngenxa yalokho, kwaba nengozi enkulu yokuthi ama-oda awakwazanga ukufezeka. Ngaleso sikhathi, imali enkulu yediphozi yaseyikhokhiwe.

Ukuze alondoloze ukwethembeka kweHuawei phakathi kwamakhasimende futhi athuthukise amandla eHuawei ngokugcwele emakethe yamaswishi, uRen Zhengfei wanquma ukuthi iHuawei izozenzela onke ama-*software* namasekhethi e-BH01 ngokuzimele, ngonyaka ka-1990.

Ngakho-ke, umkhiqizo wokuqala wophawu lweHuawei kwakuyi-BH01, kodwa kwakuwumkhiqizo ohlanganiswe ngezingxenye ngazinye ezazithengwe kumayunithi aphethwe nguhulumeni. UZhang Lihua, obesebenza kwaHuawei, wake wabhala wathi, 'IHuawei yathenga izitho ngazinye ezazizokwenza i-BH01 kuqala, wabe esezifaka emaphaketheni, wabhala incwajana echaxza ukusetshenziswa kwawo lowo mkhiqizo. Ngemuva kwalokho, lo mkhiqizo waphakanyiswa ngaphansi kophawu lweHuawei futhi wadayiswa abadayisi bakwaHuawei.'

Eminye imithombo yolwazi ithi umkhiqizo wokuqala weHuawei yi-BH01, iswishi langasese lwemigqa engu-24. Yayibhekwa njengomkhiqizo otholakala kalula. Ngakho-ke, isidingo semakethe salo mkhiqizo sakhawulelwa ezibhedlela ezincane, ezimayini nezinye izikhungo zomsebenzi.

Umkhiqizo weHuawei i-BH01 nemikhiqizo yabalingani be-BH01 yayidayiswa emakethe ngasikhathi sinye. Ngokungefani nontanga bayo, iHuawei yayizinikele ekuzihlukaniseni neminye imikhiqizo efana nale, ngemikhiqizo yayo. Kancane kancane, izinga lesevisi yakhona yabonakala ekusebenzeni komkhiqizo nokubukeka kwawo.

Ngesikhathi iHuawei idayisa umkhiqizo wayo wokuqala, empeleni kwakuyindaba yokususa igama lomkhiqizi, ikheli kanye nomkhiqizo kufakwe igama elithi 'Huawei' kumaphesthana e-BH01 akhiqizwe abanye abakhiqizi. Ngemuva kwalokho, amaphesthana athunyelwa ngefeksi kumakhasimende.

Inzuzo yokwenza lokhu nokulawula ingxenye ngayinye kwakuncike ekulawuleni kahle izingxenye zezinto zokusebenza ezisetshenziswayo. Le nguquko yanikeza iHuawei ithuba eliyingqayizivele. IHuawei ayigcinanga ngokuthuthukisa ukusabela kwayo kwezobuchwepheshe kanye nezinga lezinsiza zamakhasimende, kodwa futhi yayingumnikazi wophawu lwayo.

Ngenxa yalokhu, ngokungefani nabanye, iHuawei kwakungadingeki ukuba ichithe imali ukuthenga amalungelo okudayisa noma ukukhokha engxenyeni yonyaka ngaphambi nje kokufaka ama-oda.

Ngemuva kokwakha uphawu lweHuawei, iHuawei nayo yaseyingaba nabadayisi bayo ezweni lonke futhi iqoqe imali yokudayisa, okuyinto ngokungangabazeki ukuthi yayizodambisa izinkinga zemali kwaHuawei.

Ngaleso sikhathi, iHuawei kwakudingeka ukuba ifake ama-oda amakhulu ukuze athengwe ngobuningi kubakhiqizi. Ngokuvamile, amaswishi ayenga-odwa ngawwodwana uma kuthengwe iyunithi yonke. Kodwa, kwakudingeka ku-odwe, okungenani, ngaphezu kwamadazini ambalwa amayunithi. Lokhu kwakudinga ukuthi iHuawei ibe nenhloko-dolobha esebenza ngokuzikhandla, namandla okudayisa. Ngaphezu kwalokho, abenzi bezingxenye babedayisa nale mikhiqizo ngokwabo. Lokhu kwakushoukuthi izingxenye zakwaHuawei ngokuvamile zazingenzsiqinisekiso.

Ngokungalindelekile, ngenxa yesevisi ehamba phambili yakwaHuawei kanye nentengo ephansi, kwaba nesidingo esikhulu somkhiqizo wokuqala weHuawei, i-BH01. Kodwa, ukuhlinzekwa kwengxenye ngayinye ethengiwe yeHuawei kwakunqamuka ngesinye isikhathi. IHuawei yayehluleka ukuletha umkhiqizo ngemuva kokuthola inkokhelo kumakhasimende.

Ngonyaka ka-1990, ngemuva kokuthola inani elikhulu lama-oda, iHuawei yayimelwe yikhanda. Indlela yokuphuma kule nkinga kwakungukuthi iphumelele ngesikhathi esifushane kakhulu ku-R&D yayo ezimele. Lokho kwakuzovumela iHuawei ukuthi ilawule ukukhiqiza kwayo kanye nemikhiqizo. Ngaphandle kwalokho, amakhasimende ayezofika ezolanda imikhiqizo yawo noma acele ukubuyiselwa imali yawo. Ngenxa yalokhu, ngaleso sikhathi, iHuawei yayibhekene nengozi yokunqamuka kwemali engenayo kanye nokuvalwa kwayo.

Ngawo lowo nyaka, uMo Jun, owayeyinduna yomnyango wokuphathwa kwezimali kwaHuawei, eHong Kong, waba ngumphathi wephrojekthi.

Ngokusekelwe kumasekhethi ne-*software* ye-BH01, iHuawei yaqala ukuklama amasekhethi nokwakha i-*software* eyayizoba namalungelo ayo obunikazi bempahla.

Ukuze inikeze abathengi umbono wokuthi amamodeli ayo asezoqhubeka, iHuawei yaqamba lowo mkhiqizo ngokuthi i-BH03, nayo eqale njengeswishi yolayini abangu-24.

Yize umsebenzi we-BH03 ufana nowe-BH01, isembozo sayo sasisihle ngokwedlulele. Ngaphezu kwalokho, iHuawei yayiklame onke amabhodi esekhethi ye-BH03 futhi yasungula i-*software* yayo yokulawula.

Ukuthuthukiswa kwe-BH03 kwenziwa ithimba labantu abayisithupha. Yonke i-*software* ne-*hardware* zakhiwa ngokubambisana. Labo bonjiniyela abagcinanga ngokwenza umklamo webhodi lesekhethi nokuhlanganiswa kwazo zonke izinhlelo ze-*software* kuphela, kodwa futhi nasekuhlolweni kwemishini yonke. Ngenxa yokuntuleka kwemvelo ye-R&D eyinqaba, iqembu lalingenayo ngisho nemishini yokuhlola eyisisekelo.

Njengoba kwakunezinkulungwane zamalunga okushiselwa kumabhodi esekhethi acutshungulwa yizingxenye zangaphandle, onjiniyela kwakudingeka basebenzise izingilazi ezikhulisayo ukuze bahlole amaphutha okushisela, nalokho okungashiselwanga kahle. Lapho behlola ukusebenza kwamaswishi, onjiniyela babehlola ingxenye ngayinye ngokusebenzisa izingcingo, ngoba kwakungekho mishini yokuhlola ngokuzenzakalelayo ngaleso sikhathi. Lapho behlola umthamo omkhulu wokuhamba kwezinto, babevame ukuqoqa bonke abasebenzi beHuawei bese umuntu ngamunye abambe ithuluzi elicushwa ngesandla ukuze kuhlolwe kanye kanye.

Cishe ngemuva konyaka we-R&D nokukhiqizwa kokuzanywayo, iHuawei ekugcineni yazakhela ngokuzimela iswishi yemodeli BH03, enamalungelo ayo. Imodeli yaphinde yaphumelela nasekuhlolweni okwenziwe nguMnyango Wezamaposi Nokuxhumana. Yazuza nemvume esemthethweni yokuthola inethiwekhi.

Ngesikhathi sokukhiqizwa nokuhlolwa kwe-R&D, kwakhiwa amaswishi angasese e-BH03 ayisishagalombili ayebiza isigidi esisodwa sama-*yuan*. Lawo maswishi abe esethunyelwa kweminye iminyango kwaHuawei ukuze kufakwe amalebuli nokuthi akufakwe emabhokisini ngaphambi kokuthunyelwa esuka ehhovisi lakwaHuawei.

URen Zhengfei ukhumbula ukuthi, 'IHuawei ayitshalanga nje kuphela yonke inzuzo yethu, kodwa yaphinde yafaka imali ekhokhelwa amakhasimende kulolo hlelo lwe-R&D. Uma umkhiqizo wawungekakulungeli ukudayiswa ngonyaka ka-1991, iHuawei yayiyominza.'

URen Zhengfei neHuawei baba nenhlanhla, ngoba bathatha izinqumo ezifanele.

Amakhasimende awamukela kahle amaswishi eHuawei BH03, futhi lokho kwamnika ugqozi kakhulu uRen Zhengfei neHuawei ukuthi bagxile ku-R&D. Empeleni, i-BH03 yayingumkhiqizo wokuqala iHuawei eyazakhela wona. Kwakuyiswishi enkulu kuphela eyayingaxhunywa kumaswishi amancane ngezandiso ezingu-24. URen Zhengfei wayezimisele impela ukuthuthukisa nokukhiqiza amaswishi amanani amakhulu ngenzuzo engcono nokwengezwa okuningi.

Ngaleso sikhathi, iHuawei yayikwazi ukubhekana namaswishi asebenzisa olayini abaningi kuphela njengomdayisi. Ukuze anqobe le nkinga, uRen Zhengfei waqasha uGoo Ping noZheng Baoyong, ochwepheshe bezokuxhumana ababili. Bathuthukisa ngempumelelo umkhiqizo we-HJD48, okwakuyiswishi yemigqa engu-48, nemikhiqizo emibili engaxhunyaniswa kumaswishi anezandiso ezingu-256 nezingu-500. Bavumela iHuawei ukuba ibe ngumhlinzeki wempahla yonke nohla lwemikhiqizo ephelele yomkhakha wezamaswishi.

Ngonyaka ka-1991, iHuawei yaqala ukumaketha umkhiqizo wayo wokuqala eyazenzela wona. Umbhalo omcane owawusemikhiqizweni yayo yokumaketha wawuthi, 'Izingqungquthela zokuchaza ngokusebenzisa imikhiqizo yethu ziba seShenzhen phakathi komhla ka-10 noka-18, inyanga nenyanga. Lokhu kwenzeka njalo ngenyanga, ngakho-ke asikho isidingo sokuba siphinde sinazise' nokuthi 'umuntu nomuntu uzozikhokhela izindleko zakhe, kodwa ukuqeqeshwa ngobuchwepheshe kumahhala, nanxa i-oda ungayifakile.'

Ekhoneni eliphezulu lezinto zokumaketha, isiqubulo sokukhangisa seHuawei sasithi, 'Ngikufisela isiqalo esihle endleleni yakho eya empumelelweni. Ukuxhumana ngocingo kuyisiqalo sempumelelo yakho. Ukusebenzisa inguquko encane ye-SPC kuzokwenza umehluko omkhulu ebhizinisini lakho.'

Ngaleso sikhathi, ihhovisi leHuawei lalingumnyango welebhu nowokukhiqiza. Esitezini sokuqala sesakhiwo samahhovisi, isigaba esiphakathi sehlukaniswa saba yindawo ehlukahlukene yamahhovisi. IHuawei yayingenawo umnyango ozimele we-R&D. Yayinamaqembu ephrojekthi kuphela. Ithimba lephrojekthi lalibheke ukuthuthukiswa, ukukhiqizwa kanye nokuhlolwa kwe-BH03.

Njengoba kwakusetshenzwa nsuku zonke ku-BH03, izinyanga eziningana, onjiniyela babedla, bephila futhi belala kwaHuawei. Bengazi nokwazi ukuthi isimo sezulu sangaphandle sinomoya noma liyana. Kukhona unjiniyela, phakathi kwabo, owasebenza ngokweqile, kwaze konakala amehlo akhe, i-*cornea*, uma ukuthuthukiswa kwe-BH03 sekuqediwe. Kwafanele alaliswe esibhedlela ukuze ahlinzwe. Kwakuwukutshala imali okushubile kweHuawei ku-R&D okwakwenze ukuba iguquke ibe ngenye yabakhiqizi bamaswishi abambalwa baseShayina ngonyaka ka-1992. Ukudayisa kweHuawei kwedlula izigidi eziyi-100 zama-*yuan* ngalowo nyaka.

Ucwaningo Oluzimele Nentuthuko Yemikhiqizo Emisha

Njengoba umkhiqizo wokuqala weHuawei wawukotshelwe, abakwazanga ukwenza okufanayo ngemikhiqizo yabo yesibili neyesithathu. Yize iHuawei yayifuna ukwenza imikhiqizo yayo, yayisilela kwezobuchwepheshe.

Ukuze kuxazululwe le nkinga enameva, uRen Zhengfei waxhumana namanyuvesi anjengeHuazhong University of Science and Technology (eyayaziwa ngokuthi iHuazhong Institute of Technology ngaleso sikhathi), kanye neTsinghua University, wamema ophrofesa kanye nabafundi ukuthi bavakashele iHuawei ukuze bathole amathuba okubambisana kwezobuchwepheshe.

Kwesinye isenzakalo, uphrofesa waseHuazhong University of Science and Technology weza nomfundi wakhe owayesephothule izifundo zakhe, uGuo Ping, bezovakashela iHuawei. Lokho kuvakasha kwenza ukuthi iHuawei iqale indlela entsha yentuthuko. Ngaleso sikhathi, uGuo Ping wayesanda kuqeda izifundo zakhe zeziqu. Ngokwesabelo sezomsebenzi ngaleso sikhathi, uGuo Ping wayezohlala enguthisha eHuazhong University of Science and Technology.

Ngemuva kokuvakashela iHuawei, uGuo Ping owayesemncane ngeminyaka, wakhangwa wugqozi oluyingqayizivele lukasomabhizinisi uRen Zhengfei, umdlandla nokuzimisela akubonisa abanye. URen Zhengfei akachithanga sikhathi, 'wamzuza.'

Ngemuva kwengxoxo ekhuthazayo, uGuo Ping, owayesenesibindi esanele sokulandela amaphupho akhe, wadela indima yokufundisa eHuazhong University of Science and Technology, wanquma ukujoyina iHuawei. URen Zhengfei washeshe wanika uGuo Ping indima eShenzhen. Wamqoka ukuba umphathi wephrojekthi yomkhiqizo wesibili wokuzithuthukisa owenziwe yiHuawei.

Umkhiqizo owakhiwa nguGuo Ping kwakuyi-HJD48 i-*analog* encane ehlukaniswe ngomoya, eyiswishi yangasese. Lokhu kwakungumkhiqizo omusha ongakwazi ukuxhumanisa abasebenzisi abangu-48 (ukuze kunikezwe amakhasimende umbono wokuqhubeka komkhiqizo, lo mkhiqizo ekuqaleni wabizwa ngokuthi yi-BH03U, kuyilapho imodeli ye-BH03 eyayinakekelwa nguMo Jun, yaqanjwa kabusha njenge-BH03K).

Ngemuva kokuba uGuo Ping ejoyine iHuawei, waba yisibonelo samathalente avelele aseHuazhong University of Science and Technology, njengomuntu ophambili ophethe imikhiqizo yokuzenzela. Ngemuva kokubona uGuo Ping ebeka isibonelo ngamazwi nangezenzo zakhe, owayefunda noGuo Ping, uZheng Baoyong, naye wajoyina iHuawei.

UZheng Baoyong, wayene-*Bachelor's* ne-*Master's degree* futhi evela eHuazhong University of Science and Technology. Ngemuva kokuphothula iziqu zakhe, uZheng Baoyong wayehlale eyunivesithi njengothisha. Ngonyaka ka-1989, ngemuva nje kokuthi uZheng Baoyong emukelwe ohlelweni lweziqu zobudokotela eTsinghua University, wavakashela iHuawei futhi wahlabeka umxhwele yimibono nezifiso zikaRen Zhengfei. Ngemuva kwalokho, wahlala futhi wangabe esabuyela eTsinghua University ukuyofunda, waze wadela ngisho neziqu zakhe zobudokotela.

Ngawo lowo nyaka, ukuhlangana kukaZheng Baoyong noRen Zhengfei kwakubaluleke kakhulu kwaHuawei. UZhang Lihua, owayesebenza eHuawei, wabhala wathi, "Lokhu, emlandweni we-R&D yeHuawei, kwakuhambisana nangezikhathi zoZhu De noMao Zedong 'behlanganisa amabutho ezintabeni zaseJinggang'."

Lokhu kuhlola kwakukuhle kakhulu, njengoba kwakunjalo nangokwengezwa kwengcweti yezobuchwepheshe, uZheng Baoyong, eqenjini elathuthukisa izilinganiso ze-R&D yeHuawei kanye nohlaka lwenhlangano ngesikhathi esifushane.

Wabuye wasiza ukusheshisa ukuthuthukiswa nokukhiqizwa kwemikhiqizo yeHuawei. Njengoba uZheng Baoyong wayeshesha ukuqonda izimo, ekhuluma kalula futhi eyisikhulumi esihle, ozakwabo babembiza njalo ngokuthi u-Ah Bao.'

Ekuqaleni, uZheng Baoyong wacwaninga futhi wasungula i-HJD48 engaphakathi kwethimba lephrojekthi likaGuo Ping. Futhi wakhokhela umsebenzi we-*software* nokuthuthukiswa kwe-*hardware* ye-HJD48. Ngemuva kokuphothulwa kwephrojekthi ye-HJD48, uZheng Baoyong wakhushulwa nguRen Zhengfei wamenza iPhini Lomphathi Omkhulu kwaHuawei kanye noNjiniyela Oyinhloko Wokuqala. Wayehlela amasu emikhiqizo yeHuawei kanye nokwakhiwa kwemikhiqizo emisha.

Ngaleso sikhathi, abasebenzi bakwaHuawei babengenalo nhlobo ulwazi lwamasu okuhlela. Ngakho-ke, baziqonda izibopho zikaZheng Baoyong ngokuthi 'imikhiqizo yokuphatha engeyona eyokukhiqiza noma eyokuhanjiswa kubathengi, noma ngokusho nje, yonke imikhiqizo engazange yenziwe, konke lokho kuwumthwalo kaZheng Baoyang.'

Ithalente nekhono likaZheng Baoyong ladlondlobala ngokugcwele eHuawei. Ngokushesha iHuawei yethula iswishi encane ye-*analog* ehlukaniswe ngomoya eyi-HJD48, lapho umshini owodwa ungaxhumanisa abasebenzisi abangu-48 – lokhu kwaba impumelelo entsha kwezobuchwepheshe.

Ibhodi elilodwa leswishi yangasese ye-HJD48 encane ye-*analog* ehlukaniswe ngomoya, ingahlanganisa abasebenzisi abangu-8. Njengoba kuqhathaniswa nemikhiqizo emibili yokuqala yeHuawei (BH01, BH03), lapho kungabasebenzisi abangu-4 kuphela abangaxhunyaniswa yibhodi, umkhiqizo omusha uyithuthukise kakhulu inhlanganisela yomkhiqizo.

Ngamanye amagama, ngomkhiqizo ofanayo owenza umsebenzi ofanayo, iswishi yangasese ye-HJD48 encane ye-*analog* eyehlukaniswe ngomoya, yona yayithatha isikhala esincane. Yaba namandla amakhulu, futhi yehlisa izindleko ngezinga eliphakeme. Lapho iswishi yangasese ye-HJD48 encane ye-*analog* eyehlukaniswe ngomoya ifakwa emakethe, yemukelwa ngabasebenzisi abaningi beyunithi yebhizinisi ngenxa yezinga layo eliphezulu nentengo yayo ephansi.

Ngonyaka ka-1991, uZheng Baoyong wengamela ukwakhiwa komkhiqizo omusha weHuawei, iswishi yangasese eyenza imininingwane ye-HJD04 500. Lo mkhiqizo wawungaxhuma abasebenzisi abangu-500, usebenzise amasekethi e-*ptoelectronic* namadivayisi ahlanganiswe ngezinga eliphezulu. UMnyango Wezamaposi Nokuxhumana watusa lo mkhiqizo ngekhwalithi lawo eliphezulu uma uqhathaniswa namanye amaswishi afanayo akhiqizwe lapha ezweni.

Ngesikhathi ongamele umkhakha obhekene namasu okuhlela eHuawei, uZheng Baoyong wahola abasebenzi be-R&D futhi walithuthukisa ngempumelelo uchungechunge lwamaswishi olungaxhunyaniswa emigqeni engu-100, 200, 400, kanye nengu-500. Lokhu kwaba wusizo olukhulu ekuvaleni igebe emakethe yezokuxhumana eShayina.

Ngaphansi kobuholi bukaZheng Baoyong, imikhiqizo yangasese ewuchungechunge yakhiqiza inani lokukhiqiza eliphelele lonyaka lama-*yuan* angaphezu kwezigidi eziyi-100, kanye nenzuzo ephelele. Nentela yama-*yuan* angaphezu kwezigidi eziyiyishumi ngonyaka ka-1992.

Kuze kube manje, inombolo yokuqashwa kukaZheng Baoyong isalokhu ingu-00002. Lokhu kukhombisa ukuthi waqala nini ukufaka isandla kwaHuawei. Amagalelo akhe emizameni yokuqala ye-R&D yase-Huawei ahlanganisa neswishi yedijithali ye-C&C 08, ama-*chip*, ama-*transmission*, okungaxhunyiwe kanye neminye imikhiqizo eyethulwe emuva kwalokho, nohlaka olungokwenhlangano lwe-R&D yeHuawei. Wayengeyena nje kuphela umholi obalulekile weHuawei R&D ezinsukwini zayo zokuqala, kodwa futhi wayengumklami Omkhulu wobuciko benkampani nohlelo lwe-R&D oluhlelekile. UZheng Baoyong wayephethe umsebenzi wokwakha ithimba le-R&D leHuawei nohlelo lomkhiqizo ezinsukwini zalo zokuqala. Wayephinde abe yiNhloko yokuqala yoMnyango Wokucwaninga Omaphakathi, Isekela lePhini Likamongameli kanye nePhini Likasihlalo.

Lapho Izibani Zifiphele

Ingabe iBMW ingakwazi yini ukuthola iTesla? Lo kwakuyisihloko sengxoxo-mpikiswano enkampanini yethu isikhathi eside. Abantu abaningi babecabanga ukuthi iTesla entsha nephucukile ingedlula iBMW. Ngiyayesekela imizamo yeBMW yokuqhubeka nokuthuthuka nokuhlala nginomqondo ovulekile, kodwa futhi ingafunda kuTesla.

Imoto inezinto ezimbalwa: ukushayela, ukushayela okukhaliphile (njengamabalazwe e-elekthronikhi, ukushintshwa kwamagiya ngokuzenzakalelayo, ukugwema ukushayisana ngokuzenzakalelayo, ukushayela ngerimothi ...), ukuwohloka kwemishini, ukuphepha kanye nenduduzo. IBMW ingaphezulu ezintweni ezimbili zokugcina.

IBMW ingathola izici zokuqala ezimbili uma nje ingavalekile umqondo futhi yonga.

Ngokuqinisekile, iTesla ingathenga nezinto ezimbili zokugcina emakethe. Ngisho neBMW ayidingi ukuthuthukisa izinto zokuqala ezimbili ngokwayo. Okudingwa yiBMW yimpumelelo, hhayi ukuziqhenya kwentuthuko yayo. IHuawei nayo 'iyiBMW' (isifaniso sezinkampani ezinkulu). Emphakathini oshintsha ngokushesha, lapho inoveli nemininingwane emisha ihlale ivela khona, ingabe iHuawei ingakwazi ukuzixhasa? Kungakhathalekile ukuthi sikhetha ukukholelwani, lo ngumbuzo okufanele sibhekane nawo.

Umsunguli weHuawei URen Zhengfei

ISAHLUKO 5

I-C&C08

Ngomhla ka-8 kuJanuwari ngonyaka ka-2004, Ukulawulwa Kwezokuxhumana
eBheyijingi kanye neHuawei ngokubambisana zamemezela ukuthi amaswishi
e-C&C08 akwazi ukusebenza kahle unyaka wonke ngemigqa yezinhlangano
eziyisigidi esisodwa kunethiwekhi ebhalisayo Yokulawulwa Kwezokuxhumana
eBheyijingi. Lokhu, futhi, kufakazelwa ukuthi imishini yeHuawei yayihamba
phambili embonini ngokokuphepha nokwethembeka kwenethiwekhi yayo.

Mayelana neswishi yeHuawei i-C&C08, ehamba phambili kulokho
okuthunyelwa emhlabeni wonke eminyakeni emithathu elandelanayo, futhi
yafakwa ezimbotsheni ezingaphezu kwezigidi eziyikhulu emhlabeni jikelele –
lokhu kwakungokunye nje kokudunyiswa kwayo okuningi.

IHuawei yayisanda kufika futhi yaqala ukungena emakethe yaseBheyijingi
ngonyaka ka-1997. Iswishi ye-C&C08, eyayixhunyaniswe ezimbotsheni
ezingaphezu kwesigidi esisidwa, yayingenazigameko ezinkulu zokuphepha
futhi ingenakho ukwehluleka kwemishini unyaka wonke. Lokhu kwaveza
izinga layo eliphezulu lokulawula umhlaba wonke kweHuawei R&D kanye
nenqubo yokukhiqiza, futhi kwaphinde kwedlula nezinkampani ezithile
zangaphandle ezikhiqiza imishini. Imikhiqizo yeHuawei yemukelwa kahle
ngabasebenzisi emhlabeni wonke.

Umklamo Ozimele, Intuthuko Eqhubekayo

Kusukela ngasekupheleni kweminyaka yawo-1980, ukuthuthukiswa
okusheshayo kwemboni yezokuxhumana kwanikeza isisekelo esivundile

43

sokusinda nokukhula kwamabhizinisi ezokuxhumana ezwe laseShayina. Ngenxa yalokhu, nezinye izindawo eziningi zathuthuka ngokushesha okukhulu.

Ngokwesibonelo, ngasekuqaleni kweminyaka yawo-1990, amaswishi eSCC yaseShayina enza inhlanganisela yempumelelo. Ngaleso sikhathi, ukuqalwa kweswishi ye-C&C08 yakwaHuawei kwathola ukunakwa amahhovisi amaningi ezokuxhumana kulo lonke elaseShayina.

Ngesikhathi iswishi ye-C&C08 isungulwa okokuqala eYiwu, eZhejiang ngonyaka ka-1993, abaholi kanye nochwepheshe behhovisi lezokuxhumana bavakashela egunjiini lomshini izikhathi eziningi, futhi bahlinzeka ngeseluleko esibalulekile eqenjini lokuthuthukisa intsha yakwaHuawei ezindaweni ezinjengezobuchwepheshe bekhabinethi, izindlela zokulungisa nokusekelwa kwendawo eqhelile yabasebenzisi. Iswishi yemigqa eyisigidi ye-C&C08 yethulwa ePizhou, eJiangsu. Yaba nomthelela ekusungulweni kwenethiwekhi yokudayiselana yakwaShenzhen, yajoyina inethiwekhi yendawo okokuqala ngqa, futhi yathunywa ukuba yakhe isikhungo eside se-*tandem* okokuqala ngqa... Ukwehlula 'okokuqala' ngakunye okwakwenziwe yiHuawei kwesekelwa ngokuqinile futhi kwemukelwa nangamakhasimende. URen Zhengfei, owayenomqondo oqinile wenjongo yakhe, ngaso sonke isikhathi wayephila ngokwethembeka nangosekelo olubunisiwe. Ekuthuthukisweni nasekuklanyweni kwamaswishi e-C&C08, izimo ezihlukile zaseShayina zacatshangelwa ngokuphelele, nemibono eminingi yobuchwepheshe obuthuthukile yayisetshenziselwa inkomba yayo.

Ngokwesibonelo, lapho iHuawei ithuthukisa futhi iklama iswishi ye-C&C08, yakhetha i-*optical fiber* njengesixhumanisi semojuli yayo, ikakhulukazi ngoba abaholi abaningi bezokuxhumana nezingcweti zangaleso sikhathi babona ukuthi izingqinamba ezinjengokuvikelwa kombani, ukudleka kwamandla, kanye namamojuli aqhelile kwakufanele aqashelwe mayelana nokwenza ezokuxhumana zibe lula ezindaweni zasemakhaya.

Ngonyaka ka-1999, ukuthuthukiswa okusheshayo kwe-Inthanethi ngokungangabazeki kwaletha ingcindezi enkulu kuPSTN (Public Switchched Telephone Network). Ngaleso sikhathi, inani elikhulu lokufinyelela kokudayela lalisebenzisa imithombo edluliselwe isikhathi eside, okwakubangela isiminyaminya kanye nokulahleka kwezingcingo.

Ekusabeleni kwale nkinga, iHuawei kanye no-opharetha benza ucwaningo ngokuhlanganyela futhi bathuthukisa iyunithi yokuthola i-inthanethi kuswishi ye-C&C08. Uma sesikhuluma ngokukhethekile, iswishi yayineseva yokufinyelela eyakhelwe ngaphakathi kanye nokudlula isiminyaminya. Ngale ndlela, iswishi ye-C&C08 yayingaxazulula leyo nkinga yokucinana ngempumelelo.

Ngentuthuko enjalo, iyunithi yeswishi ye-C&C08 nayo yayingaxhunyaniswa ngokwahlukana ukuze ibe neseva yokufinyelela ebangeni lenethiwekhi, okunganikeza ukufinyelela kwamanani amakhulu nokuxhumeka okuzinzile.

Lokhu kwakushaya khona ngoba iHuawei yaseyicabangele izimo ezehlukile zaseShayina, kangangokuba iswishi ye-C&C08 ngokushesha kwaba yiyona eqokwa ngo-opharetha ukwedlula ezinye, futhi yathola okungaphezu kwesigamu sesabelo sezimakethe zikazwelonke ngokushesha. IHuawei yaxazulula izinkinga zo-opharetha, futhi yathuthukisa nemisebenzi yamaswishi e-C&C08 ngokuqhubekayo ngokusebenzisa intuthuko yayo ezimele. Lokhu kuvumele i-C&C08 ukuba ithole indawo yayo njengemodeli ebalulekile phakathi kokwakhiwa kwenethiwekhi yezokuxhumana yaseShayina.

Ngonyaka ka-1998, iswishi yeHuawei i-C&C08 yadayiswa emathekwini ayizigidi eziyi-10.7 unyaka wonke, okwenza yaba yiswishi ye-SPC edume kakhulu eShayina. Yona kanye neminye imishini ekhiqizwe kuleyo ndawo, zabizwa ngokuthi 'izimbali ezinhlanu zegolide.'

Ukuhlangabezana Nezidingo

Ngemuva kokwehlula okuhlanganyelwe okwenziwe ngokukhiqiza amaswishi endawo, imishini yokuxhumana enamalungelo obunikazi ngokuzimele yaqala ukungena edolobheni ivela emaphandleni, yeqa ukusuka 'kumanethiwekhi asezingeni eliphansi' yaya 'kumanethiwekhi asezingeni eliphakeme.' Ngaleso sikhathi, nakuba iHuawei yayizazi kahle kakhulu izidingo zabasebenzisi njengoba nayo ngokwayo ingu-opharetha waseShayina, abakhiqizi abayesekelanga ngokuphelele. Izidingo eziningi zamakhasimende ezazigxile emakethe azikwazanga ukufezeka.

Ngonyaka ka-1995, iGuangdong Telecom, eyayihamba phambili kwezezinguquko, yayisazi kahle kakhulu isidingo esandayo sokuthola izinsiza ezintsha kwezokuxhumana njengoba wonke umphakathi uthuthuka. Ngakho-ke yahola futhi yahlongoza umqondo wokwakha inethiwekhi yokuxhumana yokudayiselana yamakhasimende abalulekile.

Ekuqaleni kuka-1996, iGuangdong Provincial Bureau yenza ukuhlolwa okuningi kanye nokunikwa izitifiketi, ngaphambi kokuthatha isinqumo ngeswishi lakwaHuawei i-C&C08 lokwakha inethiwekhi yokuhlola yokudayiselana eShenzhen. Kuzo zombili, iGuangdong Provincial Bureau neHuawei, ukwakha inethiwekhi yokuhlola kwakuyindlela eyethambekile emakethe, kodwa futhi kwakuyinselela enkulu.

Zaziyini izidingo zamakhasimende ekudayiselaneni kulezo zimo?

O-opharetha babengazethula kanjani izidingo zabo? Abakhiqizi bemishini babengahlangabezana kanjani nalezi zidingo? Ziningi izinkinga okwakudingeka zixazululwe.

Ukuze ixazulule lezi zinkinga ngokuphelele, iHuawei yaqala ukwenza uphenyo olunzulu ngezidingo zamakhasimende ayo. Yabuye yaqoqa iqembu lezingcweti elalizodingida izinkinga ezinzima. Ngocwaningo olwanele, iHuawei yasheshe yeza nesixazululo futhi yasithumela ukuze sihlolwe. Ngaphezu kwalokho, iGuangdong Academy of Postal Science nayo yayiklame futhi yenza izivivinyo ezimbalwa ngesikhathi esifushane.

Ngonyaka ka-1996 ngo-Okthoba, iShenzhen Commercial Network yaqedwa futhi yaqala ukusebenza. Yethulwa nangempumelelo futhi yakhombisa inqwaba yezinsiza zenethiwekhi yezentengiselwano. Ngemuva kokuphumelela kweShenzhen Commercial Network, iHuawei yaqhubeka nokuhlaziya kwayo okujulile kwezidingo zokuxhumana zamakhasimende ayo adayisayo, futhi yaphumelela nasekuthuthukiseni amabhizinisi okwengezelela anjengamasevisi akhethekile eCentrex (iCentral Exchange Branch Office, Central Switch), amakhonsoli aqhelile, izixazululo zokuxhumana zamahhotela, ukuhlangana kwe-*broadband* nokuxhunyaniswa kwe-*narrowband*.

IHuawei yayilokhu izibophezele ukugcina ukuthuthukiswa komkhiqizo wayo ukuze kufeze zonke izidingo. Ake ubheke ikhadi lasesikoleni njengesibonelo.

Kwakuyisibonelo so-opharetha nabakhiqizi bemishini abasebenza ndawo nye.

Ngonyaka ka-1997, iHhovisi Lendawo Lezingcingo zaseTianjin labona amandla amakhulu emakethe yezokuxhumana kumayunivesithi aseShayina, futhi laya kwaHuawei ukuyobheka ukuthi lingakwazi yini ukuthola amakhadi akhokhelwa kusengaphambili.

Ukubhekana nale nkinga, onjiniyela bakwaHuawei benza izinqubo zebhizinisi zaba ngokwezifiso nezindlela zokukhokhisa ngokusekelwe kumodeli yebhizinisi eseyikhona yeswishi le-C&C08, futhi basungula ibhizinisi lamakhadi asezikoleni.

Ngokuphazima kweso, ikhadi lasesikoleni ladayisa njengamaqebelengwane ashisayo kuzo zonke izikole ezinkulu eTianjin, futhi ngokushesha ladayisa nakwezinye izimboni, kuhlanganise nezinhlangano zikahulumeni, izibhedlela namabhizinisi. Ngokwalokho, abasebenzisi bayemukela kahle kakhulu kulo lonke elaseShayina.

Ukudayisa okusheshayo kwamakhadi asezikoleni kwembula ubuhlakani nethuba lemakethe ko-opharetha, kwalandelwa 'amakhadi othando,' 'amakhadi omphakathi' kanye 'namakhadi e-202' njll.

Ngokwesekwa yiswishi ye-C&C08, izinhlobo ezinkulu zamabhizinisi amakhadi ezingcingo zaletha izinzuzo enkulu ngokwemali ko-opharetha. Zaphinde zanikeza ne-R&D yeHuawei umfutho.

Ngesikhathi yenelisa izidingo zamabhizinisi angokwezifiso, iHuawei nayo yasungula izinto ezintsha ukwethula imibono ehlakaniphile yokwakhiwa kwenethiwekhi yeswishi ye-C&C08. Lokhu kwanikeza isixazululo samanethiwekhi endawo ahlakaniphile, ngaleyo ndlela kwakukhuthaza kakhulu ukuthuthukiswa kwezinsiza ezihlakaniphile eShayina.

Ukukhula Kwemakethe Yamazwe Ngamazwe

Ngesikhathi iHuawei ihileleka 'kuzimpi zasemgwaqweni' nalabo encintisana nabo emadolobheni endawo ngaphakathi eShayina, ibhizinisi layo laphesheya kwezilwandle nalo lalandela ngokushesha okukhulu. Iswishi ye-C&C08 yaba yisigodi sokukhula okungokwemvelo kwemakethe yakwaHuawei.

Ngonyaka ka-1996, iswishi yakwaHuawei ye-C&C08 ekugcineni yaba yingxenye yenethiwekhi yeHutchison Telecommunication eHong Kong, ngemuva kokuba sesikhathini esinzima sokuzama ukukhula. Uma iqhathaniswa nezwekazi laseShayina, imakethe yokusebenza evuthiwe kanye nezidingo zabasebenzisi baseHong Kong yaletha izinselele eziningi ezintsha kwaHuawei.

Ukuze izivumelanise namagumbi emishini emincane eHong Kong, iHuawei yanikeza ngamamojuli aqhelile afakwe odongeni. Ukuze ifeze izidingo zokufuduka kwenombolo yamahhala, iHuawei yanikeza ngenani lomsebenzi wenombolo eyenziwe ngokwezifiso (NP).

Namuhla, iHuawei isisungule izikhungo ezingaphezu kwamashumi abamili ngamaswishi ayo e-C&C08 eHong Kong, ifinyelela kuzakhiwo ezingaphezu kwezingu-3 000 zamahhovisi ezifundeni ezinkulu zebhizinisi, kanye nasezikhumulweni zezindiza zaseHong Kong. Lokhu kuba khona kusebenza njengesiqinisekiso esikhulu kwezokuxhumana eHong Kong.

Uma sikhumbula kahle, iHuawei yahamba ibanga elide kakhulu ukuze ingene emakethe yaseHong Kong. Ngonyaka ka-1996, iHutchison Telecommunication eHong Kong yayisanda kuthola ilayisense yayo yokusebenza ngocingo. Le projekthi yayinzima kakhulu njengoba yayidinga ukuthi kushintshwe imishini ngaphandle kokushintsha izinombolo esikhathini esifushane kakhulu. Inani lesikhathi esasinikeziwe kwakuyizinsuku ezingu-90 kuphela.

Ngemuva kokuthola leli bhizinisi elisha, abakwaHutchison Telecommunication baqala ukufuna abalingani emakethe yaseYurophu. Ngokudabukisayo, abahlinzeki ngemishini ababatola babedinga izinyanga eziyisithupha okungenani ukuba baqede leyo phrojekthi, futhi babefuna imali eningi kakhulu.

Njengoba iphrojekthi iqhubeka usuku nosuku, iHutchison Telecommunication yayisonqenqemeni futhi yaze yabuka lo msebenzi njengomsebenzi ongenakwenzeka.' Kwakungaleso sikhathi lapho othile encoma khona iHuawei ezinze eShenzhen.

Ngaleli thuba elilethwe yizimo, iHutchison Telecommunication yabambisana neHuawei kulo msebenzi. Kuze kube kulelo qophelo, iHuawei yathumela abasebenzi bayo abanekhono kakhulu, futhi yawuqedela kahle umsebenzi ngaphansi kwezinyanga ezintathu.

Uma kuqhathaniswa nemikhiqizo yohlobo lokuqala enikezwe yizinkampani zamazwe ahlukahlukene, iHutchison Telecom ithande ukuguquguquka kwemvelo yezokuxhumana okusha okudalwe yiHuawei, ngaphezu kwemali yokuncintisana kwayo. Umshini weHuawei wawungeke ugcine ngokufakwa ehhovisi kuphela, kodwa futhi nasezitebhisini. Lokhu kwakuyifanele kahle iHong Kong, eyayaziwa ngokuba nabantu abaningi kakhulu ezweni elincane.

Ukuphothulwa ngokushesha kwephrojekthi yakwaHuawei yeHutchison

Telecommunication kusize laba bangemuva kwalokho ukuba bathuthukise ukuncintisana kwabo. Uma kuqhathaniswa neHKT, inzuzo yokuncintisana yakwa Hutchison Telecom yagqama kakhulu, ikakhulukazi ngephrojekthi ekhulisa inzuzo yayo yokuhlukanisa.

Ngokubambisana kwayo ne-Hutchison Telecommunication, iHuawei ayigcinanga ngokubeka izidingo eziphakeme kuphela, kodwa futhi yabonisa nezimfanelo zayo zobuqhawe lapho ibhekene nezingqinamba. Ngokwesisekelo sokuthi izidingo zeHutchison Telecommunication zekhwalithi yemikhiqizo nezinsiza 'zazinzima kakhulu,' iHuawei yawuphothula ngempumelelo umsebenzi wayo futhi yaqhubeka 'nokuqeqeshwa okukhulu' okungakaze kubonwe ngaphambilini kokukhula kwayo kwesikhathi esizayo emakethe yamazwe ngamazwe.

Ngemuva kwakho konke lokhu, emehlweni amabhizinisi aseShayina ayezinikele ekwandiseni amazwe omhlaba, iHong Kong ibhekwa 'njengendawo yesivivinyo' yaseShayina yokukhula emhlabeni kabanzi. Lokho kwakungengxa yokuthi imakethe yaseHong Kong yayinenzuzo ekhethekile evumela amabhizinisi aseShayina ukuthi abe nempumelelo ngaphambi kokungena ezimakethe zaphesheya. Njengawo wonke amabhizinisi aseShayina 'adume wonke umhlaba,' iHuawei yalandela le ndlela eya emazweni omhlaba, okwaqala kulula.

Ngemuva kokuba iHuawei ingene emakethe yaseHong Kong, kancane kancane iswishi le-C&C08 lazuza ukwamukeleka emazweni anjengeRashiya, iBrazili, Indiya, iMaleyiziya neSpeyini. Izimboni zokukhiqiza nazo zaqalwa eRashiya naseBrazili. Ngokwesibonelo, eRashiya, iswishi ye-C&C08 yakwaHuawei yayinezimbobo ezingaphezu kwezigidi ezingu-1.5 ezithunyelwe kunethiwekhi yayo yokuxhumana ngezingcingo.

Ngemuva kweminyaka yokusebenza kanzima, iHuawei yakhula kancane kancane kuhle kwenkanyezi esakhulayo emkhakheni wezamaswishi ukuya ekubeni ngumkhiqizi womhlaba jikele ohamba phambili emkhakheni wenethiwekhi engenakunyakaziswa. Ngokwemininingwane esembikweni oshicilelwe yinkampani yokubonisana iDittberner, ngasekupheleni konyaka ka-2003, amaswishi e-C&C08 abe esenezimbobo ezingaphezu kwezigidi eziyi-130 emazweni angaphezu kwangu-50 nezifunda emhlabeni jikelele, futhi abekwa endaweni yokuqala ezimakethe ezintsha zomhlaba iminyaka emithathu ilandelana.

ISAHLUKO 6

Inhlansi Yomlilo Ingadala Amalangabi

Ngemuva kokuba iHuawei ithole ibhakede layo lokuqala legolide ekubeni ngumdayisi ovele wamaswishi, uRen Zhengfei wathatha isinqumo esinqalasokuthi ukuhanjiswa kweR&D kuzethulele eyayo imikhiqizo. Ngakho-ke, imikhiqizo yeHuawei beyingabizi kakhulu kunemikhiqizo efanayo yakwamanye amazwe, kodwa futhi yayisezingeni eliphakeme ngekhwalithi kunemikhiqizo eyakhiwe kuleyo ndawo. Lokhu kwavumela ukuba ibhizinisi lakwaHuawei lidlondlobale.

Emva kwalokho, iHuawei yangena emakethe yamaswishi e-SPC futhi yancintisana nezinhlangano zamazwe aphesheya. Kodwa-ke, abathengi bamaswishi eSPC babeyiminyango yezokuxhumana kazwelonke esebenza ngobuchwepheshe, futhi iHuawei yayingenalo idumela noma ukuxhumana okunamandla ngesikhathi esaqeda ukusungulwa. Ngokuphazima kweso, yazithola seyisesimeni esinzima.

Ngaleso sikhathi, amakhasimende ayejwayelene nemikhiqizo kanye nezindawo zokukhiqiza zamabhizinisi amakhulu aphesheya anjengeNokia kanye neLucent. Lapho bevakashela iHuawei futhi bebona uhlu kwayo okulula kwezimboni nemishini, amakhasimende ambalwa aba nomdlandla wokufaka ama-oda.

Kuleso simo esinzima, uRen Zhengfei wasungula isu lokuthuthukisa iHuawei 'lokuzungeza amadolobha asemaphandleni.' Indlela yakhe eqondile kwakuwukuqala ngamakhasimende asezingeni eliphansi okwakulula ukusebenzisana nawo. Ukuze ibone leli su, iHuawei yaziphoqa ukuthi iqonde izidingo zamakhasimende ayo ngokunemba ngaphezu kwabaqhudelana nayo, ukuze ikhiqize imikhiqizo efanele kakhudlwana, futhi izuze amakhasimende ngamanani aphansi, imikhiqizo esezingeni eliphezulu kanye nesevisi enhle kakhulu.

Kancane kancane, iHuawei yasungula indawo emakethe yasemakhaya, yabe isithuthela emakethe yasemadolobheni. Ngesikhathi kwethulwa isizukulwane esisha sobuchwepheshe bezokuxhumana 'i-*broadband*', iHuawei yabeka amasu ayo kusenesikhathi futhi yasungula isikhundla sayo embonini kwaba kanye.

Ukusebenzisa Isu 'Lokuzungeza amadolobha kusukela emaphandleni'

IHuawei yasebenzisa amagama amaningana ekuthuthukisweni kwamaswishi edijithali. Ngasekupheleni konyaka ka-1993, ukuthuthukiswa kwamaswishi edijithali kwacishe kwaphela futhi kwasekuzothunyelwa ukuba kuyohlolwa. Ngemuva kwalokho iHuawei yacinga amagama kuyo yonke inkampani, futhi yanquma ukuqamba lo mkhiqizo ngokuthi yi-C&C08.

Izinhlamvu C&C empeleni zazinezincazelo ezintathu. Eyokuqala ethi, 'Emaphandleni Nasedolobheni' (*Country & City*). Yayiveza ukuthi imikhiqizo yakwaHuawei iqale ingene emaphandleni, bese kuba yidolobha. Eyesibili, Ikhompyutha Nokuxhumana (*Computer & Communication*).

Ngemuva kwakho konke, iswishi yeSPC yedijithali yayiyinhlanganisela yekhompyutha nokuxhumana. Eyesithathu, iShayina Nokuxhumana (*China & Communication*). Le kwakuyincazelo uZheng Baoyong ayinikeza ngesikhathi ebika ngokusemthethweni kumholi wombuso uSong Jian.

Kuyabonakala encazelweni yokuqala yakwaHuawei nge-C&C ukuthi iHuawei yayigxile ikakhulukazi kumakethe yasemakhaya, bese imakethe yasemadolobheni yayiza okwesibili. Lokhu kugcizelelwa kwakuwukubonakaliswa kwecebo eliqinile 'lokuzungeza amadolobha kusukela emaphandleni.'

Eqinisweni, amabhizinisi amaningi aseShayina ayalithanda kakhulu leli cebo. Ngisho noZong Qinghou, umsunguli weWahaha, noShi Yuzhu, umsunguli weGiant, bakubona kuyicebo elibalulekile lebhizinisi.

Ngesikhathi uRen Zhengfei etshala imali eningi ekuthuthukisweni kwamaswishi ezingcingo zedijithali ngonyaka ka-1993, kwacaca ukuthi wayengeke akwazi ukuziphonsela inselele izinkampani zamazwe omhlaba ngemali enamandla kanye namakhono. Kwakungesona isikhathi esifaneleyo sokubukisa. Yize kunezikhathi lapho isitha besesivele sisemnyango, uRen Zhengfei ubelokhu eqinile futhi egcina isu lakhe 'lokuzungeza amadolobha kusukela emaphandleni,' wawethula ngesibindi namaswishi edijithali ocingo lakwa Huawei ayezithuthukisa wona ezimakethe zedolobha elincane.

URen Zhengfei wakhe isisekelo sakhe kulokhu futhi wahlanganisa yonke imizamo yakhe kuR&D. KuRen Zhengfei, 'umgqomo wezibhamu kuphela ongacupha amandla ezepolitiki,' ngakho-ke kufanele kuqale iR&D bese kulandela icebo 'lokuzungeza amadolobha kusukela emaphandleni.' IHuawei yabe isidumisa injini yaleli su futhi yagcwala kulo lonke elaseShayina, yazuza impumelelo enkulu. URen Zhengfei ngaleyo ndlela wabheka umcabango oqondile 'wokuzungeza amadolobha kusukela emaphandleni' njengecebo elibaluleke kakhulu lokudlondlobala kweHuawei esikhathini esizayo ngaphesheya kwezilwandle, futhi lalibonakala liphumelela njalo.

Umqondo Oweseke Icebo Lokusuka 'Emaphandleni ukuya Emadolobheni'

Ezinsukwini zokuqala zokusungula iHuawei, uRen Zhengfei wayengagculisekile ngemodeli yebhizinisi lokudayisa. Ngesikhathi eqonda ukubaluleka okukhulu kokudayiselana kwezobuchwepheshe kuzimakethe zaseShayina, kanye nokusebenza kwezobuchwepheshe, wasebenzisa indlela engahambisani nabo bonke abakhuzi futhi watshala zonke izimali zeHuawei ukuba zithuthukise ubuchwepheshe bayo.

Indlela kaRen Zhengfei yayehluke kakhulu kweyabanye osomabhizinisi.

Emva kwalokho, amathuba ebhizinisi ayekhona yonke indawo, kodwa uRen Zhengfei wakhetha ukunikela konke kuR&D. Nakuba kunjalo, kungenxa nje yobuholi bukaRen Zhengfei obubonakalayo ukuthi iHuawei ihambe ibanga elide kangaka namuhla.

Njengokuvamile, kuba khona umklomelo uma utshale imali. Nanxa iHuawei yayinemali elinganiselwe ngaleso sikhathi, uRen Zhengfei watshala imali kakhulu kuR&D, okwaholela ekwakhiweni kweswishi ye-C&C08.

Ngemuva kokuthi umkhiqizo sewenziwe, inkinga yangempela yaba ukuwudayisa. Ngaleso sikhathi, izinkampani zamazwe ehlukahlukene ezivela emhlabeni wonke, ikakhulukazi ongoti abakhulu kwezokuxhumana emazweni aphesheya, zazengamele imakethe yaseShayina, futhi zazigxile ezifundazweni nasemadolobheni sekwedlule iminyaka eminingi. Ukucela isabelo semakethe ephethwe yile mikhiqizo yakudala enezinsizakusebenza eziqinile zezimali kanye nobuchwepheshe obuphambili bekungaba njengokukhishwa kwamazinyo emlonyeni wengwe.

Ezinye izazi zabhala ngokuthi ukubhekana ngqo nezinhlangano zamazwe ehlukahlukene, ikakhulukazi abaholi bezimakethe zokuxhumana bamazwe omhlaba, bekungaba yize. Nonxa kunjalo, ukusimama kweShayina kuvame ukubonakala ngezikhathi ezinzima kakhulu. Isinyathelo sokuqala uRen Zhengfei asithatha ukuze angene emakethe kwakuwudayisa ngentengo ephansi. Eqinisweni, intengo yeswishi ye-C&C08 yayiyingxenye eyodwa esithathwini yemikhiqizo efanayo yakwamanye amazwe.

Ngemuva kokuba iswishi yakwaHuawei ye-C&C08 izuze isabelo esithile semakethe, ngokushesha imakethe yendawo yangena esigabeni somncintiswano ononya. Abanye ongoti abakhulu bezokuxhumana emhlabeni wonke babethembele ezinsizakusebenzeni zabo zezimali ezinamandla futhi banciphisa amanani entengo ngendlela eyaziwayo, konke lokho bakwenzela ukuvimba iHuawei nezinye izinkampani ezisafufusa zokukhiqiza izingcingo ngisho nangaphambi kokuba zisimame.

Ebhekene nalo mncintiswano onamandla kangaka, uRen Zhengfei wasebenzisa isu 'lokuzungeza amadolobha kusukela emaphandleni,' evumela ukuthi iHuawei isinde kuleli hlathi elikhohlisayo.

Ngonyaka ka-1992, ngemuva kokwethulwa kweswishi yakwaHuawei eyayilindelwe ngesasasa elikhulu emakethe, uRen Zhengfei washeshe waqala ngesu lakhe 'lokuzungeza amadolobha kusukela emaphandleni,' ukuze agweme ukuncintisana nongoti abakhulu bakwamanye amazwe abanjenge-Alcatel, iLucent, kanye noNortel, ababelawula imakethe yaseShayina. Lokhu kwabangela ukwehla kwentengo yemishini yokuxhumana ngocingo emakethe yaseShayina. Emuva kwalokho, uRen Zhengfei waqala ukwenza isu elifanayo emhlabeni wonke, wangena ezimakethe zezokuxhumana zaseYurophu neseMelika, futhi 'wafika eNormandy' ngempumelelo.

Ngesikhathi uRen Zhengfei ekhetha izimakethe ongoti abakhulu bezokuxhumana emazweni omhlaba ababengenandaba nazo, iHuawei yayingathola isikhala sokusinda nentuthuko.

Isizathu esenza uRen Zhengfei asebenzise isu 'lokuzungeza amadolobha kusukela emaphandleni' kwakuwukuvumela iHuawei ukuba ithathe izimakethe ezinkulu zasemakhaya ezazinganakwa yi-Alcatel, iLucent, iNortel nabanye ongoti bezokuxhumana bamazwe omhlaba. IHuawei yayingakhula kancane kancane bese igcina isiphethe izimakethe zasemadolobheni. Lokhu kwakungayivimba ngempumelelo iHuawei ukuthi ingashatshalaliswa yizinkampani zamazwe ehlukahlukene.

Endaweni yokwakha imishini yokuxhumana ngocingo, amakhasimende alindele okukhulu kakhulu ngamasevisi angemuva kokudayisa, ngakho abakhiqizi bemishini yokuxhumana kwadingeka ukuthi babe nabasebenzi abaningi besilisa kanye nezinsizakusebenza ezibonakalayo, babuye baqoqe imali eningi ezindaweni ezikude. Ngaleso sikhathi, abanye ongoti abakhulu bezokuxhumana bamazwe omhlaba (njenge-Alcatel, iLucent neNortel) babesebakhe namagatsha emadolobheni amakhulu ezifundazwe nasemadolobheni asemingceleni esogwini. Babenenqubo yabo namasu okwenza lokho. Uma babengangena shi ezindaweni eziqhelile, inzuzo yabo yayoziciphla njengenjwayelo. Ngakho-ke, babengakuthakazeleli ukuya ezindaweni eziqhelile nezimakethe zasemakhaya.

Ngenxa yalokhu, iHuawei yayingelulela igalelo layo ngaphandle kokuphazanyiswa. Lokho kwaba yithuba nenzuzo yeHuawei njengebhizinisi lendawo. Ngenxa yomkhawulo wamandla okuthenga emakethe yasemakhaya, noma ngabe amanani entengo yemikhiqizo yezinkampani zomhlaba wonke ancishiswe kakhulu, ayesazoba makhulu kunalokho abasebenzisi basemakhaya ababengakwazi ukuwafinyelela. Yingakho izimboni zongoti abakhulu zayidela imakethe yasemakhaya.

Yize izimakethe ezikude nezasemakhaya zazingenawo amandla okuthenga, kuHuawei, zazifana namaconsi emvula ngemuva kwesomiso eside. Amanani emikhiqizo yakwaHuawei ayephansi ngeminyaka ka-2/3 kunemikhiqizo efanayo ekhiqizwe ongoti abakhulu bezokuxhumana bamazwe omhlaba, kodwa yayisebenza ngokufanayo. Ukuphakanyiswa kweswishi ye-C&C08 kwahamba kahle impela.

Eqinisweni, isu 'lokuzungeza amadolobha kusukela emaphandleni' aligcinanga ngokuvimba ongoti abakhulu bezokuxhumana emhlabeni wonke ukuthi bangathikamezi iHuawei ebuntwaneni bayo, kodwa lisize neHuawei ukuqoqa imali yayo nokukhulisa amandla eR&D, ithole amathuba okuthuthuka, iqeqeshe ithimba eliphambili lokudayisa futhi yakhe nethimba leR&D. Leli su laphinde laqoqa nemali yokuthi iHuawei ibandakanyeke 'ezimpini zasemgwaqweni' ngemuva kokuthuthela emadolobheni.

Nakuba lokhu kwakunengozi enkulu, ukuzibophezela kweHuawei ekuzithuthukiseni kwayo kwayivumela ukuba ibeke isisekelo sobuchwepheshe esihola kahle, futhi emva kwalokho yaba ngenye yezinto ezethenjwa kakhulu kwaHuawei. Ngesikhathi izinkulungwane zezinkampani ziqala amabhizinisi okudayiselana afana neHuawei, futhi abakhiqizi abaningi bemishini yokuxhumana bethuthukisa amaswishi afanayo e-SPC ekugcineni zavalwa, kuyilapho ibhizinisi leHuawei laliya lidlondlobala emakethe enkulu yasemakhaya.

Ukungena Emakethe Yezokuxhumana Yasedolobheni

Lapho bebhekene nezimbangi eziqinile, ikakhulukazi lapho bebhekene nomncintiswano ovela kongoti abakhulu bamazwe omhlaba, kusobala ukuthi kwakungenamqondo futhi kungebona ubuhlakani ukuthi iHuawei ibhekane nazo ngqo kuyilapho yona isacathula ekusungulweni kwayo. Izinkampani zamazwe ehlukahlukene zazinemali eqinile nolwazi lezobuchwepheshe, zinakho konke okungavimba iHuawei ingekakhuli.

Esimeni sokuncintisana esinjalo, uRen Zhengfei wakucacisa impela ukuthi okuwukuphela kwendlela iHuawei engagwema ngayo ukuqhudelana ngokuqondile nezinhlangano zakwamanye amazwe ukuthatha umzila ohlukile. Kwakungaba ukuhlakanipha-ke ukuthi inkampani ingenele ukuthuthukisa izimakethe zasemakhaya esikhundleni salokho.

Uma ngibheka emuva ngesikhathi kusungulwa iHuawei, imakethe yezokuxhumana yamadolobha aseShayina yacishe yenziwa 'amazwe ayisikhombisa nezinhlelo eziyisishiyagalombili' (kubhekiselwe kuzinhlelo eziyisishiyagalombili zeswishi ezivela emazweni ayisikhombisa athuthukile nasezifundeni zaseYurophu, eMelika naseJapani). Yayingekho indlela iHuawei eyayingangena ngayo kule makethe, eyayisilawulwa ongoti abakhulu kulo mkhakha. Njengesinyathelo sokugcina, iHuawei yayingakwazi ukungena emakethe eluhlaza okwesibhakabhaka kuphela etholakala embonini yezokuxhumana zasemakhaya eShayina.

Njengoba sonke sazi, inhloso yokwandisa izimakethe zasemakhaya ukwakha izisekelo eziningi. Lapho ukwanda kweHuawei sekufinyelele isilingganisweni esithile, iHuawei yenza amasu okubusa imakethe. Lokhu kungenxa yokuthi iHuawei yayingagculiseki ngokuba khona kwayo emakethe yasemakhaya nje kuphela, futhi ingeke ibeke ibhizinisi layo kulelo zinga kuphela.

Ucwaningo luthole ukuthi 'ukuzungeza amadolobha kusukela emaphandleni' kwakuyicebo lemakethe lokusinda nokuthuthuka kweHuawei. Inhloso yayo yokudlondlobalela emakethe yasemakhaya kwakuwukungena ezimakethe zasemadolobheni. Ukuze ingene emakethe yasemadolobheni ngempumelelo, uRen Zhengfei waqoqa abasebenzi abaningi, izinsizakusebenza ezibonakalayo nemali ku-R&D kanye nokuklanywa kwemikhiqizo emisha, ngesikhathi enweba ukufinyelela emakethe yasemakhaya. Yathola ubuchwepheshe bezinkampani zamazwe ehlukene namabhizinisi kahulumeni, futhi yahamba kancane yangena ezimakethe zasemadolobheni ngokugxila kumasevisi ayo. Lokhu kwayigcwalisa ngempela inhloso yamasu 'okuzungeza amadolobha.'

Uma ngibheka emuva emlandweni weHuawei ezinsukwini zokuqala lapho isungulwa, kuyacaca ukuthi iHuawei yayingenakhono lobuchwepheshe nomklamo we-R&D, ngoba yaqala njengomdayisi. Kodwa-ke, iHuawei yayingenza umkhiqizo ongahlula izinkampani zamazwe ehlukahlukene. Kwakuwumsebenzi okhuphukayo, owedlula imicabango yabaningi.

'Uma ubhekana nanoma ibuphi ubunzima, kufanele wedlulele phambili. Uma ungenazo izimo ezifanele, kufanele wenze izimo bese uqhubekela phambili.' Ngesinqumo esinjalo, iswishi ye-C&C08 yathuthukiswa ngempumelelo. Kusukela ngaleso sikhathi ukuya phambili, iHuawei yaba nemali yokuncintisana nongoti abakhulu bezimboni zomhlaba. Kodwa-ke, nakuba iHuawei ithole imiphumela emangalisayo emakethe yasemakhaya, kwakungasho ukuthi iHuawei inamakhono enele okuncintisana ngqo nezinkampani zamazwe ehlukahlukene.

Impumelelo yeHuawei emakethe yasemakhaya ngokwengxenye yayingenxa yokuntuleka kwezinsizakusebenza zezinkampani zamazwe amaningi ezazingathuthuka emakethe yasemakhaya. Lokho kwakungenxa yokuthi isu lebhizinisi lezinkampani zamazwe ehlukahlukene lalihlala ligxile kuzimakethe zenzuzo ephezulu. Izinkampani zazingafuni ukusebenzisa imali eningi ukuze kulondolozwe imakethe yasemakhaya, eyayinemali encane yokuthola inzuzo. Ngaleyo ndlela, ukuheha kwemakethe yasemakhaya uma kuqhathaniswa nemakethe enkulu yasemadolobheni, kwabonwa njengobambo lwenkukhu nje. Ngakho-ke, ongoti abakhulu bamazwe ehlukahlukene babencintisana kuphela emakethe yasemadolobheni.

Lokhu kwanikeza iHuawei ithuba elihle. EShayina ngeminyaka yawo-1990, izimakethe ezinkulu zasemakhaya zazisabhekwa njengezimakethe ezincane. Ezimeni ezinjalo, iHuawei yazuza ukuphatha kalula emakethe enkulu yasemakhaya.

URen Zhengfei wayekubheke ngabomvu ukuthi yize imakethe yasemakhaya inezinga eliphansi lembuyiselo, kwakungekho mncintiswano futhi yayingabhekwa njengemakethe eluhlaza okwesibhakabhaka. Nxa ibhekene nalezi simo, iHuawei yayingangena futhi ibuse imakethe inqobo nje uma ingakwazi ukukhiqiza umkhiqizo onemisebenzi efanayo naleyo enikezwa izinkampani zamazwe omhlaba. Ngemuva kwentuthuko evelele yeswishi ye-C&C08, isabelo seHuawei sezimakethe zasemakhaya sakhula ngokushesha, okwavumela iHuawei ukuba iqoqe imali eningi yephrojekthi.

IHuawei yakhelwe kulokhu futhi yaqina ku-R&D, okwayivumela ukuba iqoqe ulwazi olwanele lobuchwepheshe kanye nemali. Lapho konke sekumi ngomumo, 'impi yasedolobheni' yeHuawei yaqala. Ngaleso sikhathi, ngenxa yomkhiqizo wayo owawungadumile, iHuawei yayingenazo izinzuzo lapho encintisana nongoti abakhulu bamazwe ehlukahlukene. Umuntu angacabanga nje ukuthi kwakunzima kangakanani kuHuawei ukukhula emakethe yasemadolobheni.

Lapho bebhekene nalo mncintiswano, uRen Zhengfei wayekwazi kahle kamhlophe ukuthi iHuawei yayingeke isheshe ukubamba imakethe yezokuxhumana yasemadolobheni. IHuawei yayivamise ukunika abathengi imikhiqizo yamahhala yokuzama noma kunini lapho ifika edolobheni elisha.

Le ndlela yavumela iHuawei ukuba ikhule kancane kancane kanye nokuba khona kwayo emakethe.

ISAHLUKO 7

Ukuhlasela I-Bell

Emncintiswaneni ophakathi kwe-Huawei ne-Shanghai Bell, i-Huawei yehlula okokugcina ngokungagcini nje ngokunikela ngemikhiqizo nezinsiza ezisezingeni eliphakeme kakhulu nezingabizi kakhulu, kodwa futhi nangokusebenzisa amasu okumaketha anolaka.

Ngake ngezwa indaba ye-Shanghai Bell ne-Huawei ixoxwa isisebenzi soMnyango Wokucwaninga Wemakethe ye-Shanghai Bell. Umnyombo wendaba wawukuthi embukisweni wemishini yokuxhumana ngocingo, isisebenzi sakwa-Huawei esifake izibuko samnika eminye imibhalo nge-Broadband Metropolitan Area Network (MAN), sabe sesimcela ikhadi lakhe lebhizinisi. Lapho eqaphela ukuthi wayevela e-Shanghai Bell, isisebenzi sakwa-Huawei empeleni safuna ukumphuca amaphepha. Kungemva kokuba isisebenzi se-Shanghai Bell senqabe kanzima, lapho uzakwabo wakwa-Huawei ewaphindisela emuva ngehaba.

Isisebenzi se-Shanghai Bell sagomela lesi sigameko esingabalulekanga ngokuthi bonke abantu bakwa-Huawei babeziqaphele izimbangi zabo, futhi isimo sengqondo "sesitha esifanayo" senyusa impumelelo yokulwa ye-Huawei yonkana.

Ngemuva kwalesi sigameko, yena lowo muntu wabuyela enkampanini yakhe wahlaziya amasu okumaketha we-Huawei kanye necebo lomkhiqizo. Wazama ukuvuselela umoya wokulwa we-Shanghai Bell, kodwa ekugcineni wahluleka.

Isu Lezintengo Eziphansi Nesevisi Yekhwalithi Ephakeme

Njengamanye amabhizinisi wase-China, i-Huawei yayivame ukusebenzisa izimpi zentengo ukuze iqhudelane nalabo nezimbangi zayo. Izimpi zentengo zaphenduka isikhali esinamandla se-Huawei, ikakhulukazi ngenkathi ingena emakethe.

Kodwa-ke, ngokungafani namanye amabhizinisi, inhloso enkulu ye-Huawei ekusebenziseni izimpi zezintengo kwakuwukuhlula izimbangi zayo, hhayi ukuheha abathengi. Abanye ozakwabo embonini bayibize ngokuthi "yimpi yentengo enesihluku."

Abafundi bangafuna ukwazi ngezimo ezingabangela i-Huawei ukuba isebenzise isu layo lempi yentengo. Ngokuvamile, umgomo we-Huawei ukuvumelana nezimbangi zayo ngemikhiqizo, ubudlelwano bamakhasimende kanye nophawu. Ngasikhathi sinye, kufanele bube buthaka ngokwamakhono emakethe, kwehlise inzuzo yezimbangi kanye nokuqinisa izifiki ezintsha. Ifuna ukuba nezinguquko ezinkulu kwezobuchwepheshe, eziphoqa imboni ukuba ithuthuke ngokuzikhipha ngokwayo.

Ngokusekelwe kulokhu, abanye abacwaningi bahlukanise izimphi zentengo ye-Huawei kabili— "ukuzivikela" kanye "nokuhlasela." Okokuqala, lapho i-Huawei isigcwele emakethe, ngokuvamile ibingadala impi "yokuvikela" intengo. Lapho incintisana nezimbangi zayo, i-Huawei yayivame ukuthatha isu lokuncintisana elivikelayo, okungukuthi, iyivale ngci imakethe ukuze imbangi yayo ingatholi neyoda imbobo yokungena. Amasu we-Huawei aqondile: ① Ukusheshe ibone bese ivale izikhala zemakethe, ② Unganaki imizamo yayo uqobo ukuze ikhulise ukwaneliseka komsebenzisi futhi inqande izimbangi ezintsha ukungena emakethe ③ Ukusebenzisa amandla wephothifoliyo yomkhiqizo ukuvimba amagalelo ezimbangi zayo, ④ Ukwehlisa izintengo zabathengi, ukuze izimbangi zingakwazi ukuncintisana nayo ngamanani, kanye ⑤ Nokuvikela kokubili, ubudlelwano bamakhasimende namasevisi. Okwesibili, uma ingena emakethe lapho imbangi yayo ingenaso isandla esiphakeme, i-Huawei yasheshe yaguqukela ekubeni umhlaseli onolaka, yaqala izimpi zentengo mahlangothi wonke. Yayizosebenzisa amasu ayo akhulayo wokwehlula izimpokophelo zentengiso nezinzuzo zezimbhangi, kancane kancane ihlanganyele isabelo semakethe sezimbangi, bese kancane kancane ingene ngokuphelele esikhundleni saleyo mbangi.

Ngo-1995, lapho iswishi ye-Huawei ye-C&C08 seyiqale ukukhipha i-NEC ne-Fujitsu, i-Huawei yabheka i-Shanghai Bell njengezimbangi yayo eyinhloko.

Ngenxa yokubukelwa phansi kweswishi ye-C&C08 yakwa-Huawei, ehambisana nenzuzo yemakethe eqinile i-S1240 eyayivele isunguliwe, i-Huawei yayingeke ikwazi ukunqoba i-Shanghai Bell kwimakethe yeswishi ye-SCC uma iqala ukuhlasela ngokunganaki.

Ukuze inqobe i-Shanghai Bell, i-Huawei yasebenzisa icebo "lokugwema amandla nobuthakathaka bokuhlasela"—okokuqala, yayizothatha imakethe yasemakhaya nezifundazwe ezibuyela emuva namadolobha asenyakatho-mpumalanga, enyakatho-ntshonalanga, nasentshonalanga eseningizimu.

Ngenkathi yanda kulezi zimakethe, i-Huawei yasebenzisa inzuzo enkulu evela ekuthengisweni kwesinikimamandla sezokuxhumana ngezingcingo ukuze ixhase ukuthengiswa kweswishi ye-C&C08. Isu layo elinezindleko eziphansi lidale impi yentengo emakethe yeswishi ye-SCC.

Inhloso yempi yentengo yakwa-Huawei yayicace bha—okokuqala, ngokukhawulela ukufinyelela kwe-Shanghai Bell emakethe yezingcingo yasemakhaya, bese okwesibili, ngokunciphisa imikhawulo yezinzuzo ze-Shanghai Bell.

Ngo-1999, ngenkathi i-Huawei ingena emakethe yezokuxhumana e-Sichuan, i-Shanghai Bell yayiphethe u-90% emakethe yezabelo. Ukuthola isabelo semakethe esithe xaxa ezandleni ze-Shanghai Bell, i-Huawei kwadingeka ilwe impi enzima.

Nakuba yayibhekene nembangi enamandla kangako, i-Huawei ayizange ihlehlele emuva. Abasebenzela imakethe ye-Huawei babazi kahle ukuthi okuwukuphela kwendlela yokwethula iswishi yabo emakethe yase-Sichuan kanye nokuvelela kwakuwuthi baqale uhlelo lokwandisa imakethe ngokuphelele.

Lapho ingena emakethe yezokuxhumana e-Sichuan, i-Huawei yaqala ukunwebeka kancane kancane isuka emakethe yasemakhaya. Ngemuva kokunqoba ngezigaba ezahlukahlukene emakethe yasemakhaya, i-Huawei yangena kancane kancane emakethe yezokuxhumana ngasedolobheni.

Ekuqaleni, i-Huawei yasethela amakhasimende amanethiwekhi wokufinyelela amahhala, ukuze igweme ukuncintisana ngokuqondile ne-Shanghai Bell. Ngenxa yokukhathalela okwandile kwe-Huawei ekusebenziseni lelo su, i-Shanghai Bell yahlala ingenalwazi ngalokhu ngisho nangemva kokuba i-Huawei isungule inethiwekhi yayo ezindaweni eziningi. Njengoba inethiwekhi yokufinyelela yaseyivele isunguliwe, kwakulula kakhulu ukwethula swishi.

I-Shanghai Bell yakhulula igalelo kungazelelwe lapho iqonda "izifiso" ze-Huawei. I-Huawei yasebenzisa izinzuzo zayo eziyisisekelo ukuze ibhekane negalelo le-Shanghai Bell, futhi lelo kwakuyicebo layo lentengo ephansi kanye nesevisi ephakeme. Ekugcineni, i-Huawei yayehlula i-Shanghai Bell.

Ngemuva kwale mijikelezo yamagalela, i-Shanghai Bell, ebikade ithatha u-90% wesabelo semakethe e-Sichuan, yahluleka. I-Shanghai Bell yabhekana negalelo elikhulu kabi, kuyilapho i-Huawei yaphumelela ngo-70% wesabelo semakethe. Eqinisweni, ukunqoba kwe-Huawei kwaba ngenxa yesu layo "lokuzungeza amadolobha kusukela emaphandleni." Impumelelo yemakethe yasemakhaya yanikeza i-Huawei imali edingekayo kanye nabantu engaxhumana nabo, okwanika i-Huawei amandla odwendwe lomncintiswano oqhubekayo emakethe yezokuxhumana zasemadolobheni. Emakethe yamazwe omhlaba, i-Huawei yafunda icebo elifanayo futhi yaqala yangena ezimakethe zamazwe asathuthuka, ngaphambi kokuphendukela emazweni athuthukile. Ngemva kwalokho yabe isikhula ngokwengeziwe yafinyelela nezinga lamazwe ngamazwe.

Ukuzakhela Ukwaziwa Emiphakathini Ngemibukiso Yesigaba Samazwe Ngamazwe

Ngo-2000, e-PT Expo e-Beijing, i-Huawei yenza imizamo yokunqoba i-Shanghai Bell, ngokuqinisekisa ukuthi ingcono kakhulu ngokwesayizi yamadokodo, okuqukethwe kokuboniswa, ikhwalithi yabasebenzi, kanye nokuhlolwa kwezithameli.

Uma kuqhathaniswa nesixuku esasikudokodo lakwa-Huawei, kwakunezivakashi ezimbalwa kwidokodo le-Shanghai Bell. Impela, kwakungumsebenzi wayo onzima owaqinisekisa ukuthi i-Huawei ibhekwe ngezinga eliphakeme abasebenzisi kanye nezingcwethi. Leso futhi kwakuyisizathu esenza i-Huawei ikhule kakhulu ezimweni ezazibonakala zingaphawuleki, njengokuphakama kwedokodo.

Yonke le mizamo yenza i-Huawei yabonakala "njengesihlamba esikhulu" ku-Shanghai Bell embukisweni, njengoba kwakuvezwe ngabasebenzi bezimakethe bakamuva. Ilungu labezindaba elangena egunjini lokwamukela abantu esitezi sesibili sedokodo le-Shanghai Bell lathola ukuthi siphansi kakhulu kunesitezi sesibili esasinedokodo le-Huawei elaliseduze.

Labhala ukuthi, "Ngibone abasebenzi bakwa-Huawei namakhasimende abo amenyiwe bebheka idokodo le-Shanghai Bell njengelixhasiwe. Kwangithukuthelisa kakhulu lokho! Mhlawumbe nginozwela kakhulu, kodwa emqhudelwaneni wenani elincane, noma yiluphi usizo olungabonakali olungokwengqondo lungaba yisihluthulelo sokunqoba."

I-Huawei yayiphinde yacubungula nomehluko wokuphakama kwamadokodo ekumaketheni kwayo kombukiso. Ngakho-ke kusobala ukuthi i-Huawei yayithethe isinyathelo esibukhali sokwandisa imakethe. I-Huawei yenza lokhu naphezu kokwazi ukuthi umkhawulo wayo wenzuzo uzokwehliswa ngezinga elithile ngenxa yezindleko ezinyukayo. Eqinisweni, ngesinye isikhathi i-Huawei yayandisa imakethe ngaphandle kokubheka izindleko. Encwadini ethi "Umthetho Ovamile we-Huawei," kunephuzu elimayelana nezinjongo zenzuzo eziphokophelwe elithi, "Sizobeka amanani afanele wenzuzo nemigomo yenzuzo ngokusekelwe kwizimfuneko zentuthuko ezinzile ebhizinisini. Asigcini nje ngokukhulisa inzuzo."

Ngakho-ke, endleleni eya kwamanye amazwe, i-Huawei ayizange igcine ngokuthumela izisebenzi ngenkuthalo ukuba ziyokwenza izivivinyo, kodwa futhi yabamba iqhaza nakwimibukiso ukuze ithuthukise idumela layo.

Kunomthetho wensimbi ojikeleza ngaphakathi kwe-Huawei, othi i-Huawei ngeke iphuthelwe nangowodwa umbukiso wezokuxhumana wamazwe ngamazwe. Nyaka uvela, i-Huawei ibamba iqhaza kwimibukiso emikhulu yamazwe ngamazwe engaphezu kuka-20, futhi kubiza okungenani izigidi ezingu-100 zama-*yuan* ngonyaka ukwenza kanjalo.

Idatha yokubamba iqhaza kwe-Huawei kwimibukiso yamazwe ngamazwe ibonisa ukuthi yabamba iqhaza e-Cairo ICT eGibhide, e-Futurecom e-Brazil nase-SVIAZ ICT e-Moscow ngo-1999... e-Africa COM eNingizimu Afrika kanye nakwi-Tunisia Telecom ngonyaka ka-2000 ... i-UCIA Wireless e-United States, i-DataNet e-Mexico ne-Convergence India ngo-2001 ... Kunephuzu elivamile phakathi kwale mibukiso ekhethiwe, okungukuthi, njalo uma i-Huawei ingena emakethe entsha, izobamba iqhaza embukisweni omkhulu wezokuxhumana ngezinga eliphakeme.

U-Li Jie uyakhumbula, "Kusukela ngo-1996 kuya ku-2000, sabamba iqhaza kumibukiso eminingi yamazwe ngamazwe unyaka nonyaka. Sasisebenzisa noma iliphi ithuba lokuzethula esidlangalaleni somhlaba jikelele. Ngo-1995, saya e-Geneva siyovakashela umbukiso we-ITU okokuqala. Ngo-1999, -Huawei yaqala ukubamba iqhaza embukisweni we-ITU. Ngo-2003, i-Huawei yaseyivele iqashe idokodo elalingathatha indawo elingamamitha-skwele angau-505 embukisweni we-ITU. Saba nedokodo lendawo yemibukiso elalibabazeka kakhulu ngaleso sikhathi, futhi sashiya abasebenza kwezokuxhumana eNtshonalanga beshaqekile."

Ekupheleni kuka-2003, i-UAE yenza isimemezelo sephrofayela eliphakeme sokuthi qashe i-Huawei ngokukhethekile ukuba yakhe inethiwekhi yayo ye-3G. Lokhu kwabonisa ukuthi i-Huawei yayifinyelele okunye ukunqoba ngecebo layo lokuhwebelana kwamazwe ngamazwe. Lokhu kwakuyiphrojekthi yokuqala ngqa ye-Huawei nabakhiqizi base-China be-WCDMA 3G emhlabeni.

I-Huawei ayizange iwine le phrojekthi ngenxa yamanani aphansi. Eqinisweni, ukunikezela kwayo kwakuyiphinda kabili intengo ephansi kakhulu yokuqophisana yangaleso sikhathi. I-UAE yayikhethe i-Huawei njengomlingani wayo ngenxa yefilosofi yayo "yamakhasimende."

Lokhu bekulokhu kuwukubambisana kokuziqhenya kuzisebenzi zakwa-Huawei. U-Wang Jiading wayeyisisebenzi sokuqala sakwa-Huawei ukuthunyelwa e-UAE ukuba ayokwenza lo msebenzi.

Lapho efika okokuqala e-UAE, okuwukuphela kwento u-Wang Jiading ayeyazi ukuthi ikhasimende lakhe, u-Etisalat, wayengu-opharetha wenethiwekhi esezingeni eliphakeme kakhulu emhlabeni. Lo opharetha wayebambisene nezinhlangano zamazwe amaningi zaseNtshonalanga iminyaka eminingi, kodwa wayenolwazi oluncane nge-Huawei.

Ukungabi nethemba kwezisebenzi zakwa-Huawei kubuchwepheshe babo kwenza kwaba nzima ngokwengeziwe ukuthi i-Huawei yenze iphrojekthi. Ngaleso sikhathi, ubuchwepheshe be-3G be-Huawei babungakakhuli ngokuphelele, futhi ubudlelwano babo namakhasimende babuthambile. Ngaphansi kwengcindezi enkulu, abaholi bephrojekthi abaningana bakwa-Huawei basungula isikhungo sokuhlola e-UAE futhi baqedela imisebenzi ehlukahlukene yokwakha phakathi nendawo ngesikhathi esifushane kakhulu.

Njengoba ubuchwepheshe be-3G bakwa-Huawei bungakakhuli

ngokuphelele, futhi i-Huawei ingenazo izibonelo zezentengiso, iphrojekthi yayibhekana nezinkinga eziningi njalo nje. I-Huawei yaxhumana nekhasimende layo kaningi, kodwa kwenzeka njengokulindelekile ngemuva kokuba ikhasimende lihlole imiphumela yale phrojekthi—ikhasimende lanikeza i-Huawei amaphuzu aphansi, iqanda.

Lokhu kwakusho ukuthi i-Huawei yayingeke ibuyise izindleko zayo, futhi eyayingakwenza nje ukulwela amathuba okubambisana kwesikhathi esizayo. Lapho ibhekene nobunzima obukhulu, izisebenzi zakwa-Huawei aziyekanga ukuxhumana ngentshiseko nekhasimende. Zaqinisekisa ikhasimende ukuthi zizonikela ngakho konke ukuze zixazulule lezo zinkinga.

Yize i-Huawei yayibuthakathaka ngokwezobuchwepheshe zayo ngaleso sikhathi, kancane kancane ikhasimende lashintsha isimo salo nge-Huawei futhi laqaphela ukuzibophezela kwe-Huawei kuleyo nhlangano.

Ekugcineni, i-Huawei yasithola isisombululo yavele yanqoba. Ngo-Okthoba 2003, kwaba nemibukiso emibili eyenzeka ngasikhathi sinye. Omunye bekungumbukiso we-ITU e-Geneva, kanti omunye kuyi-Gulf Information Technology Exhibition (GITEX), eyaqala ngo-1980.

Izisebenzi zakwa-Huawei zabheka ukubaluleka kwemakethe ebhizinisini lika-opharetha, futhi ngenxa yalokho zanquma ukusiza ikhasimende layo ngokuhlanganyela kulo mbukiso mayelana nokwenza amasevisi ayo aziwe. Ngokombono we-Huawei, ukuqinisa ubudlelwano bamakhasimende ngaleso sikhathi bekungeke nje kuthuthukise ubudlelwano kuphela, kodwa futhi kwakuzosheshisa inqubo yokwenza izinqumo ngephrojekthi.

Ngosuku olwandulela umbukiso we-ITU, izisebenzi zakwa-Huawei ezimbalwa zadela isikhathi sazo kwidokodo lazo ukuze zisize ikhasimende lisethe idokodo nemishini yalo. Lo mbukiso waba yimpumelelo ebingakaze ibonwe futhi ikhasimende lalijabule kakhulu ngokwenziwe yi-Huawei. Ngemuva kombukiso, ubudlelwano phakathi kwe-Huawei nekhasimende layo baba namandla kakhulu. I-Etisalat yayigculiseke kakhulu ngesimo sesevisi yakwa-Huawei.

Kusukela ngaleso sikhathi, i-Huawei yaba uphawu olunokwethenjelwa ku-Etisalat. Kumaqophiswano alandelayo, i-Huawei yayikhethwa ngokwemvelo.

Isisebenzi esasibuya emnyango wezokuthengisa emakethe yase-Latin America sakhumbula ukuthi, "Esikhathini esiningi, ubunzima bethu abuzange buqhamuke nezindlela zokuthengisa imikhiqizo yethu. Kwakuwukuthola amakhasimende, njengoba sasingawatholakali. Imibukiso emikhulu yezokuxhumana ngezingcingo yayibhekwa kahle kakhulu kuzimboni zezwe ngalinye. Idokodo lakwa-Huawei libekwe kanye nongoti abaningi abakhulu bamazwe ngamazwe, futhi idokodo lakwa-Huawei lalivame ukuba likhudlwana futhi lihlotshiswe kahle ukwedlula awabo, linezobuchwepheshe bamuva nemikhiqizo eboniswayo. Abantu abaningi bebengayazi i-Huawei ekuqaleni. Lapho behambela le mibukiso, babezoqala babe nomthelela wokubuka, bese benaka imikhiqizo nobuchwepheshe be-Huawei. Eqinisweni, lokhu akulona nje ithuba lokubonisa obala kuphela, kodwa futhi nenqubo yokuhlelwa kwabusha kophawu."

Engxoxweni nabezindaba ne-Huawei, intatheli yabezindaba yacela u-Xiao Huiling woMnyango Wezokukhangisa kanye nemibukiso ngezithombe zemibukiso yabo yaphesheya kwezilwandle. Leyo ntatheli yathola isithombe sedokodo le-Huawei kwingqungquthela eyayise-Middle East. Kuleso sithombe, intatheli yakuzwa kahle ukuziqhenya okukhulu okuqhamuka kubasebenzi bakwa-Huawei. Lesi kwakuyisihluthulelo sokuhlulwa kwe-Shanghai Bell yi-Huawei. Kungenzeka futhi ukuthi kungaleso sizathu i-Shanghai Bell ingayitholanga indlela yokuzilwela.

ISAHLUKO 8

Ukudlula I-Ericsson

Ngemuva kokuchitha iminyaka yakha izinsizakusebenza zayo, i-Huawei yaphinda yasebenzisa isu layo "lokugijima ngejubane elincane." Leli qhinga laphinde labamba iqhaza elikhulu lendima yamasu. NgoFebhuwari 2014, i-Huawei yadlula enye imbangi, i-Ericsson.

Ngokusho kwedatha esemthethweni eshicilelwe yi-Huawei, i-Huawei yathola imali yokuthengisa eyizigidi ezingu-239 zama-*Yuan* (cishe izigidi ezingu-US$ 39.5) ngo-2013, uma kuqhathaniswa nemali eyathingiswa yi-Ericsson eyizigidi ezingu-US$ 35.3 ngo-2013.

NgoFebhuwari 2014, idatha yangonyaka neyekota yesine yombiko wezimali ye-Ericsson yango-2013 yabonisa ukuthi intengiso ye-Ericsson yango-2013 yafinyelela izigidi ezingu-SEK 227.4 (cishe izigidi ezingu-US$ 35.3), okwakuyinto efanayo neyango-2012. Inzuzo yayo yayiyizigidi ezingu-SEK 12.2 (cishe izigidi ezingu-US$1.86), okwakuwukwenyuka kuka-105% unyaka nonyaka.

Uma kuqhathaniswa le mibiko emibili yezezimali, kwakucacile ukuthi i-Ericsson eyayingephezulu yaseyinqotshwe yinkampani yase-China i-Huawei entwasahlobo ka-2014 futhi manje yaseyingavele yehle ngendlela edabukisayo. Lokhu kubuye kubonise ubunzima i-Huawei eyadlula kubo.

Inkathi Entsha Ye-Huawei

Njengasenkondlweni yeqhawe, i-Huawei yayinjengehhashi elimnyama. Lokhu bekuyiqiniso ikakhulukazi ngemuva kokuba i-Huawei ithathe isikhundla sayo njengomenzi omkhulu wemishini yezokuxhumana emhlabeni wonke. Kwaphinda futhi kwabonisa nokuza kwenkathi entsha e-China.

Ngomhla ka-31 Mashi 2014, i-Huawei yakhulula umbiko wayo o-odithiwe wonyaka ka-2013. Umbiko wonyaka wabonisa ukuthi ngo-2013, i-Huawei ifinyelele intengiso yemali eyizigidi ezingu-239 zama-*Yuan* (cishe izigidi ezingu-US$ 39.5), okwakuwukwanda kuka-8.5% unyaka nonyaka. Inzuzo yayo ezigidi ezingu-21 zama-*Yuan* (cishe izigidi ezingu-US$ 3.47), kwakuwukwanda kuka-34.4% unyaka nonyaka.

Ithebula 8-1   2009—2013 Isifinyezo Sezimali ze-Huawei

	2013	2012	2011	2010	2009
Imali Yentengiso (Isigidi sama-*Yuan*)	239025	220198	203929	182548	146607
Inzuzo Yokusebenza (Isigidi sama-*Yuan*)	29128	20658	18796	31806	22773
Isilinganiso Senzuzo Yokusebenza (%)	12.2	9.4	9.2	17.4	15.5
Inzuzo (Isigidi sama-*Yuan*)	21003	15624	11655	25630	19430
Ukugeleza Kukakheshi kusukela Ezicini Zokusebenza (Isigidi sama-*Yuan*)	22554	24969	17826	31555	24188
Ukheshi Nokutshalwa Kwemali Kwesikhashana (Isigidi sama-*Yuan*)	81944	71649	62342	55458	38214
Imali Yokusebenza (Isigidi sama-*Yuan*)	75180	63837	56996	60899	43286
Igqikithi yama-Asethi (Isigidi sama-*Yuan*)	244091	223348	193849	178984	148968
Ingqikithi Yemalimboleko (Isigidi sama-*Yuan*)	23033	20754	20237	12959	16115
Ukulingana Kobunikazi (Isigidi sama-*Yuan*)	86266	75024	66228	69400	52741
Isilinganiso se-Asethi Yesikweletu (%)	64.7	66.4	65.8	61.2	64.6

Lapho sibuyekeza imibiko yezezimali yakwa-Huawei kusukela ngo-2009 kuya ku-2013, siyabona ukuthi imali yentengiso ye-Huawei ibikhula ngokuqhubekayo, bheka Ithebula 8-1.

Lesi simo asigcinanga nje ngokuvumela i-Huawei ukuthi idlule i-Ericsson, kodwa futhi wabeka isisekelo sokwehlula i-Cisco ngokuzayo. Lapho siqhathanisa imali eyathingiswa yi-Huawei, i-Ericsson, i-Cisco, i-Alcatel-Lucent, i-Nokia Siemens Networks, ne-ZTE ngonyaka ka-2013, kuyabonakala ukuthi imali eyathengiswa yi-Huawei eyizigidi ezingu-US$ 39,5 yayingeyesibili kweyenkampani yamazwe omhlaba i-Cisco eyayinezigidi ezingu-US $ 48.6. Bheka Umdwebo 8-1.

amakhulu esigidi se USD

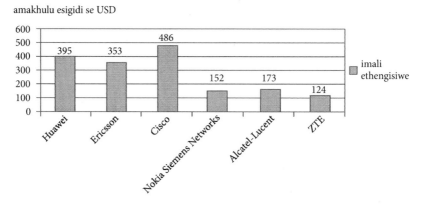

Umdwebo we-8-1   Imali ethengisiwe yezinkampani zezingcingo eziyisithupha ezinkulu kakhulu emhlabeni ngo-2013

Ngemva kokubuyekeza imibiko yonyaka ka-2013 ye-Huawei, i-Ericsson, i-Cisco, i-Alcatel-Lucent, i-Nokia Siemens Networks, ne-ZTE, singabona ukuthi i-Huawei ithole inzuzo ephakeme ngo-2013. Inzuzo yayo yemali eyizigidi ezingu-US $3.47 yayingeyesibili kuphela kweye-Cisco enezigidi ezingu-US$ 10, bheka Umdwebo 8-2.

amakhulu esigidi se USD

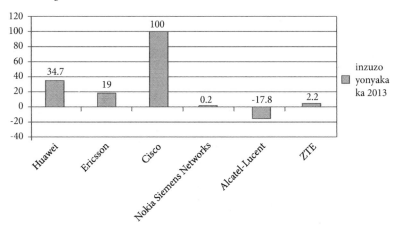

Umdwebo we-8-2   Izinzuzo zezinkampani zezingcingo eziyisithupha
ezinkulu kakhulu emhlabeni ngo-2013

Uma kuqhathaniswa nesethi yedatha engenhla, kusobala ukuthi i-Huawei
yayiyidlulile i-Ericsson ngokwemali ethengisiwe kanye nezinzuzo, futhi
yaba yinkampani yezokuxhumana edume wonke umhlaba. Kusukela lapho,
i-Huawei yangena enkathini yayo entsha.

"Ukwehlulwa" Kwe-Ericsson Enekhulu Leminyaka Ubudala

Ngemuva kokuba i-Huawei idlule i-Ericsson, izindaba zokuthi i-Huawei
yayibalwe njengomkhiqizi omkhulu wemishini yezokuxhumana emhlabeni
yavela kweziphambili zemidiya emhlabeni jikelele. Nakuba i-Huawei
yayihambisana ne-Ericsson, i-Nokia Siemens Networks, ne-Alcatel-Lucent,
i-Ericsson yayiseyisitha esinamandla njengoba yayiyinkampani emisiwe
yamazwe omhlaba. Njengenye yezinkampani ezihamba phambili emhlabeni
ezihlinzeka ngenethiwekhi yezokuxhumana zomakhalekhukhwini, i-Ericsson
yayihola ngezobuchwepheshe emkhakheni we-2G / 3G / 4G, futhi imikhiqizo
namasevisi ayo asebenzela abantu abangaphezu kwezigidi esisodwa.

Ngasekuqaleni kuka-2011, izikhulu eziphakeme zakwa-Ericsson zase zibikezele ukuthi ngo-2020, kuzoba nokuxhunyaniswa kwezigidigidi ezingu-50 emhlabeni jikelele, futhi impilo yedijithali izokwanda ize ifike kweminye imikhakha, iguqule umphakathi wabantu ube "umphakathi wokuxhumana." Ngokwakhela kulo mbono, i-Ericsson yaqala ukuguqula imodeli yebhizinisi layo kusukela ekuthengiseni izinsizakusebenza ze-hardware ukuya ekubeni ibhizinisi lezinsiza. Ngesikhathi esifanayo, i-Huawei nayo yayisheshisa izinga lokukhula kwemingcele yayo ukuze iqaphele izintshisekelo zayo. Yayizihlelele umgomo wokudlula i-Ericsson.

Ngo-2012, imali yokuqhuba umsebenzi kwa-Huawei yayiyizigidi ezingu-220.2 zama-*Yuan* (cishe izigidi ezingu-US$ 35.36) kanti inzuzo yayo iyonke yayiyizigidi ezingu-15.4 zama-*Yuan* (cishe izigidi ezingu-US$ 2.469). Imali yokuqhuba umsebenzi kwa-Ericsson yayiyizigidi ezingu-SEK 227.8 (cishe izigidi ezingu-US$ 35.8).

Uma sibheka le sethi yedatha, imali yokuqhuba umsebenzi wakwa-Ericsson eyayiyizigidi ezingu-US$ 35.8 yayiphezudlwana ngesigidi samakhulu ambalwa nje kuphela wamadola wase-US kweyizigidi ezingu-US$ 35.36 ye-Huawei. Ngokwecebo elisimeme lentuthuko yakwa-Huawei, kwakusobala impela ukuthi i-Huawei yayizoyidlula i-Ericsson.

Ngokuphazima kweso, i-Huawei yakwenza lokho. Akuzange kuthathe isikhathi eside ukuthi i-Huawei ikhuphule isikhundla sayo sokuhola embonini. Igebe lalincipha naphakathi kwe-ZTE, eyayisendaweni yesihlanu, nezinkampani ezintathu eziphambili zase-Europe, endaweni yesibili, yesithathu neyesine.

Imibiko yonyaka ka-2014 eyakhishwa yi-Huawei, i-Ericsson, i-Alcatel-Lucent, i-Nokia Siemens Networks, kanye ne-ZTE ibonisa ukuthi i-Huawei yayinezinga eliphakeme kakhulu lokukhula kwemali engenayo ebhizinisini, ngo-20.6%, kuyilapho i-Ericsson, i-Alcatel-Lucent, i-Nokia Siemens Networks, ne-ZTE zazinamanani okukhula angu-0,3%, -4.6%, 0,2%, no-8.3% ngokulandelana. Bheka Umdwebo 8-3.

Ngokuqhathanisa ukwakhiwa kwebhizinisi le-Huawei, i-Ericsson, i-Alcatel-Lucent, i-Nokia Siemens Networks, ne-ZTE, umncintiswano wawubukhali kakhulu kumishini nezinsizakalo ezihlobene nebhizinisi lamanethiwekhi enkampani. Bheka Ithebula 8-2.

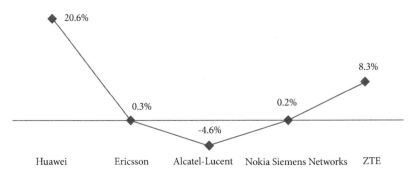

Umdwebo 8-3   2014 Izinga lokukhula laminyaka yonke kwizimali eziphelele zebhizinisi

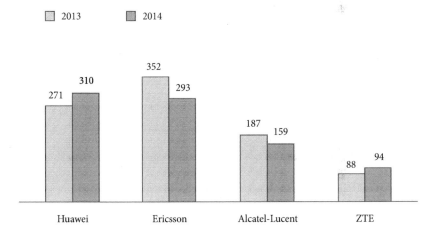

Umdwebo 8-4   I-Huawei, i-Ericsson, i-Alcatel-Lucent, ne-ZTE Izinga lemali yebhizinisi yenkampani yenethiweki (izigidi zama-USD)

Ngokwedatha ekhishwe yi-Huawei, i-Ericsson, i-Alcatel-Lucent, kanye ne-ZTE, ibhizinisi lokuthwala inethiwekhi lakwa-Huawei ladlula i-Ericsson okokuqala ngqa ngo-2014, okusho ukuthi i-Huawei yayisiyibhuqile ngempela i-Ericsson. Bheka Umdwebo 8-4.

Ithebula 8-2 Izikhundla Nokuqhathanisa Imali Engenayo Ebhizinisini ngo-2014

I-Huawei		I-Ericsson		I-Alcatel-Lucent		I-Nokia Siemens Networks		I-ZTE	
Ibhizinisi lokuthwala inethiwekhi	66%	Inethiwekhi / Isevisi Yomhlaba / Izisombululo Zosekelo	100%	Inethiwekhi Eyinhloko	99.6%	Inethiwekhi Eyinhloko	88%	Inkampani yenethiwekhi / Amasistimu we-software yezokuxhumana, amasevisi nokunye	72%
Ibhizinisi labathengi	26%					Lapha	8%	Amatheminali ezingcingo zeselula	28%
Okunye	1%	Amamodemu		Okunye	0.40%	Ubuchwepheshe	4%		
Ibhizinisi lamabhizinisi	7%								

Ngokwemali engenayo yebhizinisi lenkampani yenethiwekhi ngo-2013 nango-2014, i-Huawei yadlula ohlwini ngesilinganiso sokukhula singu-16.4%, njengoba kubonisiwe Kumdwebo 8-5.

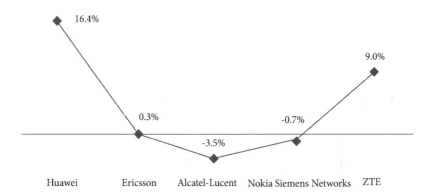

Umdwebo 8-5 I-Huawei, i-Ericsson, i-Alcatel-Lucent, i-Nokia Siemens Networks, Izinga lokukhula kwebhizinisi lenkampani yenethiwekhi

Kuyaziwa ukuthi i-Huawei, i-Ericsson, i-Alcatel-Lucent, i-Nokia Siemens Networks, ne-ZTE babheka amabhizinisi abo enethiwekhi njengemizila yemali engenayo yebhizinisi. Nakuba i-Huawei yadlula i-Ericsson ngemali engenayo yebhizinisi lenkampani yenethiwekhi okokuqala ngqa ngo-2014, i-Huawei yayisenomgwaqo oshubile phambi kwayo. Ekuqaleni kuka-2014, u-Xu Zhijun, owayeyisikhulu esijikelezayo sakwa-Huawei ngaleso sikhathi, washo ngokusobala kwiNgqungquthela Yezokuhlaziya Yomhlaba ngo-2014 ukuthi "Kuthiwa i-Huawei idlule i-Ericsson yathatha indawo yokuqala, kodwa asikwazi lokho lapha ngaphakathi. I-apula ngeke liqhathaniswa neklabishi. I-Ericsson isahola ebhizinisini lokuthwala inethiwekhi."

Isizathu esenza i-Huawei yakwazi ukugcina izinga lokukhula minyaka yonke elingu-16,4% kungenxa yokuthi yayizuze kakhulu ekwakhiweni kwenethiwekhi ye-China Mobile TD-LTE, ekhuphule imali engenayo ngo-22% unyaka nonyaka.

Mayelana nemali engenayo, imali engenayo yebhizinisi lokuthwala amanethiwekhi lakwa-Huawei yabalelwa ezigidigidini ezingu-US$ 11.7,

ezidlula imali engenayo ye-Ericsson, i-Alcatel-Lucent, i-Nokia Siemens
Networks, ne-ZTE, eyizigidi ezingu-US$ 9.8, njengoba kubonisiwe
Kumdwebo 8-6.

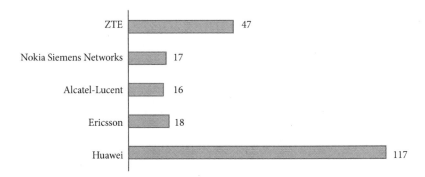

Umdwebo 8-6 I-Huawei, i-Ericsson, i-Alcatel-Lucent, i-Nokia Siemens
Networks, ne-ZTE ibhizinisi lenkampani ethwala inethiwekhi e-China
(izigidi zama-USD)

Ngaphezu kwalokho, yize i-Ericsson, i-Nokia, ne-Alcatel-Lucent
babenezinzuzo ezicacile ekuqaleni, ukwakhiwa kwenethiwekhi ye-4G
emhlabeni wabo, izimakethe zase-Japan, e-Korea kanye naseNyakatho
Melika, bezingasasebenzi. Yingakho ukukhula kwayo okungokwemvelo
okwakuthuthuka kuzinzile. Izimo ezinje zidale ithuba elinqabile lokuthi
i-Huawei idlule i-Ericsson, futhi ikhulise inzuzo yokusebenza kwayo.

Ngo-Ephreli 2015, umbiko wezezimali we-Huawei wabonisa ukuthi imali
engenayo yokusebenza kwe-Huawei yayiyizigidi ezingu-US$46.5. Ukusebenza
okunjalo kudlule ingcwenga yemboni yamazwe amaningi, i-Ericsson. Ngo-
Ephreli 2016, umbiko wezezimali we-Huawei wabonisa ukuthi imali engenayo
yokusebenza kwe-Huawei yayiyizigidi ezingu-395 zama-*Yuan* (cishe izigidi
ezingu-US$ 60.8). Ngo-2017, i-Huawei yaphinda yadlula i-Ericsson ngemali
eyithengisile eyizigidi ezingu-603.621 zama-*Yuan*.

INGXENYE 3

Ukutshuza Ngemuva Kokuzulazula Ezintabeni

Kwasithatha iminyaka engu–25 ukwakha isisekelo esisezingeni eliphakeme, futhi ngenxa yalokho, sinezinsizakusebenza ezibonakalayo. Zonke lezi zinsizakusebenza ezisezingeni eliphakeme zazitholakala ngokutshalwa kwezimali okwenziwe esibambisene nabo kwezepolitiki abakhulu kanye nochwepheshe. Ziyimpahla eyigugu. Eqinisweni, onke amaphrojekthi ethu ehlulekile nemikhiqizo engasasebenzanga esikhathini esedlule ibonwa njengokulahlekelwa (imali eyachithwa, ngokweqiniso, kwakuyimali yawo wonke umuntu futhi ayeyithole kanzima), kodwa ngaphandle kwalokhu kulahlekelwa, sasingeke sifike lapha esikhona manje. Sithokozela impumelelo eyaba khona ngenxa yalokhu kwehluleka. Uma singanethezeki kulokho esesikuzuzile, sibe nesibindi sokwenza okungajwayelekile, futhi samukele amathuba amasha, iHuawei ngeke isilele ngemuva. Uma sithola intuba, sifaka onke amandla ethu kuyona sizame ukufica labo asebesihambela phambili. Kufanele ube nesibindi esenele sokuqoqa izinsiza ngokutshala imali, ungabheki abasebenzi kuphela. Le iyona ndlela esizehlukanisa ngayo kuzindlela ezintsha zezinkampani ezisafufusa. Abasebenzi bethu yibona abaletha umehluko esiwukhonze kakhulu. Inkampani yethu yakhelwe esisekelweni esiyigugu sabasebenzi bakwaHuawei, abangadli ngoludala, [abanesibindi] esanele sokuphonsa inselele kumigomo yezinzuzo zethu zamanje, futhi banomqondo ovulekile wokuhambisana nezindlela zesimanjemanje zokwenza izinto. Yilokho nje kuphela okungasenza sikwazi ukufica lapho esiyikhona manje iTesla.

Umsunguli weHuawei URen Zhengfei

ISAHLUKO 9

Ukuchoboza ICisco

Kwakunezintaba ezimbili okwakunzima ukuzeqa emakethe yezokuxhumana emhlabeni wonke – i-Ericsson neCisco. Mhlawumbe ama-CEO alezi zinkampani ezimbili ayengalindele ukuthi ubuholi bawo bemboni babuyothathwa yiyona le nkampani yaseShayina.

NgoJuni wonyaka ka-2017, umbiko wokucwaninga owashicilelwa yiDellOro, inhlangano yakwelinye izwe enegunya, waveza ukuthi iHuawei yaseShayina yedlula iCisco emakethe yokuhlinzeka ngezinsizakalo kanye nemakethe yamaswishi eCarrier Ethernet kwikota yokuqala ka-2017. Ngaphambi kwangaleso sikhathi, iCisco yaseyinesikhathi eside iphethe umnyombo wemakethe yama-*router*. Ukuqhwakela esicongweni kweHuawei emakethe yama-*router* angumnyombo kwakusho iqiniso lokuthi i-CEO yeCisco, uJohn Chambers ukukhathazeka kwakhe, kwagcina sekube yiqiniso.

Kwakwaziwa kahle kamhlophe ukuthi i-*router* ewumnyombo iyingxenye ebalulekile kwezokuxhumana kwamaselula, futhi ngenxa yalokho, iletha inzuzo enkulu. Ngenxa yemigoqo ephakeme kwezobuchwepheshe bama-*routers* angumnyombo, yizinkampani ezihamba phambili kwezezingcingo ezimbalwa kuphela ezisanda ukuphumelela ukuba ongoti kulobu buchwepheshe.

Njengomholi wemakethe, iCisco yake yathola u-80% wesabelo semakethe yama-*router* angumnyombo emhlabeni wonke. Kwakungaba ama-*router*, amaswishi noma eminye imishini yenethiwekhi, iCisco yacishe yalawula imakethe ngokuxhumeka kuma-*router* angumnyombo. Ngesikhathi isiphakeme kakhulu, iCisco yayinesabelo semakethe esingaphezu kwezigidi ezingu-USD 500, futhi yayiyinkampani yezobuchwepheshe ekhazimulayo kunazo zonke eMelika, eyayedlula ngisho ne*Microsoft*, nayo eyayiseqophelweni eliphakeme ngaleso sikhathi. Kodwa-ke, kuthe uma iHuawei iqala ukuthuthukisa ama-*router* angumnyombo, uJohn Chambers waqala ukuzibheka ngeso elibukhali izinto futhi wabiza iHuawei ngokuthi "yimbangi encomeka kakhulu."

Ukuchukuluzeka KweCisco

Eminyakeni eminingi eyedlule, ukuze kwehliswe ijubane lentuthuko yeHuawei, iCisco yethula impi yayo yokuqala "yokuhlasela" yamalungelo empahla yokuhwebelana ukuze iphoqe iHuawei ukuba iphume ebhizinisini. UJohn Chambers wayengalindelanga ukuthi esikhundleni sokuba ibhuqe iHuawei, le mpi yasiza iHuawei ukuthi yethule uhlelo lwayo olwaluzosebenza emazweni omhlaba.

Kodwa-ke, ngenkathi iHuawei ithuthuka ngokushesha ngezinhlelo zayo zamazwe omhlaba, yabhekana nesithiyo esibuhlungu asithi masifane neseMpi yeseWaterloo ngenxa yokuphathwa kabi yiMelika. I-U.S. Congress yaseyiyihlasele kaningi iHuawei ngamacala angenasisekelo okuyivalela ngaphandle kwezimakethe zaseMelika.

Kwakwaziwa kahle kamhlophe ukuthi ungqondongqondo nolowo owazuza kakhulu kulolu hlelo yiCisco, eyayivele ifuna ukukhipha iHuawei kwezamabhizinisi. Iqiniso lokuthi ngisho nenkampani enkulu kakhulu yomhlaba yayibona iHuawei kuwusongo okusho ukuthi iHuawei yasengelona ibhizinisi ezisafufusa elibuthakathaka elisebusheni balo, kodwa yayiyimbangi enolaka yezinkampani ezinkulu zomhlaba ezingama-500.

Ukuze kuvinjelwe ukudlondlobala kweHuawei emakethe yaseMelika, iCisco yaze yanxusa neMelika. Congress ukuthi ikhiphe iHuawei emakethe yaseMelika ngezizathu eziphathelene nezokuphepha ezweni lonke.

Ngomhla ka-11 ku-Okthoba ngonyaka ka-2012, i*Washington Post* yashicilela indaba eyayiphathelene nalesi sigameko enesihloko esithi "Izimbangi zeHuawei zaseMelika zimdibi munye nalabo abaphoqelela ukuba kubhekwe ngeso elibukhali inkampani yezobuchwepheshe yaseShayina." Kubikwa ukuthi umuntu owazi amasu okudayisa eCisco, owakhuluma ngaphandle kokuzidalula, waveza ukuthi ngoSepthemba ngonyaka ka-2011, iCisco yasakaza kabanzi isethulo esinamakhasi ayisikhombisa esasinesihloko sithi "IHuawei Nezokuphepha Kwezwe" embonini. Kuleso sethulo, kwathiwa "ukwesatshwa kweHuawei kusakazeka emhlabeni jikelele ... Nanxa kuphikwa lokho, iHuawei iyehluleka ukuziqhelanisa neButho Lenkululeko Labantu BaseShayina kanye nohulumeni waseShayina." ICisco yaphinde yenxusa izinkampani zaseMelika ukubai zingasebenzisani neHuawei.

Ngempela, iCisco yayiyixosha iHuawei emakethe yaseMelika ngazo zonke izindlela, ngoba ukudlondlobala kweHuawei kwakubeka engcupheni intuthuko kwezamabhizinisi kweCisco. Ngokolwazi olutholakala emphakathini, kusukela ekupheleni kukaJulayi ngonyaka ka-2012, imali engenayo yaminyaka yonke yeCisco kwakuyizigidi ezingu-USD 46.06, inzalo enkulu yayo iyizigidi ezingu-USD 28.71 (umkhawulo omkhulu i*gross margin* kungu-62.33%), kanti inzuzo uma isiphelele yayizigidi ezingu-USD 8.04 (umkhawulo wenzuzo i*profit margin* kungu-17.46%).

Uma kuqhathaniswa neHuawei ngesikhathi esifanayo, umkhawulo wenzuzo weHuawei wawungu-9.1% kuphela, wawukude kakhulu koweCisco owawungu-17.4%. Yize kunjalo, iCisco yaseyinovalo ngoba iCisco yayithola imali yayo engenayo isiyonke engaba amaphesenti angu-60% imakethe yaseMelika. Uma nje iCisco yayingalahlekelwa yisikhundla sayo esivelele emakethe yaseMelika., inzuzo yayo ephezulu yayizokwehla kakhulu, futhi yayiyobhekana nengqayizivele yomphumela oyinhlekelele.

Yingakho-ke iCisco kwadingeka ukuba isebenzise amaqhinga ayo okuncintisana ejwayelekile, okwakuwukufumbathisa iMelika. Congress imali eningi ukuze ihlasela iHuawei. Inhloso yayo kwakuwukwakha imigoqo emakethe ukuze isivikele kangcono isikhundla sayo sokulawula emakethe yaseMelika. Izibalo ezivela Esikhungweni Sokusabela Kwezombusazwe zakhombisa ukuthi iCisco yayivele ifumbathisa iMelika. Congress kusukela ngonyaka ka-1998 futhi yanikela ngesamba semali esiyizigidi ezingu-US $ 15.7252 eminyakeni engu-15. Kukota yesine yonyaka ka-2010 kuphela, izindleko iCisco eyayifumbathisa ngazo iMelika. Congress zafinyelela ku-USD 350 000.[1]

---

1. UWei Yan. ICisco inesandla ekufuqeni ukuhlolwa esigamekweni esaziwa ngokuthi "iHuawei Incident" ngokwenza izinsolo ezingamanga, yalahlekelwa ubunqala bayo, 2018. http://news.xinhuanet.com/fortune/2012-10/25/c_123868801.htm.

Ukulwa kusondelenwe

Ngenkathi iCisco ihamba ngothela wayeka, iHuawei yaseShayina yavumbuka njengebutho elisha. IHuawei neCisco zasungulwa cishe ngasikhathi sinye. Kodwa-ke, iqiniso lokuthi iHuawei ingafinyelela impumelelo enjalo esigabeni samazwe ngamazwe ngeminyaka engamashumi amathathu nje kuphela ngemuva kokusungulwa kwayo, kwakusho ukuthi ukuphumelela kweHuawei akugcinanga nje ngokwedlula abanye, kodwa futhi kwakungokwesibili kulokhu. Lokhu kwazethusa izimbangi zayo.

Emhlabeni jikelele, ikakhulukazi emazweni athuthukile, iCisco yayaziwa njengogodlela kwesakhe wezimboni ngenxa yezizathu zayo eziphathelene nokuma kwamazwe emhlabeni nezepolitiki. Ngakolunye uhlangothi, iHuawei yasungulwa ngemuva kweminyaka emine ngemuva kweCisco. Ngisho noma umuntu ebengaqala ukubala kusukela ngonyaka ka-1992, ngenkathi iHuawei ingena ngokusemthethweni emkhakheni wokukhiqiza imishini yokuxhumana ngocingo, yayilandela ngemuva ngeminyaka eyisishiyagalombili kuphela kulo mdlalo. Kodwa-ke, umphathi wangaphambilini uJohn Chambers, owayephethe iCisco, wayengakuthakaseli ukuvumela imbangi yayo iHuawei ukuba ifice iCisco.

Kusukela ngonyaka ka-1995, uJohn Chambers wayeseyikhuphule ngempumelelo imali ethengiswe yiCisco kusuka kuzigidi ezingu-USD 1.2 ngalowo nyaka ukuya kuzigidi ezingu-USD 47.1 ngo-2014. Ngaleso sikhathi, imali ethengiswe yiHuawei yayenyuke isuka ezigidini ezingu-31.3 wamaYuan ngo-2004 yaya ezigidini ezingu-USD 46 ngo-2014, okukhombisa intuthuko esheshayo yeHuawei.

Ukuze ifinyelela leyo ntuthuko esheshayo, kwadingeka ukuthi iHuawei thole izifundo, ibuke, futhi ikopele kuCisco lapho iHuawei iqala ukuzenzela eyayo imishini yokuxhumana ngocingo maphakathi neminyaka yo-1990. Ngokuzenzakalela, imikhondo yezenzo ezinjalo yayiyoyekwa. Kodwa-ke, ngokuhlola okuqhubekayo nokwazisa ngemibono emisha, iHuawei yaseyithuthuke kakhulu kumikhiqizo yobuchwepheshe, kukhwalithi yesevisi kanye nokuphathwa kwamabhizinisi. IHuawei ayigcinanga nje ngokuthatha indawo enkulu emakethe yezokuxhumana yaseShayina, imikhiqizo yayo nayo yemukeleka kahle e-Asia, e-Africa nakwamanye amazwe. Yaphinde yafaka amalungelo obunikazi angaphezu kwayi-1 000 ngonyaka. Ngasekuqaleni kuka-

2015, iHuawei yafaka uhlu lwamalungelo obunikazi lwe-2014 TOP50 U.S. okokuqala, yenyuka amagxathu amathathu ukusuka esikhundleni u-51 ngo-2013 ukuya ku-48.

Imininingwane yomphakathi ikhombisa ukuthi iHhovisi Lemvume Engokomthetho LaseMelika ligunyaze inani lamalungelo obunikazi angu-326 182 ngo-2014, okwenyuke ngo-7.4% kusukela ngo-2013. Ngeshwa, zimbalwa izinkampani zaseShayina ezafinyelela sezingeni lokuthola amalungelo obunikazi e-TOP50 akhishwe yiMelika eminyakeni edlule. Ngonyaka ka-2013, izinkampani ezintathu zaseShayina zaphumelela ukufakwa kulolu hlu. KwakungabakwaFoxconn Technology Group kanye neTaian Semiconductor Production Company abavela eTaiwan, kanye nabasizi bakwaFoxconn Shenzhen, Hong Fujin Precision Industry (Shenzhen) Limited Company. IHuawei yayisendaweni yama-51. Ngonyaka ka-2014, iHuawei yaphumelela ukuba sohlwini lwe-TOP50 U.S. ngamalungelo obunikazi angu-755, yathatha indawo ka-48. Ngaphezu kwalokho, iHuawei yahamba phambili kumalungelo ambalwa obunikazi obuqanjiwe ayenikezwe ngo-2014 eShayina, futhi yayizuze amazinga aseqophelweni lomhlaba. Yagcina seyaziwa nangokuthi "yiCicso yaseShayina" embonini.

Ijubane elinjalo lentuthuko lalimkhathaza kakhulu uJohn Chambers. Ngemuva kweminyaka eminingi yentuthuko, iCisco yamangala ukuthola ukuthi iMelika, eyayiyikhaya leCisco, empeleni yayiqale ukuthengisa imishini yokuxhumana ngocingo yaseShayinayophawu lokuhwebelana lakwaHuawei. Yize ukwanda kwebhizinisi leHuawei ukuba liyofika eMelika kwakuwumphumela wemizamo yokuhwebelana kwembulunga yonke, iCisco yayingeke yemukele umphumela onjalo, kangangokuba yaze yacabanga nangokululazeka kwayo.

Ngemuva kokwedlulela phambili ngophenyo, iCisco yabona ukuthi iHuawei ayiseyena "umfana omncane" kwezobuchwepheshe kanye ne-R&D, futhi iCisco ayibange isayidonsa ngekhala iHuawei. Esikhundleni salokho, yaseyikwazi ukuthonya amakhasimende ngokuqamba izixazululo ezenziwe ngezidingo zabalingani abahlukile. IHuawei yaseyishintshe ngokuphelele. Njengomphathi Omkhulu weCisco, uJohn Chambers waluqonda ngokwengeziwe usongo olukhulu olwalubangelwa yileli bhizinisi laseShayina, iHuawei, ngokumelene neCisco.

Ngakho-ke, ngasekuqaleni kweminyaka eyishumi edlule, iCisco yaseyiqale ukuvimbela iHuawei emkhankasweni wayo wokuba isinde. NgoJanuwari wonyaka ka-2003, iCisco yaqala umzuliswano wayo wokuqala wokuhlasela iHuawei. EMelika, yafaka icala ngokusemthethweni iqulisa iHuawei cishe kuyo yonke imikhakha yobuchwepheshe bolwazi nomthetho wamalungelo obunikazi bempahla. Izizathu zecala zazibandakanya ukweba ubuchwepheshe be-*Ethernet chip*, ubuchwepheshe be-router hardware nobuchwepheshe be-*software* njll.

Leli su lalivamile embonini. Ngasekuqaleni kuka-1998, iLucent, eyayinamasheya wemakethe ngokuphelele ngaleso sikhathi, yamangalela iCisco ngokwephula amalungelo ayo obunikazi bempahla, ukuze icindezele ukukhula kweCisco. Ezinye izinkampani eziningi zaphinde zasola iCisco ngokweba amalungelo azo obunikazi bempahla. Noma kunjalo, iCisco yavuka yaba umholi wezimboni ngeminyaka emihlanu nje kuphela. Kodwa-ke, nayo yenza okufanayo ngokuhlasela iHuawei. Inhloso yeCisco yokwenza lokhu kwakuwukugcina iHuawei ikude nendawo yayo yezokuxhumana eyayizakhele yona kanzima, ukuze ivikele izintshisekelo nesimo sayo emakethe.

Kulesi sigameko sokwephulwa kwamalungelo empahla yobunikazi, ukungenelela kukahulumeni obesatshwa kakhulu akwenzekanga. Ezinyangeni ezimbalwa ngemuva kokuba iCisco imangalele iHuawei, 3COM, engomunye umenzi wama-*router* waseMelika. owenze umfelandawonye neHuawei, owabeka igama lakhe engcupheni yokufakaza ngeHuawei. Lokhu kwavumela iHuawei ukuba iqhubeke ibe khona emakethe yaseMelika, ngemuva kobunzima obuningi. Sibonga i-3COM ngokufakaza ngodumo lwayo, le ngxabano yamalungelo empahla eyahlala unyaka nesigamu futhi yaheha ukunakwa kwabaphenyi abaningi, yaxazululwa buthule ngaphandle kwenkantolo.

Eqiniseni, iCisco yabandakanyeka ezimpini ezisondelene nezinkampani zaseShayina ezifana neHuawei ngoba iCisco yabhekana nezingqinamba eziningi ohanjeni lwayo lokuya embusweni wembulunga yonke, ikakhulukazi emakethe yaseShayina. Eminyakeni yakamuva, uhulumeni waseShayina wamukela umgomo wokuncishiswa kwezindleko nokuthenga imishini ngokuya ngokwezidingo zangempela. Lokhu kwabangela ukuthi izinkampani ezisabalele emazweni amaningi emhlabeni ezinjengeCisco zilahlekelwe isabelo esikhulu emakethe ngokuhamba kwesikhathi.

Ukuze incintisane ngalesi sabelo esilahlekile emakethe, iCisco yethula impi enobudlova yokubambana ngezandla neHuawei. Njengoba iHuawei yayithengise imikhiqizo yayo enkampanini yendawo yakwaCisco ohanjeni lwayo lwembulunga yonke, iCisco kwadingeka ukuba ithole impumelelo elungelweni layo lempahla ukuze iphazamise ukukhula kweHuawei.

Kuyaziwa ukuthi izimpi zamacala phakathi kwezinkampani zamazwe ehlukahlukene, ikakhulukazi ukumangalelwa ngamacala amalungelo empahla ngokujulile, sekuyinto ebalulekile yokugwema izimbangi. Lokhu kwenze izinkampani zamazwe ehlukahlukene zakuqhakambisa kakhulu ukuphathwa kwamalungelo empahla.

Emazweni athuthukile njengamazwe aseYurophu kanye neMelika, izinkampani ezinkulu ezifana neCisco bezilokhu zinameka ukubaluleka okukhulu ekuphathweni nasekuvikelweni kwamalungelo empahla, ukuze kugcinwe izithiyo zokungena embonini ziphakeme. Ngonyaka ka-1994, ngesikhathi imali yeCisco ifinyelela ngaphezu kwesigidi esisodwa samadola aseMelika, iCisco yaqala uhlelo lwayo "lwecheba lokuklama" ngenhloso yokwakha iphothifoliyo enamandla yokuvikela ubunikazi bayo bokuhlasela izimbangi zayo embonini.

Ulwazi lomphakathi lukhombisa ukuthi kusukela ngonyaka ka-2003, iCisco yaseyiwasebenzise ngempumelelo amalungelo okuklama kumikhiqizo engaphezu kwangu-1 000 eMelika. kuphela, futhi kwase kunemikhiqizo engaphezu kwengu-2 700 esabuyekezwa yiHhovisi Lokuklama laseMelika. Ngokwecebo elinjengeleCisco, amalungelo okuklama angavikela imiklamo yeCisco futhi avimbe izimbangi embonini. Ngaphezu kwalokho, iCisco ingabuye iqinise ukuncintisana kwayo okuyisisekelo ngokuqamba imikhiqizo emisha nokufaka isicelo samalungelo okuklama. Lobu buchwepheshe obusha bungaguqulwa bube yimikhiqizo enobugugu yamakhasimende eCisco.

Ukuze ibhekane namagalelo eCisco, iHuawei nayo yayinohlelo lwayo lokulawula ulwazi. Eqinisweni, iHuawei ayikubhekanga njengokungabalulekile kangako ukuphathwa kolwazi njengeCisco. Kusukela mhla kusungulwa isikhungo sayo sokugcina eBeijing, iHuawei yayizinikele ocwaningweni nasekuthuthukisweni kwamalungelo kwemibono yokusungula ezimele. Ngenkathi ikhula ngamandla, iHuawei yasungula izikhungo eziyisithupha zokucwaninga emhlabeni wonke, ezinabasebenzi abangaphezu kuka-2 000 bocwaningo nentuthuko ezimakethe zaphesheya kuphela. Ngonyaka owodwa nje kuphela, unyaka ka-2005, iHuawei yaseyethule amasu engaphezu kuka-3 000, ayedlula ngisho naweCisco. Lesi futhi kwakungesinye sezizathu esasenze iCisco ifake icala eliphakeme kangaka ukuze kuquliswe iHuawei.[1]

---

1. UQian Shaoqi. Ukuhlaziywa kwamasu entuthuko yomhlaba wonke, 2017. http://www. doc88.com/p-4793930298-303.html.

ISAHLUKO 10

Umthetho Wasehlathini

Ohanjeni lokwandisa isikhundla sayo, "isiko lezimpisi" lakwaHuawei lwayiholela ekubeni ihlale inqoba. Abanye abacwaningi baze babiza le nkathi ngokuthi "Inkathi ye-Aardwolf," noma "Inkathi yeWoolf Yomdabu." Iyini "Inkathi ye-Aardwolf?" le nkathi isho isikhathini lapho iHuawei yayincintisana khona nezinkampani zamazwe amaningi eShayina, kanti "Impisi Yomdabu" imele ibhizinisi lendawo yaseShayina.

Ezikhathini eziningi ezalandela, URen Zhengfei wethula umoya weHuawei "Esikhathini se-Aardwolf" ngale ndlela elandelayo. Wathi, "Inkampani esathuthuka ifana nempisi. Impisi inezici ezintathu, okokuqala umuzwa wokuhogela, okwesibili umoya ongapheli nophikelelayo, futhi okwesithathu ukubambisana njengeqembu empini. Ukuze inkampani ikhule, kufanele ibe nalezi zici ezintathu zempisi."

Kungashiwo ukuthi URen Zhengfei wafingqa isimo sokuhlasela seHuawei ngendlela esezingeni eliphakeme. Ngaleso sikhathi, imibono yokuvelela kaRen Zhengfei, iziqubulo eziphakamisa imimoya kanye nezindlela zokuxhumana zangaphakathi ezisamdlalo zaba yindlela ephumelela kunazo zonke "Zeqembu le-Aardwolf," iHuawei, ukwandisa indawo yayo yokudlondlobala ezindaweni ezinzima.[1]

Kuyabonakala ukuthi "Ngesikhathi se-Aardwolf", ukuhlasela kweHuawei kwaba nomfutho "njengokufahlazwa kwe*bhambu*," ngaphandle kobunzima,

---

1. URen Ge. Ren Zhengfei: Ukwakha isiko lobumpisi kwaHuawei. China Enterprise News, 2011-07-26.

futhi lokho kuphawula isigaba esisha seHuawei esikhombisa ukuphakama okusha. NgoFebhuwari wonyaka ka-1996, ingqungquthela yokubeka phansi eqenjini ngokuhlanganyela eyabanjwa yiHuawei yaba yisibonelo esivelele "Sesikhathi se-Aardwolf" seHuawei. Lo mcimbi emlandweni wafakazela isihluku nomoya wempi yokuncintisana weHuawei njengempisi. Ukuze isinde, iHuawei kwakufanele ingabi nalutho futhi ibe nolaka ukuze izithuthukise ngendlela enempumelelo.

"Ukuthuthukisa Ibhizinisi Ukuthuthukisa Iviyo Lezimpisi"

Ngokwesiko lwebhizinisi leHuawei, "isiko lezimpisi" liyisihluthulelo sokunqoba izimpi phakathi kweHuawei nezimbangi zayo. URen Zhengfei wake wathi, "Ukuthuthukisa ibhizinisi ukukhulisa iviyo lezimpisi."

Nanxa iHuawei ibhekwa njengomenzi "wesiko lezimpisi" kumabhizinisi azimele aseShayina, abasebenzi bakhona babengalithandi neze igama elithi "isiko lezimpisi" ngaphakathi kwaHuawei. Owayengumsizi Wesikhulu Esingumhleli se-IT Times Weekly, uXu Shangfeng wabona ukuthi ngesikhathi exhumana nabaphathi bakwaHuawei nabasebenzi bomkhiqizo, abawathandanga amagama athi "isiko lezimpisi." Abasebenzi bakwaHuawei baze bakhumbuza uXu Shangfeng kaningana ukuthi angasebenzisi amagama athi "isiko lezimpisi" kule athikili, ngoba lokho kozobenza badangale.

Ngokombono weHuawei, ukusinda nokuthuthuka kwamabhizinisi kwakudinga izici "ezinjengezempisi," kodwa "isiko lezimpisi" lalinemibono engemihle. Kwakungenxa yokuthi abantu bangaphandle badidanisa "isiko lezimpisi" "nesiko lomatilasi" elalikhuthazwe yiHuawei. Lokhu kwaba nomthelela wokuba kukhulunywe kabi ngeHuawei ngasekuqaleni kwayo. Isibonelo, kwaba ngezigameko zokuzibulala noma zokufa okuzumayo kwabasebenzi abasebasha bakwaHuawei. Lezi zinhlekelele zandiswa abezindaba, okwabangela abafundayo ukuba bazifundisise kakhulu futhi bahlobanise lokho "nesiko lezimpisi" leHuawei.

Abezindaba banikeza incazelo yokuthi abasebenzi bakwaHuawei babephansi kwengcindezi enkulu ngenxa yohlelo lwabo lokusebenza isikhathi esengeziwe kanye nesiko lomsebenzi abalulandelayo. Futhi, iHuawei ayizange ixhumane futhi iqondise abasebenzi bayo ngempumelelo nangesikhathi esifanele, okwabenza ukuthi ekugcineni bakhethe ukuzibulala. UXu

Shangfeng wabhala ukuthi, "Eminyakeni emihlanu ukuya kwayisithupha edlule, kwakunzima kakhulu ukusebenza emnyango wezimpawu zomkhiqizo weHuawei. Umsebenzi ovela emnyango wezimpawu zomkhiqizo wake wangitshela ukuthi isikhathi sakhe eHuawei sasinengcindezi enkulu. Ayekwesaba kakhulu yingozi eyayingenzeka kuyimpelasonto. Wayengakwazi ukudla noma ukulala uma nje eke wathola ucingo oluvela enkampanini."

Nanxa kunjalo, "isiko lezimpisi" leHuawei laqhubeka lisebenza kuzo zonke izinqubo zokusinda nokukhula kweHuawei. Esigabeni sokuqala sokusungulwa kwayo, iHuawei yasungulwa ngesikhathi esingafanele. Ngoba yayifike sekwephuzile embonini, yayibhekene nezimbangi ezinamandla ezifana ne-Ericsson, iNokia, iSiemens, i-Alcatel, iLucent, iNortel nezinye izinkampani ezazinekhulu leminyaka zisebenza. Zaziyizimbangi eziqinile maqondana namandla emali kanye namandla obuchwepheshe, futhi iHuawei yayingakwazi ukumelana nazo.

Ukuze isinde futhi ithuthuke, iHuawei yayizolwela isabelo sayo semakethe ngazo zonke izindleko. Nalapho incintisana ne-ZTE, inkampani yaseShayina, iHuawei yayingaze ngisho ilahlekelwe imali, ukuze nje inqobe iphrojekthi. UXu Shangfeng wabhala wathi, "Ngaleso sikhathi, noma kuphi lapho kwakukhona iHuawei, kwakuba 'nokuchitheka kwegazi.' Le 'Aardwolf' yenza kwaba nezitha yonke indawo futhi yayingamukelekile ekhaya naphesheya. Ngenxa yalokhu, iHuawei yavalelwa ngaphandle ngenkathi izama ukungena emakethe yaseYurophu."

IHuawei yanamuhla seyiphumile esigabeni esibucayi nesicindezelayo, ayisaseyona leya ndoda "YeButho le-Earthy Eighth Route Army eyaqhamuka ivela emuva kwekhethenisi eliluhlaza lezitshalo ezinde." Akukhona nje ukuthi abaphathi bayo bangaphakathi basimeme, njengoba manje seyivelele phakathi kwezinkampani zobuchwepheshe zomhlaba wonke njengenkampani ehanjiswa ngobuchwepheshe. Ngenxa yalokhu, isiphakamiso senani leHuawei saphinde sashintsha kancane kancane. Saqala ukunaka ukwakhiwa kwensimbi yezimboni nokwabelana nabalingani. URen Zhengfei wake wathi kubaphathi baleli bhizinisi, "IHuawei kufanele ifunde ukusebenzisana nabanye, yabelane nabanye, futhi ingalishabalalisi inani layo lemakethe."

Noma kunjalo, ukusebenzisa izindlela "ezinjengempisi" kwabasebenzi bakwaHuawei akushabalalanga ngenxa yalokho, njengoba "isiko lezimpisi" laliqhubeka nokugeleza buthule egazini labo. Ukuthi nje abasebenzi bakwaHuawei bashintsha indlela abancintisana ngayo. Abasaqhubekelanga phambili bengenandaba nezindleko ezazikhona, kodwa bayifinyelela imigomo yabo ngokusebenzisa izindlela eziqondile. Ngaphakathi, iHuawei ikhuthaza lo mbono olandelayo, "yonke imigomo ebekwa yiHuawei izotholakala nganoma yiziphi izindleko." Kusukela ezinkulumeni ezethulwa abaphathi abaningana beHuawei, umuntu angasho kalula ukuthi lo mbono awukashintshi kuze kube namuhla.

Ukusinda Kalula "Ngesiko Lezimpisi"

Sekungaphezu kweminyaka engamashumi amathathu, umsebenzi weHuawei ohlaba umxhwele ekwandiseni izimakethe uyisibonelo ezinkampanini zaseShayina. Uhambo lwayo lwaluyisibonelo esiyingqayizivele phakathi kwezinkampani zaseShayina kuwo wonke umlando. Ngokuqinisekile, umoya "onjengewempisi" wethimba lakwaHuawei wawubaluleke kakhulu ekwakhiweni kwethimba elikhulu nelinekhono eliphakeme elaliwuthanda kakhulu umsebenzi walo.

Abanye babacwaningi babhala ukuthi ukusizana kwakuwumnyombo womoya weqembu lakwaHuawei, okubuye kube yisona sizathu esikhulu sokuba iHuawei ihloniphe izimpisi. Lokho kungenxa yokuthi izimpisi zinezici ezintathu: okokuqala, umuzwa omuhle wokuhogela, okwesibili, ingqondo esheshayo nokusabela, okwesithathu amandla okuhlasela ngokubambisana lapho zibona inyamazane. Ngakho-ke, kuyaqondakala ukuthi abasebenzi bakwaHuawei babona izimpisi ziyisibonelo esihle, ukuze bakhethe izici "ezinjengezempisi" futhi baligcizelele kangcono "isiko lezimpisi." Isiko elinjalo ngeke liphinde liphelelwe isikhathi ebhizinisini elidlondlobalayo, ngoba kuthatha umzamo wethimba ukunqoba isilo esisodwa ngesikhathi sokukhula kwemakethe. Ngisho neCisco, okuyinkampani enkulu kunazo zonke emhlabeni, nayo ilandela indlela efanayo.

Lokhu kungenxa yokuthi ngokuvamile izinkampani ezinomoya wokubambisana oqinile ziyanqoba imincintiswaneni aphathelene namabhizinisi. IHuawei nayo ikhona phakathi kulokho ngokwanda kwayo emakethe yamazwe omhlaba. Ukuwugcizelela kwayo njalo umoya wethimba nokuzinikela ngokuphelele kwaziwa kakhulu embonini "njengesiko lezimpisi."

Mayelana nokuqina kwethimba, URen Zhengfei wake wagcizelela

enkulumeni yakhe nabasebenzi ukuthi "ngisho noma umuntu angazama kangakanani, ngeke akwazi ukuhambisana nesikhathi ngaso sonke isikhathi. Angakwenza lokho kuphela nxa ezokuma phezu kwenqwaba, amakhulukhulu, nezinkulungwane zabantu ezilwa ndawo nye. Ngayeka ukuba yingcwethi, esikhundleni salokho ngaba umdidiyeli. Sengiyasilela kwezobuchwepheshe, ngiyasilela kwezezimali futhi sekunzima ukuphatha. Uma ngehluleka ukuvula amathuba amakhono ehlukahlukene, ngeke ngifeze lutho."

Umoya wethimba ufakiwe Kumthetho Oyisisekelo weHuawei. Uthi iHuawei izohlala iyinhlangano eyodwa. Umuntu kufanele alalele imibono eyehlukene, futhi ahlanganise bonke abangaba nobumbano. Lo musho uhlanganisa izici ezintathu: Okokuqala, ukugcizelelwa "okuphelele" kweHuawei, okwesibili, ukubekezela kweHuawei "ngokufuna izizathu zokuvumelana ngenkathi kubekezelelwa ukungezwani" kanye nokuhlonipha imibono yomuntu ngamunye, okwesithathu, ukudala isimo "seqembu elikhulu."

Umthetho Oyisisekelo weHuawei unemininingwane enqunyiwe "yokuphelela," njengokugcizelela "ukulwa njengeqembu" kanye "nokungazinikeli kubasebenzi abaye benza okuthile ngempumelelo ngaphambilini." La maphuzu abahlaba umxhwele abacwaningi.

Umthetho Oyisisekelo weHuawei waphinde wafaka nemininingwane "yokufuna izizathu zokuvumelana ngenkathi kubekezelelwa ukungezwani." Ngokwesibonelo, esicini "semihlangano yabaholi," "imiphumela yemihlangano yabaholi bebonke kufanele ibikwe kubaphathi ngendlela yamaminithi emihlangano. Umbiko kufanele usayindwe amalunga angaphezu kwesigamu sesibili kwezintathu zamalungu, futhi umbiko kufanele ukhombise imibono eyehlukene eyethulwe ngesikhathi sengxoxo."

Ukuze kwenziwe "iqembu elikhulu" lincintisane kakhudlwana, Umthetho Oyisisekelo weHuawei uthi "iHuawei igqugquzela ukwakhiwa komphakathi wezintshisekelo ezabelenwe namakhasimende ethu, abasebenzi kanye nabalingani."

Ngokombono kaRen Zhengfei, izinkampani zingasinda kuphela futhi zikhule lapho abathengi, abasebenzi kanye nabalingani benqoba ndawo nye. Ukucabanga okunamasu ngaleyo ndlela kuyivelakancane ezinkampanini zaseShayina. Iningi lazo likhuthaza ukwakha umphakathi obambisene phakathi kwabasebenzi noma nabalingani, kodwa akwenzeki phakathi kwamakhasimende nenkampani.

IHuawei ayigcinangalapho ngalokhu kucabanga ngamasu. Empeleni yasebenzela ukuhlanganisa onke amabutho ayezimisele ukuma ebumbene, ngaleyo ndlela kwakha uchungechunge lwezentengiselwano olwalungakaze lube khona nolunamandla.

Isiko LeBhizinisi LeHuawei "Elinjengempisi"

Njengoba izimfanelo "ezinjengempisi" zibamba iqhaza ebaluleke kakhulu ekusindeni nasentuthukweni yamabhizinisi, abafundi bangaba nesifiso sokwazi ukuthi iyini le ndlela yeHuawei "enjengempisi," nokuthi yakhiwa futhi igcinwe kanjani.

Ukuze ngithole impendulo, ngabuyekeze izinkulumo zikaRen Zhengfei zeminyaka edlule futhi ngathola ukuthi ngonyaka ka-2001, uRen Zhengfei wachaza "isiko lezimpisi" "ebusika beHuawei" njengomqondo obabazekayo wenhlekelele, ukusebenza kanzima, ukulingana, ukuqina kanye nesimiso sokuba ngcono kunabangcono kakhulu. Kwakungokokuqala ukuthi amalungu omphakathi ezwe "ngesiko lezimpisi" leHuawei."

USolwazi uWu Chunbo, ongomunye wababhali Bomthetho Oyisisekelo weHuawei nongumphathi omkhulu nocobela iHuawei ngolwazi oluzimele, weHuaweiTechnologies Co, Ltd. wake wabhala wathi "EShayina, kunezinkampani eziningi ezibuye zikhuthaze izimfanelo 'ezinjengempisi', kodwa kukhona ukungaqondakali okuningi ngazo."

Wathi, "isimilo seHuawei 'esinjengempisi' empeleni siwumqondo obukhali wephunga nokugxila kwawo kumakhasimende, nasemakethe. Izinkampani eziningi zivame ukubhuntsha ngoba ziqhoshela amakhasimende azo, kanti iHuawei ibilokhu inamathela emgomeni oyisisekelo wokuthatha isikhundla esingaphansi ngaso sonke isikhathi futhi ibhekane namakhasimende amakhulu namancane ngomqondo ofanayo. Lapho iHuawei isencane, yayithembele kumakhasimende ayo. Nalapho isilinganiso sayo sesiwedlula amakhasimende ayo, yayisalokhu ithembele kuwo."

USolwazi uWu Chunbo waphawula ukuthi, abasebenzi bakwaHuawei babehlala bebheke kumakhasimende abo futhi bencike kubaphathi babo. Babelokhu beqaphile ukuze bathole izinguquko zezinkomba zamakhasimende abo nezemakethe, kanye nokujaha izinto ezingokomoya. Lapho sebelizwa iphunga lenyama futhi bebona ithuba, bebavele bahlale phezu kwalo.

Ukuhlasela okunjalo kwakwenziwa ngezinzwa zemvelo, ngaphandle kwesidingo semihlangano, izingxoxo, noma ukuxhumana.

Kwesinye isibonelo esihle kakhulu, umholi wenkampani eyaziwa kakhulu ngeze-elekthronikhi yaseJapani wamangazwa yimpatho yeHuawei engenakuqhathaniswa ekwamukeleni amakhasimende, waze wayibiza ngokuthi "ngehamba phambili emhlabeni wonke."

IHuawei yafingqa ubudlelwano bayo bamakhasimende "Okuhlanu Okudwa Kwenqubo Eyodwa," okungukuthi, ithimba elilodwa, izindlela ezinhlanu, i-*database* eyodwa. Phakathi kwazo, izindlela ezinhlanu zibhekisele "ekuvakasheleni inkampani, imodeli yokuvakashela izitodlwana, imihlangano ebanjelwa kuleyo ndawo, ukushintshaniswa kwezobuchwepheshe, ukuphatha kanye nokwenza ucwaningo lwebhizinisi." Ukuhlinzekwa kwamakhasimende kuwuhlelo lweHuawei, futhi cishe yonke iminyango yeHuawei iyabandakanyeka. Uma bewungekho umsebenzi wokubambisana, bekungeke kwenzeke ukuqeda inqubo ephelele yokuhlinzekwa kwamakhasimende.

URen Zhengfei ugcizelele kaningi ukuthi iqhaza lomuntu ocabangayo ukusingisela. Kungokusingisela okufanele kuphela, lapho kungaba khona nokucabanga okufanele. Kungokucabanga okufanele kuphela, lapho kungaba khona nendlela okuyiyona. Kungendlela efanele kuphela, lapho kungaba khona nombono ofanele. Kungombono ofanele kuphela, lapho kungaba khona nesu elifanele. URen Zhengfei wathi, "Inkampani yethu yayizikhukhumeza phambilini, icabanga ukuthi sihamba phambili kulo mkhakha, kodwa ngemuva kokuchitha isigamu sonyaka senza amasu okulinganisa itafula lesihlabathi, sabona ukuthi sikhona nje kodwa singaphansi kuka-10% wamathuba amakhulu emakethe yomhlaba wonke. Kwabe sekuthi abalingani bethu basibona singelutho, sabe sesazi ukuthi sekuyisikhathi sokuphakamisa amasokisi ethu. Lokhu kungamandla okusingisela – ukusingisela okubheke esikhathini esizayo."

Ngokombono kaRen Zhengfei, ukuzigxeka akwenziwa ngenjongo yokugxeka, noma ukuphika ngokuphelele. Kwenzelwa ukukhulisa nokunikeza izeluleko ezakhayo zokukhula. Inhloso yako enkulu ukuqinisa ukuncintisana okuyisisekelo seHuawei.

Kuyaziwa ukuthi nganoma yisiphi isiqalo sebhizinisi, usomabhizinisi kufanele abe nomoya "wempisi" ukuze asinde futhi akhule kuzingqinamba zezindawo ezinzima ezilawulwa yizinkampani ezinamandla zamazwe amaningi nabaholi bezimboni zasekhaya. Ezindaweni ezinjalo, kuzoba nezimbangi ezikulinde ngabomvu, futhi kube nezingqinamba eziningi endleleni. Ngemuva kwakho konke, ukuba nomqondo obukhali wokuqwashisa ngoshintsho kumkhiqizo wezimbangi i-R&D nezintengiso zemakethe eziphambili kungavumela umuntu ukuba athathe amathuba kusenesikhathi futhi azuze amandla emncintiswaneni. Umuntu angehlula ngisho nezimbangi futhi aqhamuke njengomnqobi wenqubo.

Lapho Umkhumbi Owodwa Ucwila, Eminye eyizinkulungwane Isatshuza

Inganekwane nensumansumane yofudu seyisetshenziswa njengesibonelo sokubekezela. Lo "moya wofudu" weHuawei kufanele uhlale, futhi ngizowusebenzisela ukukhombisa indlela abasebenzi bakwaHuawei ababekezela ngayo. Asidingi umoya wokuziqhenya ngokweqile, ngoba asizukusebenzisa okukhanyisa isisekelo sesiteshi. Esikudingayo nje umuzwa onomdlandla kodwa ophansi, umsebenzi ojulile kodwa ohlelekile. Konke kumele kwakhelwe phezu kwezimilo esinazo.

Kufanele sibhekane namandla eMelika, uhlelo lwayo oluthuthukile, indlela eshintshashintshayo, amalungelo acacile obunikazi bempahla, kanye nenhlonipho nokuvikelwa kwamalungelo esintu. Isimo esihle kangako sebhizinisi siye saheha abaholi abadumile abavela kuwo wonke umhlaba, futhi saqhubekisela izigidigidi zamakhono okwakha okusha, nokuwuthuthukisa ngamandla umhlaba waseMelika. Ukukhanya okungenamkhawulo kweSilicon Valley kuyaqhubeka kukhazimula kahle. IMelika ayizange isilele emuva, namanje iseyisibonelo kithina. Akuyona yini iTesla okuyisibonelo? Sibhekene nobunzima bokuhambisana nayo, lokho akulula njengokumemeza iziqubulo. Iziqubulo eziningi zingukuchitha isikhathi kwezokuphatha.

Umsunguli weHuawei URen Zhengfei

ISAHLUKO 11

Iphambili Ngesigamu Segxatho Kuphela Kwezobuchwepheshe

URen Zhengfei wayegcizelele kaninginingi ukuthi iHuawei ikhuthaza ukwenziwa kwezinto ezintsha, kodwa wayengahambisani nokwakhiwa kwezinto ezintsha okungenangqondo. Inkampani kufanele iqhube imiklamo eyigugu. URen Zhengfei wake wadonsa abasebenzi bakhe ngendlebe ukuthi "IHuawei itshale imali emizameni emikhulu yentuthuko emhlabeni, kodwa iHuawei ayihambisani nokwakhiwa kwezinto ezintsha okungenangqondo, futhi imelene nokuklama izinto ngoba zimane nje ziwumklamo. Sigqugquzela imiklamo emisha nebalulekile. Ngaphandle 'kokutshalwa kwemali okuwubuwula' emiklameni yezobuchwepheshe nasezinhlelweni zokuphatha, ngeke kwaba nomkhiqizo wangempela kanye nokuncintisana kwemakethe, futhi singethembele ekwehleni kwamanani kuphela nasekuzibandakanyeni kwezempi zamanani. Lokho kuzosishiya singenayo inzuzo. Kuyihlazo uma ikhwalithi yomkhiqizo idabukisa, futhi kuyihlazo uma inkampani ingenzi inzuzo. Uma ekhuluma ngesidingo esiyisisekelo sokusinda kwenkampani, kusemqoka ukuba inkampani yenze inzuzo, kodwa lokho kungavela kumakhasimende kuphela. Ngakho-ke, izinkampani zingatshala imali eningi ukwandisa inani lamakhasimende. Uma inkampani ingenzi nzuzo, ngeke ibe nemali yokutshala amakhono, ubuchwepheshe kanye nokuphatha. Lesi yisimiso esilula. Senza lokhu ngoba 'siyiziwula' ezilandela le nqubo ukuze 'zitshale imali ngobuwula futhi zisebenze ngobuwula!' IHuawei izimisele ukuqhubekela phambili ngendlela yokuklama kwezobuchwepheshe futhi sihloniphe namalungelo empahla yobunikazi."

URen Zhengfei waphawula ukuthi ephuzwini lezokuklanywa kwezinto, iHuawei yayikubekezelela kakhulu ukwehluleka nemibono engavamile efana "nezithelo ezimbi ezishintshayo zibe ezibaluleke kakhulu." IHuawei yaphinde yaqinisekisa nokubaluleka kanye nokusebenza kwamaphimbo aphikisayo, yawavumela ukuba ezwakale. Yingakho ubuchwepheshe bemiklamo yeHuawei babuzokwazi "ukwedlula amaNgisi futhi buqophisane namaMelika."

Zithathele Phezulu Ezobuchwepheshe Kodwa Ungahambisani Nemiklamo Engenangqondo

Ukuklama kusho isenzo sokuveza umbono ongavamile ongahambisani nemicabango yaleso sikhathi. Kuthinta nolwazi oluvele lukhona lokuthuthukisa noma ukwenza izinto ezintsha, izindlela, izakhi, imigudu, nendawo ezimeni ezithile ukuze kufinyelelwe izidingo zomphakathi, kuyilapho uthola imiphumela ezuzisayo.

Le ncazelo yokuklama ingathathwa kalula kule, njengoba ithathelwe kusiLathini, ukuthi lokho eyayikusho ekuqaleni kwakunezakhi ezintathu: esokuqala, ukuvuselela, esesibili, ukwenza okusha, bese esesithathu, ushintsho. Bheka Umdwebo 11-1.

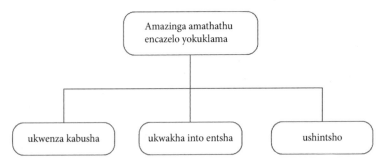

Umdwebo 11-1: Amazinga amathathu encazelo yokuklama

Ukuze azihlanganise ngokuzwakalayo lezi zincazelo ezintathu, uRen Zhengfei wenza imizamo eminingi. Umthelela wale nkambiso wawungakaze ubonwe kwezamabhizinisi. Ekhuluma nabasebenzi, uRen Zhengfei wathi, "Simelene nokuklama okungenangqondo. Inkampani yethu yayivame ukwenza imiklamo engenangqondo futhi ibheka ubuchwepheshe njengobuphakeme kakhulu. Sasingenandaba nezidingo zamakhasimende, futhi sasigxile ngokuphindaphindiwe ekwethuleni imikhiqizo esiyisungule ngokuziqhenya kumakhasimende. Sasingawalaleli amakhasimende ethu. Kungaleso sizathu senza iphutha elikhulu kakhulu ngokuqondene neswishi yeNext Generation Network (NGN) futhi sakhishwa emakethe yezokuxhumana yaseShayina. Kamuva, sabona ukuthi sasenze iphutha. Salilungisa lelo phutha futhi saphinde sabafica ozakwethu ngesikhathi esifanele. Lokho kwavumela imikhiqizo yethu ukuba yemukelwe kahle ekhaya nakwamanye amazwe, kwasinika nelinye ithuba emakethe yaseShayina. Ngokwesibonelo, *itandem*, inethiwekhi yomakhalekhukhwini yaseShayina yayenziwe yithina ngokuphelele. Futhi iyi-NGN enkulu kunazo zonke emhlabeni."

URen Zhengfei wayenomuzwa wokuthi yize iHuawei iyinkampani enenhlonipho ejulile kwezobuchwepheshe, yayimelene nemiklamo engenangqondo. Enkulumeni yakhe nabasebenzi wathi, "Ingxenye yobuchwepheshe ezedlula kude ezinye, iwumcebo kubantu, kodwa ingafinyeleleka kuphela ngokuzidela komuntu. Ukubhamuka kwebhamuza le-IT kwadlela umhlaba wonke umnotho ongamathriliyoni amadola angu-USD 20. Kusukela ekuhlaziyweni kwezibalo, kuyabonakala ukuthi phakathi kwezinkampani ezawa, cishe u-100% wazo zawa ngenxa yokuthi ubuchwepheshe bazo babungakathuthuki ngokwenele, kodwa ngoba zazithuthuke kakhulu kangangokuba abantu babengekaziqondi kahle nokuzamukela ngokugcwele, akekho owayethenga. Lezo zinkampani zagcina sezilahlekelwe ekuncintisaneni kwazo, njengoba abantu, izinsizakusebenza ezingokoqobo kanye nezezimali kwase kunwetshiwe, kodwa imikhiqizo ingathengwa. Iningi lobuchwepheshe obuhola umhlaba wonke lalingaba abagijimi baphambili bomncintiswano wamamitha ayi-10 000, kodwa zinganqobi. Esikhundleni salokho, zikhokha kakhulu 'ukuhlanza isihlabathi se-*saline-alkali*' [ukweseka intuthuko elandelayo] kanye nokukhuthaza ubuchwepheshe obusha."

URen Zhengfei wayixwayisa ngokusobala iHuawei ukuthi kunoma iyiphi inkampani, akunakwenzeka ukuqhubekela phambili ngaphandle kobuchwepheshe obuphambili. "Umbono weHuawei ukuthi ngokwemigomo yemiklamo yezobuchwepheshe bomkhiqizo, iHuawei kufanele iqhubeke nokuhola kwezobuchwepheshe, kodwa singaba phambili ngengxenye yegxathu kuphela kuzimbangi zethu. Ngokuba phambili ngamagxathu amathathu nje, sasizoba 'yisisulu.' Kufanele siliguqule ngokucacile isu lethu kusukela ekuphokopheleni kwezobuchwepheshe kuya ekuphokopheleni izidingo zamakhasimende... Ngokuhlaziya izidingo zamakhasimende, siphakamisa izixazululo bese sishukumise ukuthuthukiswa kwamanani aphansi, izindleko eziphakeme zemikhiqizo engezwe ngokusekelwe kulezi zixazululo. Uma senza imiklamo engenangqondo yobuchwepheshe bethu ngokumane senze ezidumile zomhlaba wonke, sizogcina sesiba 'yizisulu.'"

Sihamba Ngamasondo Amabili: Izidingo Zamakhasimende Nomklamo Wezobuchwepheshe

URen Zhengfei wakugcizelela ukuthi iHuawei itshale imali eningi kakhulu emhlabeni mayelana nokuklama, kodwa iHuawei yayimelene nemiklamo engenangqondo, futhi imelene nokuklama nje ngoba kuyaklanywa. IHuawei yayigqugquzela kakhulu imiklamo eyigugu. URen Zhengfei wayekholelwa ukuthi ukuklama kufanele kwakhelwe esisekelweni esiqhutshwa amasondo amabili – izidingo zamakhasimende nomklamo wezobuchwepheshe.

Emkhosini Wokuthatha Isifungo Sesithathu Wethimba Elibekelwe Ukuguqula eZobuchwepheshe, uRen Zhengfei wathi enkulumeni yakhe, "Senza imikhiqizo egxile kwizidingo zamakhasimende, futhi sakhe amapulatifomu enzelwe ikusasa agxile emklameni wezobuchwepheshe. Manje sesinezinkambiso ezimbili zamandla okuklama: Esinye esemiklamo eyenziwa ososayensi. Bagxila kakhulu kubuchwepheshe futhi sibanikeza ithuba elanele lokucabanga, kodwa abakwazi ukulawula uhlelo lobuchwepheshe, ukuthi ubuchwepheshe bungasetshenziswa yini nokuthi bungasetshenziswa nini. Kulokho, kufanele sincike kwelinye isondo – ukumaketha. Ukumaketha kuwukuhlala ulalela amaphimbo amakhasimende, kuhlanganise nezidingo zawo zanamuhla, ezakusasa, nezesikhathi esizayo. Kungaleyo ndlela kuphela esingakwazi ngayo ukubona ukuthi kufanele sibusebenzise kanjani ubuchwepheshe esibenzile, kanye nesikhathi esifanele sokungena emakethe."

Kule nkulumo, uRen Zhengfei wakubeka kwacaca ukuthi amandla amabili enkambiso, okuyizidingo zamakhasimende nemiklamo yezobuchwepheshe, kwakuyizimiso ezihamba phambili zokuklama eziqondisa iHuawei. Enkulumeni yakhe nabasebenzi ngonyaka ka-2011, wake wathi, "Inkampani kufanele isuke ekuklameni konjiniyela iye ekuklameni kososayensi nonjiniyela ngokubambisana. Akukhona nje kuphela ukuthi kufanele sigxile kumakhasimende kuphela nakumikhiqizo yocwaningo olufanele nezinsiza esiwenzela zona, kodwa futhi kufanele senyuse nokutshalwa kwemali kwezobuchwepheshe besikhathi esizayo kanye nomnyombo wepulatifomu. Kufanele kube yithina esihamba phambili kumyalelo waleli cebo. Akufanele sesabe ukuzama okusha ezingcupheni ezinkulu kuma-*chip* nezindawo ze-*software* yepulatifomu. Ekujuleni kwakho konke, kufanele sizimisele ngokwengeziwe ukuzibeka engcupheni ngazo zonke izindlela futhi akufanele sesabe ukuzidela. Kufanele siyeke ukunamathela kumakhono ezobuchwepheshe zikagesi sinamathele emakhonweni ayisisekelo endlela yokucabanga. Kufanele sibe nesineke sokubakhulisela ekuvuthweni, futhi kumele siqonde siphinde sigqugquzele namanye amakhono angavamile nangaqondakali kalula kwabaningi. Ngamafuphi nje, kufanele kancane kancane sisuke entuthukweni yobuchwepheshe siye empumelelweni yendlela yokucabanga."

ISAHLUKO 12

Ukucela Usizo lwe-IBM

Ngonyaka ka-1999, iHuawei yayishintsha ngokuphelele inqubo yayo yebhizinisi futhi yangenela icebo lokubambisana ne-IBM. Ngosizo lwe-IBM, iHuawei yasungula izinguquko zenqubo yebhizinisi, ne-IPD (Ukwakha umkhiqizo ngokubambisana) kanye ne-ISC (Ukubambisana uma kuthunyelwa imikhiqizo) ekujuleni kwayo.

Ekuguqukeni kwayo kwezezimali, iHuawei yaqhasha iPwC neKPMG ukuthi zakhe uhlelo lwezezimali zeHuawei ngokuqondile, futhi yafinyelela umgomo Wobumbano Lwezimali Ezine, oluhlanganisa izinhlelo zezimali nama-akhawunti, amakhodi, izinqubo kanye nokuqapha. Lokhu kwabeka isisekelo sokuthi iHuawei isungule uhlelo olubumbene noluhlonishwa kakhulu emhlabeni wonke.

Ukusungula Uhlelo Lokuphathwa Kwebhizinisi Elithuthukile Lomhlaba Wonke

Noma iyiphi inkampani yaseShayina efisa ukuba ngeyomhlaba wonke ngempumelelo kufanele ithuthukise iqoqo lamamodeli ahambisana namazinga aphesheya. Owayesebenza kwaHuawei oseshiye phansi, waphawula ukuthi, "IHuawei ayikaze iswele isu, kodwa yaqamba isu elingafanele. Kungani iHuawei yayilokhu yenza amaphutha kaningi ngecebo layo naphezu kokugxila eswini layo? Isizathu silula kakhulu. Inkinga ikubantu abaphethe. Yilapho futhi inkinga yeHuawei ikhona."

Ezinsukwini zokuqala zentuthuko yeHuawei, abaphathi bayo bakuvimbela ukukhula kwayo. Kusukela ngoDisemba ngonyaka ka-1995, emhlanganweni wakhe nabasebenzi bangaphakathi, URen Zhengfei wezwakalisa ukukhathazeka kwakhe ngezinkinga eziningi ekuphathweni kweHuawei.

Ngaleso sikhathi, Umthetho Oyisisekelo weHuawei, owasungulwa nguRen Zhengfei futhi wabhalwa ngosizo lweYunivesithi yaseRenmin, eShayina, wawubuyekezwe kaningana futhi wawusesigabeni sokubhalwa kwawo okokuqala. Ngonyaka ka-1996, ngenkathi iHuawei ibhekene nobunzima bangaphakathi nangaphandle, uRen Zhengfei ohlakaniphile wasungula eyakhe imicabango yokubhekenana nenhlekelele. Ekugcineni, uRen Zhengfei wagxila ohlelweni lokuphathwa kwezinkampani zamazwe aphesheya. Emizameni yenguquko enkulu kaRen Zhengfei, iHuawei yamema igatsha laseHong Kong lenkampani lokucobelanaa ngolwazi laseMelika, iHay Group, ukuthi ijoyine iHuawei ngonyaka ka-1997, futhi yaqala ukwakha uhlelo lokuhlola ukufanelekela kwalobo abazoqhashwa.

URen Zhengfei wayekade efuna isixazululo sokwakha iHuawei njengenkampani engahlala amakhulu eminyaka. Ngasekupheleni konyaka ka-1997, uRen Zhengfei wahambela i-American Hughes Corporation, i-IBM, iBell Labs, kanye neHewlett-Packard ngokulandelana kwazo.

Ngemuva kokucabanga nokuqhathanisa phakathi kwezinkampani zaseShayina nezangaphandle, Umthetho Oyisisekelo weHuawei wagcina ushicilelwe ngonyaka ka-1998. Kwaziwa kabanzi ukuthi Umthetho Oyisisekelo weHuawei udunyiswa njengomthetho wokuqala oyisisekelo wokuphathwa kwezinkampani, futhi inesimo esibalulekile emkhakheni wezamabhizinisi. Ngisho nezinkampani zaseShayina ezihlola ukuphathwa kobungcwethi ngokwenza ziwubheka njengobaluleke kakhulu.

Ngaphezu kwalokho, umthetho Oyisisekelo weHuawei wawethulwe ngokucacile nangokuhlelekile yizinkampani zaseShayina njengomyalo ofanele, okwakufanele izinkampani zesikhathi esizayo ziwulandele. Ngonyaka ka-1998, iHuawei yaphinde yaba enye yezinkampani ezivelele Ngokwesistimu Yokufaneleka eyayisungulwe ngenhlanganisela Yinkonzo Yezabasebenzi kanye neBrithane.

Lapho Umthetho Oyisisekelo weHuawei usuzophothulwa, uRen Zhengfei wenza imali eningi ekwethuleni i-*software* ehambisana nawo yomzila wokunikezela nokuthuthukiswa kwemikhiqizo efana ne-ISC (Ukubambisana uma kuthunyelwa imikhiqizo), kuyilapho futhi eqasha abeluleki bokulawulwa kwekhwalithi abavela kwiNhlangano Kazwelonke Yezokusetshenziswa Kobuchwepheshe yaseJalimane, abeluleki ngezezimali bakwaPwC kanye nabahloli bakwaKPMG.

Ngemuva kochungechunge lokuthuthukisa, iHuawei yasungula uhlelo lokuphathwa kwebhizinisi oluthuthuke emhlabeni wonke "olwaluqondiswa izinqubo kanye nesikhathi esifanele." Ukuze yenze le sistimu yokuphatha isebenze kangcono, iHuawei yaqala nokushintsha isakhiwo sayo sokuphatha sangaphakathi.

Ngonyaka ka-2000, iHuawei yamema umqeqeshi waphesheya, i-IBM. I-IBM yanikeza ngokubonisana okuhlosiwe kwe-IPD (Ukwakha umkhiqizo ngokubambisana), yehlukanisa imodeli yesakhiwo sokuphatha seHuawei esasisekelwe eminyangweni futhi yashintshela kwimodeli yokuphathwa kwenqubo yebhizinisi enkulu. Kulolu shintsho kuphela, iHuawei yakhokha amashumi ezigidi zamadola emali yokwabelana ngolwazi kwayo ne-IBM. Lesi senzo samangaza abaningi emkhakheni wezamabhizinisi.

Kuyaziwa kabanzi ukuthi i-IPD iwumqondo nendlela yokuthuthukiswa komkhiqizo (yonke inqubo kusukela kumcabango womkhiqizo kuye ekukhishweni komkhiqizo). Igxila emakethe nakuzidingo zamakhasimende njengamandla okushayela athuthukisa umkhiqizo, futhi yakhela kukhwalithi yomkhiqizo, izindleko, ukwenziwa, ukusebenziseka kanye nezinye izinzuzo ezigabeni zokuklanywa komkhiqizo wokuqala. Kumele kwaziwe ukuthi i-IPD ilawula ukuthuthukiswa komkhiqizo njengokutshalwa kwemali. Esigabeni ngasinye esibalulekile sokuthuthuka komkhiqizo, kwenziwa uhlolo ebhizinisini, hhayi nje ngombono wobuchwepheshe. Lokhu kungokokuqinisekisa ukutholwa kwezimbuyiselo zomkhiqizo noma kunciphisa ukulahlekelwa okubangelwa ukwehluleka kotshalo-mali. Lokhu kwakuyisethi yamamodeli okuphatha ayethuthukiswa yi-IBM eminyakeni engaphezu kwemihlanu. IHuawei yayinethemba lokugqoka izicathulo ze-IBM futhi iqale ngokushesha emzileni wokuphatha wamazwe omhlaba.[1]

---

1. ULi Chao noCui Haiyan. Amazwe omhlaba eHuawei: Kusukela "kuRed Sorghum" ukuya "kuHigh Technology". I-IT Time Weekly, 2009 (10).

Emhlanganweni wokugqugquzela i-IPD, uRen Zhengfei washo ngentshiseko ukuthi, "Kunezinye izinhlelo eziningi zokuphatha okuhle emhlabeni, kodwa ngeke sifunde yonke into. Uma senza kanjalo, sizogcina sesiyiziwula. Lokho kungenxa yokuthi lapho le nkambiso iphatha ngakulolu hlangothi, kuthi leya nkambiso yona iphathe kuloluya hlangothi, sithola umphumela womsebenzi oyize. Ngakho-ke, sifunda kumeluleki oyedwa nje kuphela, i-IBM."

URen Zhengfei waphawula ukuthi, yize iHuawei itshale u-10% wemali yayo ethengisiwe ekuthuthukisweni komkhiqizo unyaka nonyaka, isimo sayo sasisashubile, njengoba isilinganiso sezindleko zeR&D ezazonakele kanye nomjikelezo wentuthuko yomkhiqizo kwakungaphezu kwamazinga aphindwe kabili embonini ngaleso sikhathi. Ngaphezu kwalokho, njengoba intengiso yeHuawei yayikhula unyaka nonyaka, inzuzo enkulu yemikhiqizo yayo yayincipha. Inzuzo yomuntu ngamunye yayingu-1/6 kuya ku-1/3 wezinye izinkampani, ezinjengeCisco ne-IBM.

Ukuze kuxazululwe izinkinga zezindleko zokulinganisa zeR&D ezachitheka nobude bomjikelezo wokuthuthukiswa komkhiqizo, kufanele kwenziwe isenzo senqubo yokuthuthukisa umkhiqizo. Lokho kungenxa yokuthi inqubo yokuthuthukisa umkhiqizo ingaphezulu kwekhono lebhizinisi.

Uma kunenkinga kunqubo yokuthuthukiswa komkhiqizo, izixhumanisi eziphansi njengokukhiqiza, ukuthengisa, ukulethwa, nezinsizakalo zangemva kokuthengisa kungakhiqiza amahlandlo angamashumi noma amakhulu njengezinkinga eziningi. Lapho ihlaziya uhlelo lokuthengwa kwempahla, iHuawei yathola ukuthi umnyombo wezinkinga eziningi usenqubeni yokuthuthukisa umkhiqizo.

Ngemuva kokuthola umnyombo wenkinga, uRen Zhengfei waphawula ukuthi ukubhekana nale nkinga kusukela ekuthuthukisweni komkhiqizo kwakuyisisombululo esikhulu esivumele iHuawei ukuba ithuthukise imbuyiselo yayo yemali yokutshalwa komkhiqizo futhi ixazulule izinkinga zangaphakathi enkampanini. Ngakho-ke, iHuawei yayizimisele ukutshala imali eningi ekwethulweni kwe-IPD. Yayifuna ukuguqula imodeli yokuthuthukisa umkhiqizo, bese inciphisa isikhathi somkhiqizo sokumaketha, ukunciphisa izindleko, ukuthuthukisa ikhwalithi yomkhiqizo, futhi ekugcineni kuthuthukiswe inzuzo yemikhiqizo yeHuawei.

IHuawei yaphinde yenza umzamo omkhulu emzileni wokuphathwa

kokunikezela. Isimiso sokuphathwa kwe-ISC (Ukubambisana uma kuthunyelwa imikhiqizo) sasiwukuklama, ukuhlela nokulawula ukugeleza kolwazi, ukungena kwempahla anye nemali ekunikezelweni kwentengo, mayelana nokuqinisekisa ukufezekiswa kwemigomo emibili ebalulekile yomzila wokunikezela: ukuthuthukisa ukwaneliseka kwamakhasimende kanye nokunciphisa izindleko eziphelele zomzila wokunikezelwa.[1]

Ukusukela kulo mbono, i-ISC yayingewona umzila wokunikezela nje kuphela, kodwa futhi yayinamamodeli wezezimali, anolwazi nawokulawula. URen Zhengfei wake wathi emhlanganweni wangaphakathi, "Ukuxazulula umzila wokunikezela ohlanganisiwe kusho ukuxazulula zonke izinkinga zokuphathwa kwenkampani."

Lokhu kwakhombisa ukubaluleka komzila wokunikezela. Izindleko zokuphathwa kokusebenza kweHuawei nazo zehla kancane kancane, ngokufakwa kohlelo lokuphatha olusezingeni lomhlaba jikelele. Ngokusho kwabeluleki be-IBM, ngaphambi kokuhlelwa kabusha komzila wokunikezela, kwakukhona igebe elikhulu ezindleleni zokuphatha phakathi kweHuawei nezinye izinkampani embonini. Ngaleso sikhathi, iHuawei yayino-50% kuphela wenani lama-oda ayo alethwe ngesikhathi, kanti isilinganiso esijwayelekile phakathi kwabakhiqizi bemishini yokuxhumana kwamanye amazwe sasingu-94%. Isilinganiso senani lokusungula leHuawei laliyizikhathi ezingu-3.6 nje kuphela ngonyaka, kanti isilinganiso esiphakathi kwezinye besiphindwe kawu-9.4 ngonyaka. Umjikelezo wokugcwalisa i-oda lakwaHuawei wawumude ngangezinsuku ezingu-20 ukuya ku-25, kuyilapho isilinganiso somjikelezo phakathi kwabathile sasingaba cishe yizinsuku ezingu-10.

Ngokuvakashela indawo yeHuawei, abeluleki be-IBM baphetha ngokuthi ukuphathwa komzila wokunikezela wakwaHuawei kwakusebenza ngo-20% kuphela, futhi kwakusenegebe elikhulu okwakufanele livaleke.

Ngeleyo ndlela, iHuawei yethula uhlelo lokuphathwa kwamazwe omhlaba futhi yaklama ngempumelelo yaze yasungula nohlelo lokuhlinzekwa kwamakhasimende lomzila wokunikezela ohlanganiswe ngamanani aphansi, yabeka isisekelo esiqinile sokuthi iHuawei ibe yibhizinisi elisezingeni lomhlaba

1. ULi Chao noCui Haiyan. Amazwe omhlaba eHuawei: Kusukela "kuRed Sorghum" ukuya "kuHigh Technology". I-IT Time Weekly, 2009 (10).

esikhathini esizayo. Namuhla, ukuguqulwa kwenqubo yeHuawei yomzila wokunikezela ohlanganisiwe sekube khona iminyaka eminingi.

Ngalesi sikhathi, iHuawei yehlukanisa inqubo esemqoka yomzila wokunikezela ohlanganisiwe wezinqubo ezingaphansi ezingu-49 nezinqubo ezingaphansi ezingu-179, yaphinda futhi yenza izinkomba zokuhlola ezingu-29 zezigaba ezingu-3 namaqembu angu-4. Ngokuthuthuka kwabaphathi nenguquko, kanye nokuqaliswa kwezinqubo zokuthuthuka eziqhutshwa ngamakhasimende nezinqubo zomzila wokunikezela, iHuawei yathola inzuzo yokuncintisana ehlukile ehambelana nezintshisakalo zamakhasimende. Lokhu kwaphinde kwaqinisa ukuncintisana kwayo okuyinhloko embonini. Emuva kwalokho, iHuawei yenza ukuhlela okusha, yazehlukanisa ngokuvundlile ngezifunda ezingu-8, futhi yasungula uhlelo lokuphatha oluvundlile olunabengameli bezifunda. Konke kwakusebenza ngokuhambisana nezindlela ezisetshenziswa umhlaba wonke.

Ngenkathi iHuawei iphethwe ngokwale nqubo, indlela yayo yokuhwebelana kwamazwe omhlaba nayo yaba nezinguquko ezifanele kancane kancane. Ezimakethe zamazwe athuthukile, iHuawei yathuthuka kakhulu. IMelika *Businessweek* yakhuluma kakhulu ngeHuawei, ibika ukuthi, "Ukwehla kwezomnotho emhlabeni wonke kunciphise izabelo-mali zamakhasimende, futhi lokho kwenza imikhiqizo yakwaHuawei ibonakale iheha ngokwengeziwe. Ngaphezu kwalokho, imikhiqizo yakwaHuawei ihambisana kakhulu neminye imikhiqizo futhi ingangena esikhundleni saleyo mikhiqizo kalula."

Ukufunda Ukwethula Izinhlelo Zokuphatha Ezithuthukile Zasentshonalanga

Ngonyaka ka-2004, iHarvard Business School yenza ucwaningo lwezinsuku eziyishumi lweHuawei lokuqonda kangcono nokutadisha le nkampani, njengodaba lwebhizinisi okwakucatshangwa ukuthi liyimfihlakalo kakhulu emhlabeni wonke.

Ngaphambi kocwaningo, imibono yophrofesa yayiwukuthi ukuphumelela kweHuawei ezimakethe zaseShayina nakwamanye amazwe kwakuvela kugqame ezintweni ezimbili: okokuqala, umncintiswano wentengo ephansi, kanti okwesibili, ukwesekwa nguhulumeni.

Ngemuva kokwenza inhlolovo, imibono engenhla yashintsha. Bakholelwa ukuthi isici esibaluleke kakhulu sokuphumelela kweHuawei ezimakethe zaphesheya kwakuwukwethulwa kohlelo lokuphatha lwaseNtshonalanga. Izinto eziphumelelayo zaseNtshonalanga ezifana nabaphathi, izinhlaka, izinqubo nokusebenza kwazo kwahlanganiswa kwaHuawei, futhi kwahlanganiswa nezici eziyingqayizivele zeHuawei.

Kuze kube manje, iHuawei isafunda ezinhlelweni zokuphatha zaseNtshonalanga. URen Zhengfei washo ngokungananazi kwenye yezinkulumo zakhe nabasebenzi ukuthi, "Manje, iHuawei ifunda izici ezahlukahlukene zokuphatha eNtshonalanga, siyaziguqula thina. Ingabe ushintsho olunjalo luzophumelela? Lokho kuncike kuthina. Akekho omunye oyisitha sethu esikhulu ngaphandle kwethu."

URen Zhengfei waze wafanisa iHuawei notshani, ethi, "Ngokobuchwepheshe bolwazi lwe-elekthronikhi, iMelika yayingumholi ngaphambilini, futhi izonakekela inzuzo yayo yokuqhathanisa emashumini eminyaka ezayo. IHuawei, ewumucu omncane wotshani, ngeke ikwazi ukuguqula umkhondo wesitimela esesinesikhathi eside sikhona, kodwa utshani bulwela ukukhula. Sisafisa nokuguquka kusukela otshanini obuncane ukuya ekubeni yihlumela. Sithola ulwazi oluningi lokuphatha eNtshonalanga futhi siyaziguqula. Ingabe inguquko yethu izophumelela? Lokho kukuthina. Ngakho-ke, akekho omunye oyisitha sethu esikhulu ngaphandle kwethu."

URen Zhengfei waba nomuzwa wokuthi kunzima kakhulu kunoma iyiphi inkampani yamazwe ahlukahlukene enjengeHuawei, esemhlabeni wonke kanye neneholo laminyaka yonke lamashumi ayizigidigidi zamadola, ukuba imunce umswakama ohlelwe iyunithi lebhizinisi ngokuqondile ngenhloso yokuthola izibonelelo.

Ikwenze kanjani lokhu iHuawei? Kwiforamu yaseDavos, uRen Zhengfei wachaza ukuthi, "IHuawei imemezele ukuthi izobenzela umusa abantu abenze amaphutha kodwa bawavuma obala ngomhla ka-31 kuDisemba, ngonyaka ka-2014. Isibalo sokugcina sabantu abavuma sasicishe sibe izinkulungwane ezine ukuya kwezinhlanu. Kwakungobani laba bantu abayizinkulungwane ezine ukuya kwezinhlanu? Umsebenzi omncane wayngabambanga iqhaza elibonakalayo, yini ayengayivuma obala? Lokho kukhombisa ukuthi kusadingeka kwenziwe okuningi mayelana nesakhiwo sethu sangaphakathi sokulawula."

URen Zhengfei waqhubeka wathi inkohlakalo beyikhona nanxa beyizinkampani ezizimele, "kodwa ngeke siyeke ukuthuthuka ngenxa yenkohlakalo, futhi angeke sibekezelele inkohlakalo ukuze sikhule." Njengengxenye yokufunda kubaphathi baseNtshonalanga, uRen Zhengfei waphakamisa ukuthi iHuawei izothatha iminyaka emihlanu ukufinyelela ekubeni nama-akhawunti ahambelana namaqiniso. Ngenkathi iHuawei idlondlobala emakethe yaseMelika, yayenqatshwa yiMelika ngezinsuzo zayo nezinhlelo zokukhulisa ibhizinisi ngezizathu zokuphepha, kodwa uRen Zhengfei wayesabheka iMelika njengeyisibonelo.

Wathi, "Angikaze ngicabange ukuthi iMelika isiphathe kabi noma ngokungafanele. IMelika yakwazi ukukhula kusukela ekubeni yizwe elincane kakhulu yaba yintandokazi yomhlaba wonke ngesilinganiso seminyaka engaba ngamakhulu amabili nje kuphela, ngenxa yokuvuleka kwayo. IHuawei kufanele ifunde kuyo, ngokuthi ivuleke futhi ihlanganiswe nomhlaba ngomqondo ovulekile. Kungale ndlela kuphela esingaba ngayo nekusasa. Ngokubona kwami, ngokuqondene nesikhundla seHuawei emhlabeni wonke, akufanele sibheke wonke umuntu njengesitha, kodwa ngokuhlanganyela senze inguquko emphakathini wolwazi. Njengamanje, ukuhlola okuningi kuyadingeka embonweni, emicabangweni, nasekwakhiweni kwenethiwekhi. Lokho akunakwenziwa yizinkampani ezimbalwa nje. Kungumsebenzi onzima, futhi kunendlela ende okufanele siyihambe."

URen Zhengfei wayekholelwa ukuthi ulawulo oluphelele iMelika eyayinalo kulwazi lwezobuchwepheshe be-elekhtronikhi kwakuzoyivumela ukuthi iqhubeke nokuqhathanisa kwayo okuzuzisayo okungenani amashumishumi eminyaka. Ngakho-ke, ukufunda ngokuphatha okuthuthukile kweMelika kwakuhambisana namasu eHuawei omhlaba jikelele. Ngokuqinisekile, ngokuqondene nenkohlakalo yangaphakathi yeHuawei, uRen Zhengfei uvumile ukuthi iHuawei beyizama ukulwa nenkohlakalo ngemithetho.

Ngonyaka ka-2011, iHuawei yavula i-akhawunti ehlanzekile, yacela abasebenzi abathole izifumbathiso ukuba bazilondolozele lezo zinzuzo zabo ezingekho emthethweni ngokwendlela yabo. URen Zhengfei wakhuluma ngokuqinile nabasebenzi bakwaHuawei enkulumeni yangaphakathi wathi, "Phakathi nalesi sikhathi senguquko, kusungulwe i-akhawunti ehlanzekile ukunikeza wonke umuntu ithuba lokuqala kabusha. Ngaphandle kwe-akhawunti ehlanzekile, wonke umuntu kufanele aziphathe kahle. Ukuvala i-akhawunti ehlanzekile akulingani nokwenza imizamo yokulwa nenkohlakalo ibe buthaka. Esikhundleni salokho, kuqhubeka nokuqinisa imithetho yethimba. Ubulungiswa basendaweni buyindlela eyodwa. Ngokwakha uhlelo lokuziphendulela, sethemba ukuthi wonke umuntu uzolandela imithetho futhi enze imisebenzi yakhe ngenkuthalo efanele."

Ngasekupheleni konyaka ka-2013, uRen Zhengfei wamemezela enkulumeni yoNyaka oMusha yakwaHuawei ukuthi ukunqanda, ukuphenya kanye nokujeziselwa inkohlakalo kwakuzoba yinto okugxilwe kuyo ekuphatheni kwangaphakathi kwaHuawei ngonyaka ka-2014.

Ngomhla ka-4 Septhemba 2014, uMnyango Wenhlangano Yezamabhizinisi Wenethiwekhi akwaHuawei wabamba ingqungquthela enkulu yokulwa nenkohlakalo endlunkulu yokuqeqesha yakwaHuawei.

Enkulumeni yoNyaka oMusha ngonyaka ka-2015, uMnyango Wezamabhizinisi Wabathengi bakwaHuawei waphinde wakhuluma ngokulwa nenkohlakalo, washo nokuthi uzoqinisa nomthetho wokubhekwa kwangaphakathi, "ngokungabekezeleli lutho" ezindabeni zenkohlakalo. Waphinde waxwayisa nabasebenzi ukuthi bangayeki, babeke izinkathazo zabo eceleni futhi bathokozele amathuba amenyezelwe azonikezwa yiHuawei.

Mayelana nemizamo yokulwa nenkohlakalo yangaphakathi yeHuawei, URen Zhengfei wathi, "Lapho sikhomba izikhungo zebhizinisi ebezinikeze ama-akhawunti angamanga kulo nyaka, sibonisa ukuthi asibabekezeleli abasebenza ngaphansi kwenkohliso ngomkhiqizo owenziwe. Uma umuntu eqamba amanga, kufanele abhale ngaye ngokwakhe futhi uzomenyezelwa emhlabeni jikelele. Kodwa ngeke azimemezele ngokweqile izinzuzo, ngakho yini angayenza? Uzogcwalisa imali lapho angakhulisa khona ukuvunda kwenhlabathi futhi andise amaso otshalomali."

Izinyathelo eziningi zokulwa nenkohlakalo zakwaHuawei zazinjengocezwana leqhwa kwicebo layo lokubuyiswa kwama-akhawunti. Ngempela, iHuawei yaseyethule isu lokubuyiswa kwe-akhawunti ngoba iHuawei yaseyidlondlobala. Ngakho-ke, ukunciphisa umswakama ezimalini zayo ngokusebenzisa imithetho kwakuhambisana nentuthuko yesikhathi esizayo yeHuawei. Kulo mongo, bekuzwakala ukuthi ithimba lezezimali lakwaHuawei libandakanyeke ngokujulile.

Imininingwane yomphakathi ibonisa ukuthi, kusukela ngonyaka ka-2012, ithimba lezezimali lakwaHuawei eShayina belilokhu lenza ukubuyisana okwamukelekayo kwama-akhawunti ngokuqondile namakhasimende. Eminyakeni emithathu, abasebenza ngezimali abangaphezu kuka-20 baya cishe kuwo wonke amazinga aphelele wamadolobha aseShayina. IHuawei yaqoqa ngokuqondile amashumi ezigidi zama-*Yuan* ngama-akhawunti asengozini enkulu futhi yakhomba amakhulu ezigidi zama-*Yuan* ezingenayo imali yokuthobela. Isilinganiso sokubuyisana ngokuqondile namakhasimende safinyelela ku-99.13%.

Ngonyaka ka-2014, i-CFO yeHuawei, uMeng Wanzhou waba nesibopho sokusebenzisa izinguquko eziningi zezimali, okuhlanganisa ukwethulwa komshayeli okuthiwa "yi-*panorama* yokulawulwa kwesabelomali," ukwethulwa kohlaka lokulawulwa kwengcube yentela yomhlaba wonke kanye nokusungulwa kweqembu elisha elibheke ukuphathwa kwekhwalithi yemininingwane. U-Meng Wanzhou wachaza ukuthi ngokulawulwa kwengcuphe yezezimali nezinye izinyathelo, umnikelo wenzuzo eyenziwe ngokubuyiselwa kwezikweletu ezimbi nje kuphela ukhuphuke ngezigidigidi ezingaphezu kuka-2.8 zama-*Yuan*.

UMeng Wanzhou washo nasenkulumeni yoNyaka oMusha ka-2015 ukuthi abasebenzi bezezimali bakwaHuawei babambe iqhaza ezinhlelweni zomkhiqizo nezinqubo ezisebenzayo. Ukusebenza okunjalo kwezezimali okuxhumene nalo lonke ibhizinisi kuthole imiphumela emihle. Amahhovisi abameli baseBurundi nase-Bangladesh adlula imigomo yawo yokusebenza ngo-2014, ngisho nehhovisi lase-Brazil, elalilahlekelwe iminyaka eminingi, lenza inzuzo.[1]

Uma kuqhathaniswa nezinkampani eziningi zaseShayina, umnyango wezezimali zakwaHuawei wawunamandla. Ezakhiweni eziningi zamabhizinisi eShayina, iminyango yamabhizinisi eyengamela iR&D nokumaketha ivame ukuba namandla, kuyilapho isekela iminyango efana nezezimali, ezabasebenzi futhi ukuphatha ngokuvamile akubi novo efemini. Lesi kwakuyisimo seHuawei ekuqaleni kokusungulwa kwayo. Emuva le, ngenkathi iHuawei iqasha i-IBM

1. ULi Chao noCui Haiyan. Amazwe omhlaba eHuawei: Kusukela "kuRed Sorghum" ukuya "kuHigh Technology". I-IT Time Weekly, 2009 (10).

mayelana nokubonisana ngenguquko yokuphatha kwayo kwangaphakathi, iHuawei yakhulula imodeli ye-IPD ngokuzimisela.

Ekwethulweni kwemodeli ye-IPD, iR&D nomzila wokunikezela kwakusabhekwa njengezinto eziza kuqala kubaphathi, ngakho imali ezezimali zazingeyona ingxenye yezinguquko. Kwakungonyaka ka-2007 kuphela lapho umeluleki omkhulu we-IBM eqashwe yiHuawei aqala khona iphrojekthi ye-IFS (Izinsiza Zezimali Ezihlanganisiwe), lapho ukuphathwa kwezimali zakwaHuawei kwaqala ukungenelela kuzo zonke izici zomsebenzi wayo. KuHuawei yanamuhla, umnyango wezezimali usuphenduke umnyango onamandla wokuphatha.

ISAHLUKO 13

Ukuphatha KweGrayscale

Kwifilosofi yokuphatha kaRen Zhengfei, ubelokhu ekholelwa "ekuphatheni ngeGrayscale." Wethula uhlelo lokuphathwa kwezimali kwinkulumo yakhe nabasebenzi kwaHuawei, "Njengenkombandlela ecacile esungulwa ezinxushunxushwini futhi ebonakalayo kubo bonke ubumpunga. Inkombandlela iyashintsha ngokuhamba kwesikhathi nendawo, futhi ivame ukungabonakali ngezikhathi ezithile. Akucaci ukuthi kumnyama noma kumhlophe, noma okukodwa noma okunye. Ukulibamba kahle izinga elifanele lobumpunga kuzosho ukuvumelanisa izinto ezahlukahlukene ezithinta intuthuko kungakabiphi. Le nqubo yokuhlanganisa ibizwa ngokuthi ukuyekethisa, bese umphumela wokuvumelana waziwe ngokuthi ubumpunga."

Umbono kaRen Zhengfei wawuwukuthi indlela yokuphatha "emhlophe noma emnyama, noma eyodwa noma enye" izothinta imiphumela yabaphathi. Lapho sibheka izinkulumo eziningi zangaphakathi ezethulwe nguURen Zhengfei, sathola ukuthi wayehlala ekufaka ukuphatha kobumpunga ezinkulumweni zakhe. Lokhu kubonisa umthelela omkhulu wokuphatha kobumpunga.

Ukuba Ngumpetha Wobumpunga Phakathi Kokumnyama Nokumhlophe

Enkulumeni yangaphakathi yeHuawei, uRen Zhengfei wake wathi, "Izimfanelo ezibalulekile zomholi ukuqondisa kanye nesigqi. Ikhono lakhe linquma izinga elifanele ebumpungeni. Inkombandlela efanele neqinile isuselwa ebumpungeni, ukuyekethisa nokubekezela."

Lokhu kuqukethe izinto ezintathu: okokuqala, ukuqondiswa okucacile kutholakala ebumpungeni, okwesibili, umholi kufanele afunde ukubekezela, bese okwesithathu, akukho bumpunga ngaphandle kokuyekethisa. Kungobumpetha bobumpunga kuphela lapho kungaba khona nokubekezela, futhi ngokubekezela kuphela lapho kungaba khona isimo sokunqoba ngokulinganayo. Lezi zinto ezintathu zibonakala zilula, kodwa akulula ukuqonda umnqondo wazo ojulile.

Esihlokweni esithi *The Grayscale of Management*, uRen Zhengfei wabhala ukuthi, "Lokhu kwenza kubonakale sengathi wonke umuntu angakuqonda kahle lokhu futhi akudingi kucatshangelwe ngokujulile, kodwa empeleni lokho akulona iqiniso. Umqondo nencazelo ejulile yokuyekethisa kunothe kakhulu kunencazelo yako yangempela. Ukuwuqonda futhi uwusebenzise kuyizinto ezimbili ezihlukile. Ithimba lezisebenzi zethu kwaHuawei lingabantu abasebancane, abanomdlandla futhi bakhuthazeka kakhulu. Abasazi isidingo sokuyekethisa lapho kudingeka, futhi lokhu kuzodala impikiswano enkulu."

Ngakho-ke, sibheka ukuphathwa kwebhizinisi likaRen Zhengfei njengengqondo elinganiselayo. Kusukela ngonyaka ka-2001, uRen Zhengfei ubelokhu efingqa izimiso Zokuphatha Eziyishumi Eziphakeme ze-Huawei. Kungakhathaliseki ukuthi yini eguqukile endaweni yangaphakathi nangaphandle, umgomo wakhe wokuqala njalo wawuba "ukuzibophezela ekugcineni intuthuko elinganiselwe." Ngokusobala, intuthuko olinganiselayo ibaluleke kakhulu ku-Huawei. Ngisho noPhrofesa Wu Chunbo wake wabhala ngakho kanye, wathi, "Okusemqoka ngomcabango wokuphatha kukaRen Zhengfei ukulingana, futhi ukulingana kuyifilosofi yakhe yokuphatha ephakeme kakhulu. URen Zhengfei uthi ungumuntu 'onobumpunga.' Ukholelwa ukuthi kunzima kakhulu ukuqonda ubumpunga phakathi kokumnyama nokumhlophe."[1]

Incazelo yobumpunga ibhekisela ochungechungeni lwemibala eguqukayo kusukela komnyama kuye komhlophe, phakathi kokumhlophe qhwa nokumnyama bhuqe. Ubumpunga buvame ukuboniswa njengephesenti,

---

1. UWu Chunbo. Ifilosofi Yokuphatha yeGrayscale kaRen Zhengfei phakathi "Kokumnyama" "Nokumhlophe." Shayina Business Journal, 2010-10-27.

kusukela ku-0 ukuya ku-100%. Ama-*integer* angafakwa ku-*Photoshop* kuphela, kuyilapho amaphesenti wamanani evunyelwe ku-*Illustrator* naku-GoLive.

Ngokumelene nemibala ye-RGB, umbala ubonakala umnyama ngamaphesenti aphezulu futhi umhlophe ngamaphesenti aphansi.

Ukusukela kule ncazelo, kuyaqondakala ukuthi ubumpunga buwuchungechunge lwemibala eguqukayo kusukela komnyama kuye komhlophe, phakathi kokumhlophe twa nokumnyama khwishi. Kwimvelo, izinto eziningi zivela ku-18% yobumpunga, ngokwesilinganiso. Igama elithi ubumpunga linendawo ebalulekile kumongo weHuawei. Kubuye kube yigama elalisetshenziswa nguRen Zhengfei ezinkulumweni eziningi ezibalulekile.[1] Enkulumeni ayenayo kwingqungquthela yaphakathi nonyaka yoMnyango Wezokumaketha ngonyaka ka-2008, uRen Zhengfei wathi, "Ukuvuleka, ukuyekethisa, nobumpunga kungumongo wesiko lakwaHuawei kanye nokuziphatha komholi."

Ukuze ikuchaze kangcono ukuphatha kobumpunga, i*Shayina Enterpriseur Magazine* yashicilela i-athikili ethi "Isifinyezo sikaRen Zhengfei Sefilosofi Yokuphumelela kweHuawei: Ngisho namantombazane adansa i-*ballet* anemilenze emikhulu" futhi yaveza nokuthi izimpikiswano ezibonakalayo zisitshela ukuthi imibono ephikisanayo nobumbano lwabaphikisi kungamaphuzu abaluleke kakhulu wombono wokuqonda izinto. Izimpikiswano ziyinkimbinkimbi kakhulu futhi zihlukahlukene, nezindlela zazo zokunyakaza aziyona neze indlela yomzabalazo. Ukufana noma ubunye bezimpikiswano kuyizindlela ezijwayelekile kakhulu. Ngakho-ke, asikwazi ukuvele sicabange nje ukuthi izinto ezikhona kulomhlaba zinezinhlangothi ezimbili kuphela, kungaba nguwe noma mina, ukuthi omunye uyafa noma asinde, nokuthi kumhlophe noma kumnyama. Izinhlobo ezivame kakhulu ukuthi ngihla nawe, uhlala nami, sobabili siyaphila, ubumhlophe obuthile bukhona kokumnyama, kanti nobumnyama obuthile bukhona kokumhlophe. Ngaphansi kwezimo ezithile, ubumnyama nobumhlophe bungashintshana, lapho ubumnyama buphenduka bube mhlophe nobumhlophe buphenduka bube mnyama. Ngakho-ke, ekuqondeni izinto, imibono eyeqisayo, imibono ephelele, kanye

---

1. Umnyango Wezokuhlelwa Kwephephabhuku iShayina entrepreneur. Isifinyezo sikaRen Zhengfei Sefilosofi Yokuphumelela kweHuawei: *Ngisho namantombazane adansa i-ballet anemilenze emikhulu. Umagazini Webhizinisi laseShayina*, 2014 (10).

nemibono engaguquki konke akulungile. URen Zhengfei ubheke ubumpunga ngokwezindlela ezihlukahlukene, uthi yingakho eboleke igama elithi "ubumpunga" ukuze afundise ithimba lakhe nabasebenzi ukuthi bangeqisi.

"Hlanganisa Okubili kube Kunye," hhayi "Ukwehlukanisa Okukodwa Kabili," Kube mnyama noma kube mhlophe

Emsebenzini kaRen Zhengfei wokuphatha, uyisekela kakhulu ifilosofi yokuphatha kobumpunga. Ngokombono wakhe, kumayelana "nokuhlanganisa okubili kube kunye," hhayi "ukwehlukanisa okukodwa kabili," kube mnyama noma kube mhlophe. Kokubili kungahlanganiswa. Njengengxenye yombono wobumpunga, uRen Zhengfei ugcizelele ukuvuleka kanye nokuyekethisa ngasikhathi sinye, wamelana "Nefilosofi yokuzabalaza," futhi wagqugquzela imimoya yokubambisana nokwakhana.

Abafundi bangafuna ukwazi ukuthi, "Yini uRen Zhengfei abekhathazeke ngayo?" Umthetho Oyisisekelo weHuawei unempendulo yalo mbuzo.

Emthethweni Oyisisekelo weHuawei, izimpicapica kanye nezikhala ezivalekile zazisetshenziswa kaningi, ngokwesibonelo njengokuthi "ngaphezu kokwenza lokhu, nathi kufanele ...". Ezindabeni nasezinkulumweni zikaRen Zhengfei ezivela kwinqaba yeminyaka engu-20 edlule, kwakuphinde kube nezimpikiswano eziningi ezizwakala ziphikisana kodwa empeleni zazihambisana. Isikhala nezimo zesikhathi kwakuyisihluthulelo. Ngokwesibonelo, isimo samasu kufanele sicace, ukuze amasosha angaphambili nangemuva abe nomgomo nokuqondisa okucacile. Kodwa, uma isikhathi nezimo zesikhala ziguquliwe, isimo samasu sizolungiswa ngokufanele. Ubudlelwano obuphakathi kwentando yeningi negunya kungesinye isibonelo. Kwangaphambili kumele amandla nobuciko, kanti kwakamuva kumele ukuhleleka. Kokubili kubalulekile, kodwa kwenzeka kanjani ukuthi umuntu abe nomqondo wokuthi kufanele awudwebe kuphi umugqa? Sikudinga kokubili, amasheke nohlelo lokulinganisa, kanye nobuciko bokwenza ngokuvumelana nezimo ebuholini obuhlangene.

Impela, ekuphatheni, umugqa ofanele udinga ukudwetshwa phakathi kokuphatha ibhizinisi ngokwesayensi nangokwengqondo. Kuze kube manje, uRen Zhengfei wathi, "Ubumpunga buvamile. Okumnyama nokumhlophe kuyizinkolelo zefilosofi, ngakho-ke simelene nokweqisa ekuphathweni kwebhizinisi, futhi sikhuthaza ukucabanga okuhlelekile."

Ngokubuka kukaRen Zhengfei, izinkombandlela ezicacile zivela ebumpungeni. Esihlokweni esithi *The Greyscale of Management*, uRen Zhengfei wabhala wathi:

> *Sibheka izinguquko kwezombusazwe zomlando waseShayina. Yize babe nemiphumela engemihle ekuthuthukeni komphakathi waseShayina, iningi* **lemiphumela alizange lifinyelele emazingeni alokho ebekucatshangwa abaholi** *bezinguquko. Ngokubona kwami, kulezo zimo ngalesosikhathi, izinguquko zabo zazinzima kakhulu futhi ziqine kakhulu, futhi nezindlela zabo zokuqeda impikiswano nazo zazinzima kakhulu. Ukube babethathe isikhathi eside ukusebenzisa lezo zinguquko, bengazimisele kakhulu futhi benele, kungenzeka umphumela bewuzoba ngcono. Empeleni, bebengenabo ubumpunga. Inkombandlela igxilile, kodwa ayiwona umugqa oqondile. Kungaba ijika elihlala ligobekela kwesobunxele nangakwesokudla, futhi lijikeleze isiyingi kwezinye izingxenye, kodwa uma sikubukela ekudeni, noma sibuka uhlaka olusenziwa, sizokwazi ukubona ukuthi namanje indlela isakhombe phambili ngokuqinile.*
>
> *Namuhla sihlongoze izindlela ezifana nokugeleza kwemali okuhle, ukuhamba kahle kwenzuzo, ukukhula kahle kwezinsizakusebenza zabantu, nokuhlolwa okuqinisekisiwe kanye namazinga okudlulisela amandla kwibutho eliqondile lokulwa ngokugunyazwa, ukusebenzisa amalungelo nokubheka. Lokhu futhi kuyindlela yoshintsho. Kulolu shintsho, kungahle kube nokungqubuzana phakathi kwezinyathelo ezintsha nokuqondisa emashumini amabili eminyaka adlule. Lolu shintsho luzophinda lubandakanye namathuba enziwe atholakala nekusasa labantu abaningi. Ngicabanga ukuthi kudingeka sigcine izinga lokuqonda nokubekezelelana phakathi kwethu.*

Akunzima ukubona kusukela kule ngxenye yenkulumo kaRen Zhengfei ukuthi iHuawei ibilokhu isebenzisa ukucabanga okubucayi ukuze iqondise ukuqaliswa kwemikhuba yayo ehlukahlukene. Ngokwesibonelo, isetshenziswa kumklamo wokufakwa kuhlelo lenkampani lobunikazi, ukusetshenziswa ngemfanelo kwemikhuba engokwendawo nengokomhlaba wonke, izimbangi, abahlinzeki, umkhuba wokuyiphatha ngokufanele ikhwalithi yezindleko zokuphatha kwangaphakathi, umkhuba wokuthola izinkontileka kanye nokuqinisekisa inqubekela phambili, umkhuba wokubhekana nokulondolozwa nokuklanywa kwezinto ezintsha, umkhuba wokubhekana nobunikazi babasebenzi, kanye nomkhuba wokubhekana nokuguqulwa kohlelo lwabasebenzi, phakathi kokunye. IHuawei yanamathela emcabangweni wobumpunga owawuyiqondisa kuyo yonke le mikhuba, ngaleyo ndlela efakazela ukuthi ukucabanga kobumpunga "kuyisikhali somlingo" esibaluleke kakhulu esiqondise imikhuba yeHuawei empumelelweni.[1]

Yamukela Ukuyekethisa Okwenziwe Ngabanye Ngokufanele

Ekuphathweni kwebhizinisi, uRen Zhengfei ubelokhu ekholelwa ngokuqinile ukuthi abukho ubumpunga ngaphandle kokuyekethisa, "njengoba isiqondiso esiqinile sizinze ebumpungeni, ukuyekethisa nokubekezela." Ekuthuthukisweni kwakhe kokuphatha, umgomo wokuqala amelana nawo "ukumelana ngokuphelele nokufuna ukuphelela."

URen Zhengfei ukholelwa ukuthi akukho bumpunga ngaphandle kokuyekethisa. Esihlokweni esithi *The Greyscale of Management,* uRen Zhengfei wabhala:

> *Ukuphikelela endaweni efanele akumelene nokuzithoba. Ngokuphambene nalokho, ukuyekethisa kuwukuphikelela ohlangothini oluqinile. Ngokuqinisekile, inkomba ayikwazi ukuyekethiswa. Kungokufanayo nangezimiso. Kodwa- ke, konke okunye okusesimweni sokufeza umgomo kungayekethiswa. Uma ukuyekethisa kungaba nomthelela ekufezeni inhloso, kungani singavele sizinikele? Lapho umgomo nesiqondiso kucacile, kodwa kunesithiyo, masiyekethise bese siphenduke. Lokho kungcono kunokugijimela kuleyo ndawo. Kungani uqonda njo odongeni?*
>
> *Abanye abantu bangacabanga ukuthi ukuyekethisa kubonakala kuwuphawu lobuthakathaka nokungaqiniseki. Bangacabanga ukuthi uma nje*

1. Umnyango Wezokuhlelwa Kwephephabhuku iShayina Entrepreneur. Isifinyezo sikaRen Zhengfei Sefilosofi Yokuphumelela kweHuawei: *Ngisho namantombazane adansa i-ballet anemilenze emikhulu. Umagazini Webhizinisi* laseShayina, 2014 (10).

bengayeki, bazobe bebonisa ubuqiniso bokuba yiqhawe. Kodwa, umcabango
onjalo onjengalokhu noma lokhuya empeleni ubheka ubudlelwane ophakathi
kwabantu njengokunqoba noma ukunqotshwa, ngaphandle kwethuba
lokuyekethisa.

Ngokubuka kukaRen Zhengfei, "ukuyekethisa" empeleni kuyindlela
ekhaliphe kakhulu nehlakaniphile ehlathini. Wonke amadoda ahlakaniphile
ehlathini elingokoqobo ayazi ukuthi angakwamukela nini ukuyekethisa noma
lapho sekufanele wona ayekethise ngokuqondene nabanye. Ngemuva kwakho
konke, kuyisizathu, hhayi intando, ukuthi abantu bathembele ekusindeni.

Ngakho-ke, uRen Zhengfei ukholelwa ukuthi "ukuyekethisa"
yisivumelwano esifinyelelwa amaqembu amabili noma ngaphezulu ngaphansi
kwezimo ezithile. Akuyona indlela enhle yokuxazulula inkinga, kodwa
ihamba phambili lapho kungenakhambi elingcono. Lokho kungenxa yokuthi
ukuyekethisa kunezinzuzo eziningi.

Yiqiniso, ukuyekethisa akusho ukuthi udele izimiso bese uvele uzinikezele.
URen Zhengfei wakugcizelela ukuthi ukuyekethisa okuhlakaniphile
kuwukushintshisana okufanele. Ukuze kufinyelele umgomo oyinhloko,
ukuyekethisa kungenziwa kumgomo wesibili ofanelekile. Ukuyekethisa
okunjalo akukona ukulahlwa ngokuphelele kwezimiso, kodwa kuwukukuhlehla
nyovane ngegxathu elilodwa ukuze sithuthuke, futhi kuwukushintshana
okufanelekile kokuqinisekisa ukutholwa kwezinhloso. Ngakolunye uhlangothi,
ukuyekethisa okungenangqondo yilokho okuntula ukuhweba okufanelekile,
okunamathela kumgomo wesibili ngenkathi kulahla umgomo oyinhloko, noma
ukulahlekelwa ngokungenasidingo yizindleko eziphakeme zokuyekethisa.
Esihlokweni esithi *The Greyscale of Management*, uRen Zhengfei wabhala:

Ukuyekethisa ngobuhlakani kuyikhono lokupha. Ukuyekethisa kuphinde
kube wubuhle, futhi ukuba umpetha walobu buciko obuphakeme kangaka
kuyisici esibalulekile kubaphathi.

Kungemuva kokuyekethisa kuphela lapho isimo "wokuwina ndawonye"
noma "sokuwina ngobuningi" singatholakala khona, noma womabili amaqembu
azohlupheka nakanjani. Njengoba ukuyekethisa kungavimba izingxabano,
ukwenqaba ukuyekethisa kungahola ekuxabaneni. Kuzoba yilapho amaqembu
ethu esewaqonda ngokuqinisekile wonke amazinga ubuciko bokuyekethisa,

ukufunda ukubekezelela, nokugcina ingqondo evulekile, lapho singayifinyelela khona ngokoqobo indawo yobumpunga. Futhi yilapho kuphela, esingaya khona ekudeni, ngokuqinile, nangendlela efanele.

Emcabangweni wokuphatha kaRen Zhengfei, ukubekezela kanye nokuyekethisa kuyizimpawu zokuhlakanipha, hhayi ubuthakathaka. Lokho kungenxa yokuthi abantu abanobuntu obuhlukile, amandla, kanye nezinto abazithandayo bangasebenzisana yini ngemigomo efanayo yenhlangano nombono ngokuncike ekubekezeleni kwabaphathi. Njengokusho kukaRen Zhengfei, "Ukuyekethisa okwenziwe ngokubekezela kunenhloso futhi kubaliwe, futhi kunamandla okunquma ukuthatha isinyathelo esilandelayo. Ukuswela usizo nokuphoqwa ngeke kuthathwe njengengxenye yokubekezela. Umuntu onesibindi kuphela ozokwazi ukubekezela. Igwala alisoze labekezela. Lokhu akuyona imvelo yalo. Ukubekezelela kuyimfanelo."

Ekuphatheni, ukuyekethisa kuwukuhlakanipha okungokoqobo nokuguquguqukayo. Ngokombono kaRen Zhengfei, ukuze ithuthuke ngokushesha, iHuawei kufanele icabangele izintshisekelo zamaqembu ahlukahlukene futhi izame ukuthi laba ababambe iqhaza bafinyelele esivumelanweni. Kuzomele babekezelelane ngenkathi kucatshangelwa amanani amaningi, futhi ekugcineni bahlangane ngesisekelo sezintshisekelo eziningi namanani amaningi. Ukuvumelana kungahle kube wumphumela wokuphoqelelwa ukuba unikeze ithuba ekusetshenzisweni ngezintshisakalo ezithile. Ezimeni eziningi, isivumelwano singabonakala singenangqondo kodwa umuntu angasamukela ngokunganqikazi. Ngokufanayo, ukubekezela kungenzeka kuwumqondo wokugwema njengoba kushiwo ukuthi "amanzi amnandi awahlangani namanzi womfula," umqondo wokunikeza ngokuthi "awunakukwazi ukucasula, kodwa ungakwazi ukucasha," noma umqondo wokunikezwa okuthile njengokusho kwesisho esithi "umuntu omkhulu ngeke awakhumbule amaphutha ezinto ezincane" – ngamanye amagama, indoda ebabazekayo ayiliboni iphutha ngalabo abaseziteshini eziphansi.[1]

---

1. UWang Xiaoxing noSun Jiayun. IHuawei kaRen *Zhengfei: Not a rigid template of the West.* I*Southern Metropolis Daily,* 2010-03-02.

ISAHLUKO 14

Impi yabaHoli beQembu

Ezinkulumeni zakhe Ren Zhengfei, ukhulume kaningi ngeMpi yabaHoli beQembu. URen Zhengfei, onolwazi ngamasosha, wayeyazi kahle ngeMpi Yabaholi Beqembu, eyasungulwa endleleni yezempi yaseMelika.

Emcabangweni wokusebenza waMasosha aseMelika, impi ibingasaphathwa ngokulwa eqenjini njengasenkathini edlule, futhi yayingasaxhomekeki kumkhosi ovelele. Esikhundleni salokho, yayincike enkampanini (iqembu) noma iqembu lezinga lethimba.

Lapho inkampani (noma iplathuni) noma iqembu lezinga lethimba lingenele isitha, lingathola umkhondo wesitha osuselwa ezithombeni ezilandiwe ze*satellite*, ngomshini wokubeka i*satellite* kanye nama-laser points akhona. Ingase ibize ngisho nabanqobi kanye nemicibisholo ngokusebenzisa i*satellite* ukwethula amabhomu aqondisiwe endaweni.

Kule ndlela yokusebenza, umholi weqembu akagcini nje ngokuba ngumkhuzi ophambili wempi, kodwa futhi ungumholi oqondile weyunithi, nomuntu ophethe ngokudlulisela ulwazi esikhungweni sokuyala. Indima enjalo idinga amakhono afanele ochwepheshe nekhono lokuyala nokwenza izinqumo ngokuya ngezimo.

Ibhekene nezinguquko ezinkulu ezimakethe, iHuawei igcizelele ukuthi "ukuvumela labo abezwa izibhamu babize ombayimbayi," okubuye kusho ukuthi ukulanda "abaholi beqembu" ukuthi badlale indima yobuholi ngaphambili. Ngale ndlela, abantu ababeyazi kakhulu ngesimo sezimakethe babengayala, okwathuthukisa izikhathi zokuphendula, kwasiza ukuthola amathuba futhi bathola imiphumela ephumelelayo. Lokhu kwadinga ukuthi abaphathi abaphezulu babambe ukuqondisisa ngendlela efanelekile, iminyango yamapulatifomu afanele isekele ngempumelelo amaqembu amasosha angaphambili, kanye nabaholi beqembu ukuba babe negunya lokuhambisa izinsiza futhi benze izinqumo ngesikhathi esifanele. Isisekelo sale modeli kwakuyinhlangano elula nokubusa (ngaphansi kwezingqimba ezintathu, ngokwesibonelo), indlela yokwenza izinqumo nethimba nokusebenza kahle.

Ngakho-ke, uRen Zhengfei wenza izinguquko eHuawei. URen Zhengfei uthe, "Inhloso ukufezekisa Impi Yabaholi Beqembu esiteshini esikhulu senkampani, ukuba amasosha angaphambili abize ombayimbayi, bashintshe imisebenzi yamayunithi ebhizinisi, baphathe izinhlangano ezingezona ezinkulu ngendlela elula engafuni ukuxhumana kwezingxenye noma ukuxhumana kwezingxenye kancane, nokwenza lula ukuphathwa kwenkampani. Ngokwenza ukuhlolwa umbandela ukuhlaziya iminikelo yamasu, singabamba izindawo eziphakeme zamasu."

Ukunikezwa Amandla Okuphatha

Empini Yabaholi Beqembu, ukukhethwa nokugcinwa kommeleli wempi – "umholi weqembu" ovelele – nochwepheshe, kanye nokukhula kwabo okuqhubekayo konke kubalulekile. "Abaholi beqembu" nabo bangabantu abakhethekile phakathi kwabantu abakhethekile.

Ngokombono kaRen Zhengfei, iMpi Yabaholi Beqembu nayo ibhekisa ekunikezelweni kwamandla okuyalela, "ngokuvumela labo abakwazi ukuzwa izibhamu babize ombayimbayi." Lokhu kusho ukuthi amandla okuyalela namandla okwenza izinqumo ngamaphrojekthi kufanele atholakale esifundeni, iBusiness Group (BG) izosebenza njengesikhungo semithombo ukusekela imisebenzi. Inhloso yeBG ukukhulisa ukuthengisa, futhi inhloso yesifunda ukukhiqiza inzuzo efanelekile. Eminyakeni emihlanu kuya kweyishumi elandelayo, isifunda kufanele siguquke kancane kancane ukusuka esimisweni samanje somkhuba webutho lesiteshi ukuya kwibutho elikhethekile. Iqembu eligcina amasu lizosiza ukusebenza njengezikhulu zamaselula, lapho kunokuntuleka kwabasebenzi.

URen Zhengfei unikeze isibonelo, "Thatha amabutho akhethekile aseMelika e-Afghanistan njengesibonelo. Esikhathini esedlule, umphathi wenkampani phambili akakwazanga ukuyalela ombayimbayi. Kwakudingeka ukuthi abike endlunkulu yokuhlukanisa izikhungo ukuze icele ukuxhaswa. Kungemva kokuba kuphela isikhungo sikhiphe isiqondiso, ombayimbayi bangadubula. Manje, uhlelo lokulawula ukuqhuma kwezibhamu lunamandla amakhulu, ngokusebenza okuphelele ngaphambili nokugunyazwa okucacile. Ngocingo oluvela esosheni elikhethekile, abezindiza bazowisa amabhomu bese kuthi ombayimbayi baqhumise izibhamu. Amasosha angaphambili aqukethe iqembu labantu abathathu, kufaka phakathi uchwepheshe wolwazi wokuhlakanipha, uchwepheshe wamabhomu, nochwepheshe wokulwa. Bayazi okuncane mayelana nobuchwepheshe bomunye nomunye, futhi baqeqeshelwe imikhakha enjengosizo oluphuthumayo nokubopha ngebhande. Lapho okubhekwayo kubonwe khona, uchwepheshe wolwazi lwenhlakanipho usebenzisa amathuluzi esiphuphutheki asethuthukile ukuthola iqembu lesitha, okubhekwayo, indlela, imishini njalol njalo. Isazi sebhomu silungiselela ibhomu kanye namandla esidubula, bese sibala indlela yokulwa edingekayo, bese sibiza ombayimbayi ngokuya ngezinga lokugunyazwa."

URen Zhengfei ukholelwa ukuthi, "Izinga lokugunyazwa, ngokweqembu lokulwa laseMelika, linqunywa ngokusezingeni lesilinganiso somsebenzi. Isibonelo, uma izigidi ezi-50 USD isesimweni sokugunyazwa, labo abangasemuva bazohlinzeka ngokuxhaswa kwezibhamu okufika ngesikhathi ngokuhambisana nomyalo ovela emasosheni angaphambili. Inkampani yethu izogunyaza amayunithi wokulwa asuselwa kwinzuzo enkulu nasekuhambeni kwemali. Ngaphakathi kwesilinganiso sokugunyazwa, isiphathimandla esidlulisiwe ngeke size sidinge imvume yehhovisi elimele ukuthi siqhubeke. Inhloso yamasosha ukushabalalisa isitha, kanti eyethu ukwenza inzuzo. I-'Iron Triangle' ihloselwe amakhasimende, ngenhloso yokwenza inzuzo. Inhloso ye-'Iron Triangle' ukuthola inzuzo, noma yonke le misebenzi yokuphatha ibingenakuba nomgogodla futhi ayinawo umphefumulo. Impela, ukugunyazwa kudinga ukugcinwa njalo ezindaweni ezahlukahlukene nangezikhathi ezihlukile, kepha izinqubo nemithetho yokuphatha ukugunyazwa ayinakuguqulwa kalula."

Ngokombono kaRen Zhengfei, indlela yokuphatha yesayensi kumele ifake ukwabiwa kwezikhundla kanye nokudluliswa kwamandla, akumayelana nomuntu oyedwa oyenza yonke into yedwa. Ngokwenza njalo kuphela yilapho iMpi Yabaholi Beqembu kanye nomqondo "wokuvumela labo abezwa izibhamu babize ombayimbayi" ungabonakala ngempela.

Amaphuzu Amabili Asekayo Empi Yabaholi Beqembu

EHuawei, kunezindlela ezimbili eziqondile "zokuvumela labo abakwazi ukuzwa izibhamu babize ombayimbayi:"

(1) Ukwenza lula ukuphathwa kwenhlangano nokwenza inhlangano ibe lula futhi ikwazi ukujwayelane nezimo ezintsha. Le yimigomo yezinguquko zenhlangano ezizayo zeHuawei.

URen Zhengfei uvumile ukuthi ushintsho olunjalo lwenhlangano lukhuthazwe ushintsho lwezempi eMbuthweni Wezempi WaseMelika Amayunithi wokulwa woMbutho Wezempi WaseMelika ayeseqalile ukushintshisa nokusuka kwizigaba nokuya kumaqembu amabutho, futhi amakhono abo okulwa athuthukiswa kakhulu. Ngaphezu kwalokho, uMbutho Wezempi WaseMelika ubusaqhubeka nezinguquko, usebenzela isimo sakusasa lapho amaqembu amabutho angaphatha ibutho ngqo kwiyunithi yokulwa, ngenkathi isigaba sebutho sisuswa, bese iyunithi lincishiswa libe amabutho amancane kanye namaqembu... Umholi weqembu kungaba ujenene omkhulu noma isikhulu, ngoba ukumiswa kwamandla okudubula yiqembu kuqine kakhulu (imicibisholo yohambo, indiza, abathwali bezindiza njalo njalo). Ngakho-ke asikho isidingo sokwenza amabutho amakhulu ukuze kuliwe.

Ngakho-ke, uRen Zhengfei ukholelwa ukuthi, "Umbono weMpi yabaHoli beQembu" kufanele ubhekwe ngale ndlela. Kuyinto eyinkimbinkimbi ukulwa nokuhlelwa kwenani elikhulu labasebenzi. Ukuncishiswa kumayunithi amancane okulwa kukujwayelane nezimo ezintsha, futhi amandla awo okulwa ayathuthukiswa. Ngamanye amagama, ukuze iminyango ihlanganiswe kakhulu, ngeke kube khona abenzi bezinqumo abaningi kakhulu. Ukwenza inhlangano ibe lula futhi ikwazi ukujwayelane nezimo ezintsha kuhambisana nentuthuko yomphakathi yakusasa. Futhi kuwumgomo woshintsho wekusasa lenhlangano yethu."

URen Zhengfei wake wathi kwinkulumo yangaphakathi, "Indlela yokulwa ka-Huawei ngokuzayo nayo kufanele ihlanganiswe. Sizosebenzisa 'iMpi yabaHoli beQembu.' Ngemuva kokudlulisela igunya, sizogxila ekuqeqesheni iyunithi yempi kulayini wangaphambili, sinciphise amaqembu ekugcineni, kanye nasekuqiniseni ukuthuthukiswa kwamayunithi amahle weselula. Ukunciphisa usayizi wamayunithi okulwa akusho ukuthi umsebenzi uzohlukaniswa izigaba eziningi, kepha ukuthi amandla wokulwa namaqembu amancane azothuthukiswa kakhulu ngokufakwa kwezikhali ezithuthukile kanye nokuxhaswa okukhulu amandla okudubula. Ngokuqinisekile, ukunikezwa kokugunyazwa akukwazi ukuqedwa ngosuku noma ngezinsuku ezimbili. Njengamanje, izinkinga zokuphatha azikaze zixazululwe ngokuphelele, ngakho eminyakeni emithathu kuya kwemihlanu ezayo, kufanele sigxile kuLTC (kuholele emalini [lead to cash]), ekubuyiseleni i-akhawunti, kanye 'nalawa amahlanu.' Kufanele sifinyelele ukungena ekugcineni kuze kube sekupheleni. Eminyakeni emihlanu ukusuka manje, sizowuthola kancane kancane umbono woku 'vumela abasebenzi abahamba phambili babize ombhayimbhayi,' futhi izikhungo zebhizinisi ezingadingekile zizovalwa, ukuze inhlangano ingabuswa izisebenzi zikahulumeni."

Mayelana nezinguquko ezinjengalezi, uRen Zhengfei ukhumbule ukuthi, "Ngesikhathi sikhula sisuka enkampanini encane saya enkampanini enkulu ngaleso sikhathi, sasingazi ukuthi sizoyiphatha kanjani, futhi sagcina sihlukanisa umsebenzi ngamaqembu amaningi. Manje njengoba amathuluzi esiwasebenzisayo asethuthukile futhi izinqubo eziningi sezenziwe ngempumelelo, nenhlangano yethu esebenza nayo kumele ihlanganiswe. Akufanele sigcine nje ngokunciphisa inani lamazinga okuphatha, kufanele futhi sinciphise isilinganiso sethu futhi sihlanganise amayunithi amabhizinisi amaningi abe into eyodwa. Isibonelo, iyunithi lebhizinisi lochwepheshe lokubuyekezwa kwenkontileka yebhizinisi kufanele limboze isisebenzi seBG kanye nenethiwekhi yebhizinisi iBG. Asikho isidingo sokusungula amapulatifomu amabili."

Ekuguqulweni kweHuawei, indlela yokuphatha yokuxhumana kwezingxenye kusetshenziselwa ikakhulukazi amayunithi wokulwa esiteshini esikhulu. Lokhu kudinga ukulinganiswa esikalini esikhulu kanye nabanye abasebenzi ukukala lokhu nokulinganisa lokho. Ngokuqondene nesiteshi okungesona esikhulu, uRen Zhengfei wakhuluma ngokungananazi wathi, "Asikho isidingo sebhalansi eyinkimbinkimbi kangaka. Okokuqala, ISmartcom engaxhumani kwezingxenye kufanele isebenzele iHuawei futhi akufanele icinge ibhizinisi emphakathini. Lokhu kungumkhawulo obekiwe kuwo. Okwesibili, kumele iziphilise."

Ngokubona kukaRen Zhengfei, ukwehlisa kwamandla kokuxhumana kwezingxenye kwezinsizakalo zangaphakathi kusho ukuqaliswa kwenqubo yohlelo lokuzibophezela. Izigaba ezimbalwa zabaphathi kuphela ezazisaqondiswe ekuxhumaneni kwezingxenye. Ukusebenziseka kwenhlangano kwakungadingi ukwenziwa ngasikhathi sinye. Noma iyiphi imojuli eqedwe kuqala ingaba eyokuqala. Uma inhlangano yayisoloku ilandela "yokuhamba emgqeni ngendlela," ngokuphelela, isikhathi sokulinda besingaba side kakhulu.

URen Zhengfei unikeze isibonelo, "Ake sithi singenisa ama-USD 70 billion emalini yokuthengisa ngokuzayo, akusho ukuthi isibalo seziseibenzi zaseHuawei sizokwenyuka kakhulu. Kufanele siqashe abanye abantu abanamathalente aphezulu unyaka nonyaka ukuze bathathe indawo yabasebenzi abangafanele, ukuze ukwanda okuphelele kwamandla kwizisebenzi kulinganiselwe. Kodwa-ke, imiphumela yethu yokulwa izothuthukiswa kakhulu. Ohlelweni lwe-811, ngeke sikhuphule inani labasebenzi kakhulu, futhi akufanele njalo sincike kuR&D nakwezokukhangisa, kodwa singakhuphula amaphakethe emiholo."

(2) Ukusebenza kwenhlangano. Lokhu ukunqunywa kwe-KPI [Key Performance Indicators (Izinkomba Zokusebenza Okubalulekile)] ngokususelwa enanini lokusanhlamvu okukhiqizwa esikhathini samanje, kanye nokucacisa umnikelo oqondile osuselwa ekwandeni kwesikhathi esizayo kokuzala komhlaba. Zombili kudingeka zibalwe. Ngaphandle komnikelo esikhathini samanje, ngeke kube khona iphakethe lomholo. Ngaphandle komninkelo wamasu, ngeke kube nokukhushulelwa esikhundleni esiphezulu.

URen Zhengfei uthe, "Sikholwa wukuthi kusengcono kakhulu ukuthola iKPI ngokuya ngenani losanhlamvu okhiqiziwe, nokubona umnikelo osuselwa ekunyuseni kwenhlabathi esikhathini esizayo. Isibonelo, iphakethe lomholo linqunywa umnikelo ohlanganyelwe wemali engenayo yokuthengisa kanye nokulethwa kwekhwalithi. Uma ungenzi umnikelo onamasu, awukwazi ukukhushulwa. Manje, amaKPI ethu nawo aqukethe iminikelo eminingi enamasu yamaqhinga. Nami futhi, ngiyavuma ukuthi umnikelo onamasu udinga amaKPI. Kepha kufanele kube ngokwehlukana, okungukuthi, amaKPIs wamasu kanye namaKPI ezimali ezingenayo zokuthengisa azikwazi ukufana. Ngokuzayo, zonke izinkomba zenkampani kufanele zigxile ekulweleni usonhlamvu nasezinkombeni zamasu."

URen Zhengfei unikeze isibonelo, "Indlela yethu yokuhlola ubuhlakani yinhle kakhulu futhi ingaqhubeka nokusetshenziswa. Isibonelo, sinezindawo eziphakeme ezingama-68 zokuphakama nezindawo ezingaphezulu kwama-200 zamathuba amasu. Ukubamba izindawo eziphakeme zamasu, kudingeka sincike ekwandiseni amandla, ekuhleleni nasekwenziweni, hhayi kuphela esikhuthazweni. Kodwa-ke, kufanele kukhuthazwe futhi. Noma ngabe sesibambe izindawo eziphakeme zamasu, uma inzuzo yethu ingekho, akusizi ngalutho ukuthi sikwandisa kangakanani. Ngakho-ke, kufanele sizuze inzuzo encane okungenani. Musa ukukhuluma nje ngokuthi 'wenze imali ngokuzayo.' Noma ngabe wenza imali ngokuzayo, ukulingana kwamasu anamuhla ngeke kulingane. Izinhloso zamasu ezisethiwe zifaka ingxenye yokuguquguquka kwemali yokuthengisa. Ngemuva kokungena ngezindlela zethu zamathuba, sinqabela ukunqamula amanani okuthengisa ukubamba iqhaza emiqhudelwaneni emibi, kodwa sivumele ukusebenzisa imali eningi. Isibonelo, 'ogenene abakhulu' ababili bangahanjiswa. Ukugxila kweBG yimali yokuthengisa. Ukufuna ukuthengisa izinto nokubamba izindawo eziphakeme zamasu wukuhlola kobuhlakani. Isifunda sihlolwe ngenzuzo namasu. Ngisho izinzuzo ezincane zibhekwa njengenzuzo. Lapho izimfuno ze-BG kanye nesifunda zihluke ngokuphelele, iqembu lesifunda yilona elenza isinqumo sokugcina."

Vumela Ochwepheshe Abaphezulu Nezingcweti ziSebenze Zihambe ongaPhambili

Phakathi kokugqugquzelwa kukaHuawei, ngaphezu kokuthi "ukuphuma" nemizwa, kunenani elikhulu le "*gold Yuan*." Ngo-Okthoba ngonyaka ka-2016, inkulumo yangaphakathi kaRen Zhengfei yasakazwa kabanzi ezinkundleni zokuxhumana zaseShayina.

Ngomhla ka-28 Okthoba ngonyaka ka-2016, uRen Zhengfei wakhipha umyalo wokuqanjwa kwamakhompiyutha engqungqutheleni yokuhlanganisa abantu, wahlanganisa izingcweti zaseHuawei ezingaphezu kuka-2 000 kanye nochwepheshe abaphezulu "ngohambo." Ngaphezu kwalokho, uRen Zhengfei uphinde futhi waqasha lezi zingcweti eziphezulu kanye nochwepheshe kulayini ongaphambili, okubandakanya "izifunda namazwe anokhahlo" afana ne-Afrika kanye neMiddle East.

"Uhambo" kulokhu kube sezingeni eliphezulu, njengaleyo edlule iminyaka eyishumi edlule. URen Zhengfei uthe emcimbini wokuvalelisa izikhulu ze-R&D: "Phuma · Lungisisa · Nqoba iKusasa":

Ngemicimbi yokufunga efana nale, kunomunye engiwukhumbula kahle, ukuthi ngonyaka ka-2000 lapho saba nomcimbi wokuvalelisa wezikhulu ezithunyelwa kwamanye amazwe zayiswa emazwenikazi ayisihlanu.

Isiqubulo esikhulu esithi "Abashisekela Izwe" sisalokhu sigcwele yonke indawo emagqumeni aluhlaza, izidumbu azidingeki zibuyiswe ehhashini lamahhashi," senza umoya ube nesizotha futhi uphaphamise. Eqinisweni, sasingenalo ngisho nehhashi lokugibela ngaleso sikhathi. Ukuze sizibonakalise, bekudingeka ukuthi siphumelele emakethe ezweni lonke, kepha ngaphandle kolwazi lomhlaba, saphuma sangena "emaZingeni amahlanu Namalwandle Amane." Ngaleso sikhathi, i-Afrika yayisempini...

AmaShayina anezwi eliya ngokuthi njengoba umoya ukhalela phezulu, namanzi aseMfuleni we-Yi yiqhwa elibandayo, iqhawe liyanyathela futhi alibheki emuva. Ngaleyo nkathi yokulawulwa kokushintshaniswa kwamanye amazwe, abasebenzi bethu babevame ukuzithola bebanjwa ezimweni lapho amakhadi abo wesikweletu angakwazi ukusebenza kuMcDonald's. Incwadi encane ethi "Ukukhulela Empini" ibhala ubunzima obunje isizukulwane esabhekana nabo. Ukufezekiswa kwethu kwe-USD 800 emalini ethengiswayo namuhla kwayenzwa kwenzeka ubusha babantu, igazi, umjuluko kanye nezimpilo. Siyaphumelela namhlanje, kepha akufanele sibakhohlwe abantu abalwa eceleni kwethu, nabantu abanikele izimpilo zabo, kungaba sebhizinisini noma emandleni abo. Sinocezu olukhulu lomhlaba manje. Nakanjani singathola indlela yokubakhumbula.

Ngokubuka kukaRen Zhengfei, "uhambo" kwangaphambilini kwahlelwa ngoba iHuawei yayisebuthakathaka ngaleso sikhathi futhi kwakudingeka "ithathe izimpi" yonke indawo ukuze isinde. Namuhla, iHuawei ayisafani. Ngokuya ngohlelo lobunikazi bamasheya lwabasebenzi be-Huawei namaphakeji emiholo, lezi zingcweti eziphezulu ezingu-2 000 kanye nochwepheshe ababethunyelwe baba osozigidi, osozigidi abakhulu, noma osozigidi bezinkulungwane.

Imali engenayo ephezulu yanele ukwenza ukuthi iningi labasebenzi eShayina libe nomona, pho kungani laba basebenzi sebevele becebile bengavuma ukuphendula ucingo lukaRen Zhengfei futhi balawule ilayini yaphambili? Impendulo itholakala ezidingweni zokuthuthukiswa kukaHuawei uqobo, okuzogxila kumakhasimende amakhulu.

Engqungqutheleni yeNational Science and Technology Innovation yonyaka ka-2016, uRen Zhengfei wakhuluma nabaholi bezwe kanye nezinkulungwane zabafundi base-Chinese Academy of Science kanye neChinese Academy of Engineering ngombono wobunzima, "Ngenkathi sisondela kancane kancane emingceleni kaShannon Theorem noMthetho kaMoore, nombono wokugeleza okukhulu nokubambezeleka okuphansi ungakenziwa, iHuawei isivele ibona ukuthi ikusasa lethu lifiphele. Asikwazi ukuthola indlela. IHuawei ilahlekelwa yinkambo yayo."

URen Zhengfei wayesenkingeni enjalo ngenxa yesimo esikhethekile sikaHuawei. URen Zhengfei wachaza, "Siphuthelwe isikhathi sokukhuluma kanye nesikhathi semininingwane, futhi asizange sihlanganyele ezindaweni eziphakeme zomhlaba. Ngeke sikwazi ukulahlekelwa inkathi yezithombe. Ngeke sisebenze njengoba senzile kudala, lapho sathela khona abaqashi abasha enkundleni yempi kuphela ngemuva kokuba sebeqeqeshiwe futhi bekhula eminyakeni emithathu kuya kwemihlanu. Le windi yethuba manje isiyavaleka futhi sizophinda silahlekelwe yithuba lokungena ezindaweni eziphakeme zesithombe nenkathi yefu."

URen Zhengfei ukholelwe ukuthi, ukuze athathe izindawo eziphakeme zamasu omhlaba, iHuawei idinga ukuthunyelwa ngokushesha ochwepheshe abaphezulu kuka-2 000 nezingcweti kulayini ongaphambili ukuze zinqobe izindawo eziphakeme zobuchwepheshe. URen Zhengfei uthe, "Esikhathini esifushane, sikhombe ochwepheshe kanye nezingcweti ezikhulu azinesipiliyoni seminyaka eyi-15 kuya kwengu-20 se-R & D esizothunyelwa enkundleni yempi. Ngokuqonda kwabo ngokujulile ubuchwepheshe, kuhlanganiswe nokuqonda kwamasosha ethu aselayinini ephambili enkundleni yempi, nakanjani sizophumelela."

Ukuthi kwakungu Li Yunlong ochungechungeni lukamabona kude oluthi "Drawing Sword," owasungula uGeneral Peng Dehuai ochungechungeni lukamabona kude oluthi "Marshal Peng Dehuai," noma uGeneral Han Xianchu ochungechungeni lukamabona kude oluthi "War General," laba balingisi bonke babenomyalo wokulwa okuthunyelwe kulayini ongaphambili futhi bangaphatha uqobo kulayini ongaphambili nganoma isiphi isikhathi.

Ngokuqinisekile, uRen Zhengfei wakwazi ukuthola izingcweti nochwepheshe abangaphezulu kuka-2 000 baye kulayini ongaphambili, futhi ngoba uRen Zhengfei wayesungule uhlelo olwalubaluleke kakhulu emvuzweni. IHuawei ingahle ibe ngenye yezinkampani ezihlukaniswe kakhulu eShayina, kepha lokhu kubiwa okuhlukanisiwe okwakha indlela enamandla yokukhuthaza iHuawei, okungukuthi, iHuawei izimisele ukusebenzisa imali yayo etholwe kanzima "ukuthenga" izazi.

Imininingwane yomphakathi ikhombisa ukuthi ochwepheshe nezingcweti ezingu-2 000 ezathunyelwa kulolo "khuambo" zonke zathola "ukukhushulwa komholo nokunyuswa kwezikhundla." Ngokusobala, uRen Zhengfei wayazi kahle kamhlophe ukuthi abasebenzi abangaphezu kuka-95% baseHuawei babeyizazi ezihlakaniphile. Ngo-2015, imali etholakalayo yokusebenza kukaHuawei yayingama-390 wezigidi ze *Yuan*, futhi imali esetshenziswe kubasebenzi ifinyelela ku-137.7 wezigidi ze *Yuan*. Ukwenza ukubalwa kususelwa kubasebenzi abayi-170 000, isilinganiso semali engenayo ngonyaka ngesilinganiso esingaphezu kuka-800 000 *Yuan*.

Kungashiwo ukuthi, ngaphezu kokugqugquzela ochwepheshe laba abaphezulu kanye nezingcweti ezinemizwa namaphupho ukuthi zisebenze kanzima, uRen Zhengfei angaba namandla okubakhokhela "i-gold *Yuan*" eyanele. Ngokwamarekhodi kaHuawei akudala, bonke abasebenzi ababesebenze kanzima futhi bezisebenza kahle ezindaweni ezinobunzima kanye nakulayini wangaphambili bavuzwa kahle kakhulu okudlulele. Lesi yisizathu esiyinhloko esenza ukuthi izikhungo zeR&D zomhlaba wonke zikaHuawei zikwazi ukuthatha abantu abanamathalente ezinkampanini eziphezulu ezifana ne-Ericsson.

Njengoba kunabochwepheshe abaphezulu nezingcweti ezidlula u-2 000 abathunyelwa kulayinini ongaphambili wenkundla yempi, kunezikhundla ezingaphezu kuka-2 000 eziphumile. Kanjalo, uhlelo lukaHuawei lweR&D lwenziwe lasebenza ngokuphelele.

Njengoba iholo likaHuawei lilungile, izinga lenzuzo yonyaka iphansi. Lokhu kungaholela ekutheni iHuawei iqinile kakhulu, inenqwaba yabasebenzi abadala abaneminyaka engaphezu kweshumi yolwazi. Bangaze banciphise nabasebenzi abasebancane ithuba lokusebenza, ngoba zonke "izikhundla ezivulekile" zithathwe "izingcweti ezindala."

KuHuawei, le nkinga iyisiboniso esiyingozi impela. "Izingcweti ezindala" ezihlale endlunkulu yenkampani isikhathi eside, ingahle ibe "yizintaba" kalula" Okubi kakhulu futhi yikuthi ngokwamazinga abo weholo, vele bacebile futhi bangase bangabi nentshisekelo yokulwa.

Ukubhekana nale nkinga, uRen Zhengfei washo ngokungananazi, "Inkosi engakwazi ukulwa kuzomela iyeke umsebenzi wayo. Umuntu angasigcina isikhundla lesi kuphela uma elungiselela ukwehlisa noma nini." Yilokho kanye okwenze ukuthi uRen Zhengfei aqashe kabusha ochwepheshe kanye nezingcweti ezingaphezulu kuka-2 000 kulokhu. Ukubeka "izingcweti ezindala" ezikhundleni zakulayini ongaphambili eziqondile kungavunyelwe ukuba bazijwayeze abasebenzisi nemakethe, bahlole izindawo abangazazi, futhi bavuse amandla amasha. Ngokushesha nje lapho "izingcweti ezindala" zishiya, inani elikhulu labasebenzi abasebasha lingakhushulwa (kwakukhona izikhundla eziphezulu ezingaphezu kuka-2 000). Lokhu kungaletha namandla amasha ohlelweni lwangempela lweR & D.

ISAHLUKO 15

Vumela Ukuphikisana

EHuawei, uRen Zhengfei wayevame ukugcizelela ukuthi uma ukhetha abasebenzi, umuntu akufanele afune okuhle okephelele kumaqhawe. Umuntu kufanele amukele ubuhle namaphutha wabo. Ngo-Agasti ngonyaka ka-2015 emhlanganweni wengxoxo yamasu kaHuawei, uRen Zhengfei wathi, "Ungafuni okuhle ngokuphelele kumaqhawe. Yamukela ubuhle namaphutha wawo. Ngake ngashiya umbono emibhalweni yosizo yokuzamazama komhlaba okwenzeka eWenchuan, 'Noma ngubani owangena ekuhlinzekeni usizo eWenchuan uthathwa njengeqhawe, noma ngabe wayemanzise ibhulukwe lakhe.' Inani labasebenzi abangu-427 bakwenzile lokhu, futhi bonke banikezwa izindondo zegolide. Kuphela nje ngokubona nje izifezekiso ezincane nangokudumisa abantu bethu njengamaqhawe, lapho singaba nezinkulungwane ngezinkulungwane zamadoda ezilwa nathi enkundleni yempi ngokuzayo."

Kuze kube manje, uRen Zhengfei ubuye wahlaziya ukuthi kungani iShayina ingakwazi ukukhiqiza osomabhizinisi abanjengoSteve Jobs umsunguli we-Apple. URen Zhengfei uthe, "Ukuntuleka kokuqamba kabusha nokwangempela kweShayina kubangelwa ukwedelela amalungelo obunikazi bempahla nokungahlonishwa kwemithetho yokuvikela impahla. Ngaphezu kwalokho, umphakathi unokuntuleka kokubandakanya, ukubukela phansi ukulinga nephutha futhi alubekezeleli abantu abanezifiso ezihlukile noma ubuciko obedlulele, njengoSteve Jobs nomsunguli weHughes' Aircraft Company uHoward Hughes, ababekhuluma futhi baphikisana nokujwayelekile. Kunzima impela ukuba nabantu abafana nabo esimeni samanje samasiko eShayina, ngoba ngeke sikwazi ukubekezelela uSteve Jobs.

Njengoba iShayina ingenakukhiqiza omunye uSteve Jobs, akekho ozimisele ukuzenzela imisebenzi kusuka ekuqaleni, futhi wonke umuntu uzimisele ngokukopisha."

Kuyaziwa ukuthi ezinsukwini zakhe zasebuncaneni, uSteve Jobs wayengumlutha wangempela wezidakamizwa, futhi wonke umzimba wakhe wawunephunga. Ngisho ngemuva kokuba "ubaba mbumbulu" we-Apple, uSteve Jobs waqhubeka nemikhuba yakhe yokungavamisi ukugeza, ubenobuhlongandlebe... Phezu kwakho konke lokhu, isiko laseMelika laba nokukhulu ukubekezela kuSteve Jobs, futhi belimthanda.

Ngokungafani nesiko laseMelika, kunzima ukubekezelela nokuhlalisa ithalente elinjalo eliyinkinga ezweni laseShayina nakwisiko lamaShayina. Ngisho nasekuphathweni kwebhizinisi, abantu abanamakhono anjalo kwesinye isikhathi bayancishiswa, okuyisizathu esisodwa esenza kube nzima ukuthi iShayina ikhiqize abantu abakhulu abanjengo-Steve Jobs. Ngokwesiko laseMelika, futhi ikakhulukazi ngaphakathi kwesiko lase-Silicon Valley, izinga lokusangana alicabangeki. Abezindaba bazobasala emuva abantu abanemicabango ekhululekile kanye nalabo abacishe basangana. Ukuhlolwa kwemithombo yabezindaba yaseMelika kokuhlubuka kuze kufike lapho: Uma ephumelela, ubuntu buzophumelela!

"Ukuvumela Ukuphikisana Ukugcinwa Kwamasu Ekhona"

Ngaphakathi kweHuawei, uRen Zhengfei ubelokhu evumela ukuphikisana ukuphikisana. Isibonelo, uYu Chengdong ubelokhu ephakeme kakhulu selokhu waba yiCEO yeHuawei Consumer BG ngonyaka ka-2010, kodwa wakhuluma ngokudelela, futhi kwesinye isikhathi wazithola ebanjwa ezingxabanweni ngaphakathi nangaphandle kwaseHuawei.

Ngaleso sikhathi, cishe yonke intengiso yamaselula e-Huawei yehla ngaphesheya kwebhodi, kanti iXiaomi, eyayithatha konke ukuduma, icishe yabakhipha. UYu Chengdong ubengasakwazi ukumelana nalokho. Wavuma, "Umthombo wokuhlupheka kwami amazwi aphikisayo. Kunemibono eminingi ehlukile ephikisayo kanye nomsindo omningi. Lokhu kunginika ingcindezi enkulu."

Ngaphakathi e-Huawei, uYu Chengdong wake "wathuliswa" futhi wacishe "wakhululwa." Kodwa-ke, lapho kubhekwa ukugxekwa okuhlukahlukene

mayelana nomthengi weBG noYu Chengdong, uRen Zhengfei wakhombisa
ukubekezelela okukhulu.

URen Zhengfei wathi,

Isizukulwane sentsha esisibumbayo sincike kumagugu esiwafundisayo.
Esimweni esihle, umuntu uzokhula kahle ngokwemvelo. Kungumsebenzi
nesibopho sesizukulwane esisha ukulwela nokwakha inani.

Sisesikhathini se-Intanethi, izingqondo ezincane zivulekile, ziyasebenza
futhi zikhululekile. Kufanele sibaqondise sibafundise, futhi sivumele abanye
babo ukuba baziphilele ezijwayelekile ngenjabulo.

Njengamanje, umgogodla wabasebenzi bangaphambili bakaHuawei
yilabo abazalwa ngeminyaka yama-80 nama-90s.Lokhu kunjalo ikakhulukazi
ezigabeni zobhubhane nezindawo ezadalwa yimpi e-Afrika nase-Middle
East, Afghanistan, Yemen, eSyria njll. Labo abazalwa ngeminyaka yama-
80 nama-90s yisizukulwane esithembisayo. Muva nje, besiqasha abafundi
abahlakaniphe kakhulu bamaShayina e-United States (izikhundla zezimali).
Bonke bazothunyelwa e-Afrika, ezindaweni zobunzima. Isiqubulo sikaHuawei
sithi 'Funda ukuphatha umhlaba kuqala, bese ufunda ukuphatha inkampani.'

Isisekelo saseShayina sokuvuselelwa kabusha iphupho laseShayina sincike
kwezemfundo, futhi isisekelo sezemfundo sincike kothisha. Imfundo kumele
ihloselwe ikusasa. Umphakathi wakusasa uzoba ohlakaniphile. Umphakathi
ngeke ugxile kubasebenzi jikelele, futhi awunakuqhutshwa ngaphandle kwesiko.
Uma ukuqashwa okukhulu "kwamarobhothi ahlakaniphile" avela ngasikhathi
sinye kule nkathi, ukuhlukana kuzokwanda kakhula. Ngaleso sikhathi,
abakhiqizi baseNtshonalanga bangabuyela ekukhiqizeni ngemali ephansi,
futhi imboni ibuyele eNtshonalanga. Sizobe sesisala singenalutho. Noma ngabe
sisebenzisa ngempumelelo izinqubo zokukhiqiza nezinsizakalo ezinobuhlakani,
sisazodinga ochwepheshe abaphezulu, ongoti, abalimi banamuhla njalo njalo.
Ngakho-ke, uma sifisa ukuncintisanela leli thuba, sizodinga ukuqeqesha abantu
ngezinga elikhulu.

Izingane zanamuhla zizoba odokotela, amakhosi, ongoti, ochwepheshe,
abasebenzi abanamakhono nabalimi besimanje ngaphambili, abazomela
umphakathi futhi bafake isandla esintwini, iminyaka engu-20 kuye
kwengu-30 isidlulile. Yingakho-ke, indlela eyodwa nje yokuthuthukisa

isayensi nezobuchwepheshe kungemfundo, futhi ngemfundo kuphela. Sidinga
*ukukhathalela othisha nezingane abasezindaweni zasemakhaya kakhulu, futhi
senze umsebenzi wokufundisa ube okhazimulayo kakhulu, lowo intsha evele
ifise ukuwenza.* **Sidinga ukuthola abantu abanamakhono amakhulu ukuthi
balungisele abanamakhono amakhulu nokudlula awabo.**

URen Zhengfei wayekholelwa ukuthi, iHuawei ingazondla kuphela
uma ikuqonda kahle ukubaluleka "kwezithelo ezingezinhle ezigcina
ziba ezisebenzayo kakhulu," futhi yavumela isehlakalo esibi esimnyama
ebesingalindelekanga senzeke. URen Zhengfei wanezela, "Ukuvumela
ukuphikisana ukugcina amasu ahlale ekhona! Kunokugxekwa okuningi
enginakho ngokwami okwedlula izinqumo engizenzayo."

Eqinisweni ubeqonde ukuthi, "Kufanele ucabange futhi uzigxeke
wena ngokwakho, kuno kuthi ugxile emaphutheni abanye abantu, noma
ungiphoqelele ukuthi ngixoshe uYu Chengdong." Ngokusobala, isinqumo
sikaRen Zhengfei sasilungile. UYu Chengdong ngokuhamba kwesikhathi
waqhubekela phambili nokuzuza impumelelo yeHuawei kwitheminali
lebhizinisi.

Umuntu angaqiniseka ukuthi ukube bekungengenxa yokubekezelela
nokusekelwa kukaRen Zhengfei okwanqoba amaphimbo aphikisayo, ibhizinisi
likamakhalekhukhwini le-Huawei belisazofakwa kushunqa, ngaphezu
kwalokho uYu Chengdong abizwe "ngesehluleki" ngokuthi "axoshwe."

Izingcingo zanamuhla zeHuawei zithola imali enkulu. Ngo-May
wonyaka ka-2017, iGfK Global, inkampani eyaziwayo yokucwaninga
izimakethe zomhlaba wonke, yakhipha umbiko wokubheka ngo-April 2017
ngokuthengiswa kwama-smartphone aseShayina.

Imininingwane ekumbiko iveze ukuthi ngo-Ephreli 2017, ukuthengiswa
kwama-smartphone aseShayina kwabalelwa ku-35.52 million. Phakathi kwazo,
iHuawei ithengise amayunithi ayizigidi ezingu-8 083 futhi waba nengxenye
yemakethe ye-22.8%. I-OPPO ne-vivo zalandela ngokusondela ngasemuva
endaweni yesibili neyesithathu. Izabelo zabo zemakethe zazingu-16.5%
no-15.9%, ngokulandelana. I-Apple ne-Samsung, eyake yabusa imakethe
yaseShayina, zalahlekelwa indawo yazo emathubeni amathathu aphezulu, zaba
kwindawo yesine neyesishiyagalombili ngokulandelana, buka iTafula 15-1.

Ithebula 15-1   10 Eziphambili ekuthengisweni kwe-smartphone yaseShayina ngo-2017

Isikhundla	Igama Lenkampani	Inani lokuthengisa (izinto eziyinkulungwane)	Isabelo semakethe (%)	Izinga lokukhula (%)
1	Huawei	8083	22.8	1.8
2	OPPO	5871	16.5	-0.6
3	Vivo	5646	15.9	-0.1
4	Apple	4127	11.6	0.6
5	Xiaomi	3967	11.2	1.0
6	Meizu	1259	3.5	-0.4
7	Gionee	1239	3.5	0.0
8	Samsung	833	2.3	-0.3
9	LeEco	487	1.4	0.2
10	Lenovo	480	1.4	-0.2

Ngokwemininingwane esembikweni okhishwe yiGfK, ngokwesabelo semakethe, izinkampani ezintathu ezinkulu, iHuawei, i-OPPO kanye neVivo zathatha uhhafu wemakethe yama-smartphone aseShayina enengxenye yemakethe engu-55.20%.

IHuawei ngokwemvelo yadla umhlanganiso yaphuma phambili. Ngokwabelana ngemakethe okungama-22.8%, kwakuyinkampani yezingcingo kuphela phakathi kwezingu-10 eziphambili ezadlula amaphesenti angu-20. Iphinde yakhungatheka ukuba umpetha ngokuthengisa emakethe yezingcingo zaseShayina ngomugqa omkhulu.

Ngo-2015, u-Yu Chengdong, i-CEO yaseHuawei yoMnyango Wezamabhizinisi Wabathengi, wamemezela ngokuzethemba enkulumeni yakhe yoNyaka oMusha, "Ngo-2014, ibhizinisi labathengi bakwaHuawei kulindeleke ukuthi lidlule ngaphezulu kwe-USD 11.8 billion, okulinganiselwa ukunyuka nge-30% unyaka nonyaka. IHuawei isingene ngempumelelo phakathi kuze kube sekupheleni emakethe yezingcingo ngochungechunge lwethu lweselula njenge-Mate 7 ne-P7."

Kuphephile ukusho ukuthi ukusebenza okuvelele kwebhizinisi labathengi bakaHuawei bekungeke kutholakale ngaphandle kokuvumela ukuphikisana nokuphatha okusalelayo nguURen Zhengfei. Kunamanye amacala amaningi afanayo eHuawei.

Imvelaphi yeQhawe Ayinandaba, Uma nje Iqhawe likwazi Ukulwa Enkudleni Yempi

EHuawei, akumele sibekezelele ukuhluleka kwabasebenzi kuphela, kodwa futhi sisebenzise amathalente akhethekile. NgoJanuwari ngonyaka ka-2016, uRen Zhengfei washo engqungqutheleni yomsebenzi wezimakethe zangaphakathi zaseHuawei, ukuthi iHuawei kufanele isebenzise amakhono le-*eclectic*, ukuze amafulegi wayo okunqoba andizele phezulu. Uthe:

> *Kumele siqhubeke nokukhuthaza ngamandla izingcweti ezisebenza kahle kakhulu ngawo wonke amazinga futhi sikhethe izingcweti ngenkuthalo, ngokuya ngemiphumela abayilethile ngokwemisebenzi yabo. Ukukhula okungokwemvelo kuhlala kuyindlela yethu eyinhloko yokulungiselela abasebenzi.*

Sidinga ukuletha amakhono amakhulu ahlukahlukene avelele ngomqondo ovulekile, futhi silokothe siwathumele lapho angenza khona umehluko.

Kumele sikhethe ngokweqiniso futhi sifake bonke abasebenzi abahamba phambili. Musa ukumbuza ukuthi uvelaphi, ungabuzi ukuthi unolwazi olunjani, inqobo nje uma ekwazi ukulwa enkundleni yempi (noma imuphi umnyango, noma yimaphi amakhono, noma yiluphi uhlobo lomsebenzi... Ungacabangi ukuthi yilabo kuphela abanezinkontileka 'abafanele inkundla yempi'). Akufanele sifune okuhle ukuphelele kumakhono, uma senza njalo, ngeke sikwazi ukubona amakhono. 'Umuntu ophelele' angahle angenzi umnikelo omkhulu. Ngaphandle kwekomidi elihambisana nokuziphatha, elingavotela ukunqabela izingcweti, kufanele sibekezelele amaphutha enziwa emsebenzini. Ingcweti engasafisi ukuphendula kungenzeka ingabi yingcweti enhle. Amathuba angavela uma abantu benza ngokwezimo eziguqukayo futhi bethatha uhlangothi. Uhlelo lokuvota oluhamba neningi kumele lusetshenziselwe ukukhethwa kwezingcweti kuwo wonke amazinga, futhi lokho okungena embikweni eqenjini labaphathi kufanele kube ngumbono ohlanganisiwe weqembu. Wonke umuntu eqenjini labaphathi kufanele aziswe. Okuqukethwe kwezokuxhumana okuyimfihlo nethimba labaphathi kufanele kwaziswe nabaphathi kanye namaqembu angaphansi ngendlela yamaminithi. Lapho okukhishiwe sekwenziwe ukonyula umsebenzi, onompempe kufanele basebenze ngokubambisana iminyaka emibili. Ukunqaba kwekomiti lokuhambisana nokuziphatha isebenza kuphela izinyanga eziyisithupha. Ukuphakanyiswa kabusha kungenzeka ngemuva kwezinyanga eziyisithupha. Uma umuntu esephendukile, futhi engasanqabelwanga, angaphinde aqokwe. Musa ukunqabela kalula ingcweti egcwalisayo ngaphambili. Kufanele sikhuthaze izinkulungwane zamadoda ethu ukuba alwe enkundleni yempi.

URen Zhengfei wayekholelwa ukuthi kuphela ngokuletha amathalente ahlukahlukene avelele anomqondo ovulekile, bangakwazi ukusebenzisa amathalente abo ngokugcwele. Lokho kungenxa yokuthi, kunoma iyiphi inkampani, amathalente ayisisekelo sokusinda kwayo kanye nentuthuko. Inkampani enamathalente ambalwa ayinakuya kude.

URen Zhengfei ukusho lokhu enkulumeni yangaphakathi, "Akufanele sibheke abantu abakhethekile njengengengxenye yabantu nje abasezingeni eliphezulu. Bakhona kuwo wonke amabanga nakuzo zonke izigaba. Lapho kukhona umsebenzi, kukhona abakhethekile. Kukhona abakhethekile bama-noodle, abakhethekile abahlanganisa izinsimbi, abakhethekile abenza ikhofi, abakhethekile abenza ezokukhokha, abakhethekile abenza ama-visa, abakhethekile abasebenza endlini yezimpahla ezithengiswayo njll. Umgomo wethu kufanele uhlanganise futhi ugqugquzele bonke abakhethekile ukuthi bakhe ubudlelwano enhlanganweni, ukuze sikwazi ukuqinisekisa ikhwalithi yamasosha ethu, sithuthukise ukusebenza kahle futhi kwandise nezinzuzo."

Ukuze sikhuthaze ithalente ngokuphumelela, indlela kaRen Zhengfei ithi, "Sidinga ukunciphisa ukwabiwa kwabasebenzi iziteshi zesibili kanye namaphrojekthi wamathuba angewona wamasu. Kufanele sithumele amabutho ethu ukuyofumbatha ukunqoba lapho iwindo yethuba lamasu livuliwe. Sigxila ekunqobeni, hhayi inqubo. Iminyango ezinkundleni zempi eziyinhloko akufanele ikhiphe izingcweti ezibalulekile ezadluliselwa kwamanye amaphrojekthi, futhi akumele benze izaba zokuthi amakhono abo awakulungele."

URen Zhengfei uxwayise abasebenzi baseHuawei ukuthi, "Umphendukezelo uvamisa ukwenziwa ngabantu abangajwayelene nalolohwebo. Intsha eningi ithatha imisebenzi engahambisani neziqu abazifundele. Ngaphezu kwalokho, odokotela ababili abaphendukezela iShayina endala. Kwezinye izikhathi ezibucayi empini, lapho iqembu lokugcina amasu seliphelelwe ngamandla, kuvame ukuba amasosha ezokwelapha, abapheki, abagunda izinwele, onogada namasosha ezokuxhumana ababumba iqembu elixube ukujoyina mpi. Bangumugqa wokugcina wokuzivikela abangathunyelwa ukuyozuza ukunqoba. Abaphathi kuwo wonke amazinga kufanele babe nokubuka okuphelele futhi bavumele izingcweti zizule. Uma ungavumeli ezinye izingcweti ezigqamile zingene enkundleni yempi enkulu futhi ubaphuca amathuba okukhanya, lapho abantu abancane kunabo bephakanyiswa ukuba ngojenene, ingabe bazokusekela ngempela? Uma abasebenzi abasanda kuqashwa emandleni akho benganawo amathuba wokuphakanyiswa, ingabe bazokuseka? Ngabe ucabanga ukuthi uzophumelela ngokubambezelela abantu emuva? Ngiyazibuza ukuthi bangaki abantu abasha abagqamile abashiye iHuawei emashumini amabili eminyaka adlule, basishiya 'neziphukuphuku'. Ukube bebengasishiyanga, ingabe wayesazobakhona amathuba wethu, 'iziphukuphuku?' Basinikeze inkazimulo yokunqoba. Asitholanga yini ukunconywa okuvela emindenini yethu? Njengoba sesibeke igama lethu emhlabeni wonke, kufanele senze izinto ezinzima futhi sihlanganise bonke labo bantu esingafisi ukusebenza nabo, njengalabo abebephikisana nathi futhi bagcina benembile, kanye nalabo ababengalungile."

EHuawei, uYu Chengdong, ingcweti kaRen Zhengfei, naye ulethe amathalente amaningi avela emhlabeni wonke jikelele. Enkulumeni Yonyaka omusha weHuawei Consumer Business 2018, uYu Chengdong uthe, "Kumele sisebenze kakhulu ekuletheni amathalente avela kuwo wonke umhlaba, futhi sakhe amakhono ethu asemqoka kuyo yonke imikhakha nethimba lamathalente agqamile, futhi sakhe nesiko 'lokuvuleleka, ukubandakanywa, ukulingana kanye nokusebenza kahle kakhulu' okuhambelana nezimpawu zebhizinisi labathengi."

UYu Chengdong ukusho obala ukuthi, "Eminyakeni embalwa edlule, ukuncintisana komkhiqizo wethu kuthuthuke kakhulu. Uma sifisa ukukhuphukela ezingeni elilandelayo ngokuzayo, kufanele siqhubeke nokwakha uhlelo ezindaweni ezinjengezitolo, iziteshi, uhlobo lomkhiqizo, ubuchwepheshe obusha, imvelo, ukusebenza kwabasebenzisi, izinsizakalo ze*cloud*, ubuhlakani bokufakelwa, izinqubo ze-IT kanye nokusebenza okuhle. Sizoqhubeka nokubeka ukubaluleka okukhulu, nokwakha, amakhono ethu ekuvikelekeni nasekuvikeleni ubumfihlo bamatheminali ahlakaniphile, ukuze sibe ngumholi embonini."

UYu Chengdong wayekholelwa ukuthi kuyadingeka ukwakha iqembu njengomholi wezimboni. Lokhu kwakuyisihluthulelo ekwakheni amakhono. Uthe, "Kufanele sifune kuzo zonke izinsizakusebenza emhlabeni, wonke amathuluzi nezindlela ezithuthukile, nabo bonke abantu ababalulekile abagqamile ukuze sibe abaholi embonini. Mayelana nokukhetha abantu kumsebenzi, sisazibophezela kumasu okusebenzisa amasosha akhethekile. Sidinga ukugxila ekugxileni emiphumeleni, ekuphakamiseni ngokushesha labo abenze kahle, ngokuqothula abantu abangafanele, futhi nokuthola abantu abagqamile ukuheha iningi labo, ukuze iqembu likwazi ukwanda futhi likwazi ukusebenza kakhulu. Izingcweti ezihola amabutho empini kumele zibe namandla okufunda nokuthuthuka, abe nokuqonda okujulile mayelana nemboni, futhi zikwazi ukuqondisisa indlela eya empini. Ngokuphathelene nokuphatha, kumele sihlukanise ngokungafani izibopho, sinciphise ukubika kwezikhundla, futhi sithuthukise uhlelo lokusekela inqubo lwe-IT ukuqinisekisa ukuthi izinqubo zilula futhi ibhizinisi lisebenza kahle. Mayelana nokuheha amathalente, sigcizelela ukuthi iphrojekthi yokulawulwa

kwethalente iholwa abaholi beqembu. Abaphathi kuwo wonke amabanga
kumele babe nomqondo ovulekile, kumele baphakamise umbono wezwe,
babone ngokuphelele ukubaluleka nokuphuthumayo kokulwela ithalente, futhi
babe nesibopho sokusungulwa kwamaqembu amahle nobuchule bokubamba
iqhaza. Emikhakheni eyisihluthulelo, kumele sakhe izikhungo ezinamandla
okwenza amathalente emvelo, sigxile ekuletheni amathalenta aphezulu, futhi
sivumele 'abantu bamabhizinisi' bahlulele inani lobuchwepheshe bethalente.
Ukuthuthuka okusheshayo kwezinsizakalo zekhompyutha (*terminal*)
eminyakeni yamuva nje kwenziwa iminyango yezokuxhumana yale nkampani
ithumela izinkulungwane zabaphathi kanye nochwepheshe unyaka nonyaka
emikhakheni ehlukene ebhizinisini lamakhompyutha emhlabeni jikelele
ukufaka isandla kukho. Asibuzi ngemvelaphi yamaqhawe, futhi semukela
wonke umuntu ngokweqiniso lapha futhi, ukuze siphonsele emjikelezweni
omusha, futhi sizuze enye indlela yokuziqhenya!"

Ngonyaka olandelayo, uYu Chengdong ugcizelele enkulumeni yakhe
ukuthi, "Sizophinde siqinise ukwakhiwa kwesiko elifana nezimpawu zebhizinisi
le-2C, ngokusekelwe kwizimiso ezijwayelekile zeHuawei. Kanye noshintsho
lwesikimu se*Honor* smartphone sokukhuthaza, lapho ikhomishini ibalwa
ngeyunithi ngayinye ethengisewe, sigxile 'ekwenzeni imali ebizwiwe eqondisiwe
futhi siqoqe izinzuzo eziningi,' futhi senze ukuphathwa kube lula, kwenziwe
lula ukuhlola kanye nokususa imicilikishane, ukwenza isimo samasiko sibe
lula futhi kusebenzeke kahle. Ukuhlonipha ukwahluka nokuvuleleke futhi
nokubandakanya kuzommelwa kakhulu, ukuze abantu abanobuntu obuhlukile
futhi benze iminikelo yangempela bahlale, futhi wonke umuntu osebenza lapha
uzizwa enakekelwe futhi ehloniphiwe. Lokhu kuzokhipha okuhle kubantu
bethu."

INGXENYE 5

Ukuzimisela Ekufinyeleleni Isiqongweni

Angicabangi ukuthi ibhizinisi lidinga ukuthi lilwele ngokushesha ukuba likhulu futhi liqine. Ukuba nesisekelo esiqinile kuseseyindlela okufanele uhambe ngayo. Noma ngubani ongenza imali, noma ngubani oqhubeka kuze kube sekupheleni, uhamba phambili. IHuawei akuyona inkampani enkulu ephakeme emhlabeni. Eqinisweni, sikwazile nje ukuxhasa ibhizinisi lethu ngenkathi abanye begoqwa, ngakho-ke saqina. Yigakho manje, angicabangi ukuthi kufanele silwele ukukhula size sivule ngokungabheki. Kufanele sigxile kumakhasimende ambalwa abalulekile nemikhiqizo embalwa esincintisana nayo, futhi senze impumelelo ngenkathi sisebenza nabo. Lokhu kufana nengxenye yami enikezwe umsebenzi wokuhlasela ukuhlaselwa empini. Sidinga ukuqhuma izindonga zedolobha zivulekile, futhi kufanele sithuthukise cishe amamitha angu-400 ngemuva kokungena edolobheni. Isigaba sethu ngabe sisebenzise cishe wonke amandla aso ngaleso sikhathi. Okulandelayo, izigaba ezinye ezimbili kufanele zilandele ngasemuva, bese zona zidlulela phambili edolobheni, kusuka kumamitha angu-400 kuye kwelilodwa, amakhilomitha amabili. Ngemuva kwalokho, kufanele kungene ezinye izigaba ezithathu, ukuvinjezelwa kusebenza ngale ndlela. Yingakho, akudingeki ukuthi sisakaze kakhulu lapho sisempini. Kufanele sihlale sigxile ekufezeni impumelelo. Lapho uphumelela, lokhu kunqoba kudlala indima ebalulekile njengesibonelo secala kanye nokubonisa. Phindaphinda impumelelo yaleli phuzu lokuphumelela embonini efanayo, futhi ungavuna kaningana ngenzuzo yayo.

Umsunguli weHuawei URen Zhengfei

ISAHLUKO 16

Ukulwa Nenkohlakalo

Ngomhla ka-19 kuMashi ngonyakaka ka-1944, iShayina ibisilwa impi yokuvikela izwe lethu nezwe lasekhaya. Iqembu labashisekela izwe bacabanga ngomlando futhi bakhumbula unyaka wama-300 wokuwa kweMing Dynasty ngezinga eliphezulu. *IXinhua Daily* yashicilela ngempumelelo indatshana ethi "Ukukhumbula Unyaka Wamakhulu Amathathu Okuwa kweMing" eyabhalwa ngumbhali uGuo Moruo.

Ubhale wathi, "Impela, uChongzhen Emperor wayenebhadi kakhulu. Lapho enyukela esihlalweni sobukhosi ngemuva kombusi weWanli Emperor kanye neTianqi Emperor, ikhabinethi lalivele lonakele kakhulu, inkathazo emingceleni yaseNyakatho-Mpumalanga (Northeast) yayivele seyithuthukile, futhi imbi kakhulu njengokuthi, isomiso nezinhlupho zesikhonyane zazenzeka yonke indawo, unyaka nonyaka. Ngomhla ka-26 ku-Ephreli wonyaka wakhe wesibili wokubusa, 'Ukuqoshwa Kwendlala Enkulu' okubhalwe uMa Maocai uchaze kabanzi isimo esingesihle saseShaanxi ngaleso sikhathi. Ngisho namanje, incazelo isasabekisa kakhulu: Edolobheni lakithi eYan'an Prefecture, imvula ayikani unyaka owodwa kusukela ngonyaka owedlule, futhi zonke izitshalo sezishwabene. Ngo-Agasti nangoSepthemba, abantu bagwaza bekha utshani ezintabeni ukuze kudliwe. Kufana ne-granular bran, futhi kunambitha okubabayo nokungaboni. Ukuyidla kungabambezela ukufa kuphela. Ngemuva kuka-Okthoba, utshani buzobe buzoqediwe ngokuphelele. Abantu babe sebexephula amaxolo esihlahla ukuthi badle. Onke amaxolo esihlahla, ngaphandle kwe-elm, angadliwa ukuze kubambezeleke ukufa."

Ngokombono kaGui Moruo, inkohlakalo ibiyimbangela yokuwa kweMing Dynasty, futhi ukungaqiniseki okuhlukahlukene kwakudabukisa lesi simo.

Ngemuva kokuthi kushicilelwe indatshana ethi "Ukukhumbula Amakhulu Amathathu Okuwa KweMing" uMao Zedong wakubheka njengesifundo esingokomlando esifundwe "ngokuzikhukhumeza lapho uphumelela" futhi wakufaka embhalweni weRectification Movement of Yan'an.

Ngempela, uma inhlangano ikhula ngamandla, inkohlakalo ingena endleleni yesisekelo sayo esiqinile nokusebenza okuqhubekayo. URen Zhengfei ukholelwe ukuthi lokhu kuyafana ngokusinda nokuthuthukiswa kweHuawei. Ngesikhathi intatheli ixoxa noRen Zhengfei futhi yabuza, "Yiphi inkampani oyihlonipha kakhulu noma oyithatha njengembangi yakho enamandla?" Impendulo kaRen Zhengfei yamangaza intatheli. Wathi, "Izimbangi zethu yithina ngokwethu. Akukho okungasivimba endleleni yethu eya phambili. Ukuphela kwento engasithiya amandla ukukhohlakala kwangaphakathi. Siyizimbangi zethu ezinkulu kunazo bonke."

Akubekezelwa Sanhlobo Ukukhohlakala Kwangaphakathi

Inani elikhulu lamaqiniso lifakazele ukuthi ukwehla kwanoma iyiphi inhlangano akubangelwa ukuthi kulahlekelwe ezimbangini zayo, kodwa kungenxa yenkohliso yangaphakathi kanye nezisebenzi zika hulumeni. Impela, inkohliso ingaholela ekuweni kwenhlangano. Lesi yisithiyo esisendleleni sabaphathi abaningi.

Ukuze kuliwe nenkohlakalo, iHuawei yabamba Ingqungquthela esezingeni eliphezulu Yokulwa Nenkohlakalo ngenhloso yokubamba phansi inkohlakalo yangaphakathi. Kancane nje ngaphambi kuka-9 ekuseni ngomhla ka-4 ku-Septhemba, ngonyaka ka-2014, cishe abathengisi abangama-200 abavela kwiHuawei Enterprise Business Group ezweni lonke bahlangana egunjini lokuhlangana esitezi sokuqala sesakhiwo sokuqeqesha esikhulu esizindeni sokuqeqesha seHuawei.

Inhloso yokuhlangana kwabathengisi kwakungukubavumela ukuba bahlanganyele engqungqutheleni yokuqala yokulwa nokukhohlakala yeHuawei. Lowo mhlangano wazisa wonke umuntu mayelana nokulwa nokukhohlakala kwangaphakathi kwaHuawei eqenjini lebhizinisi futhi kwaxoxa nokusungulwa kohlelo lokuphathwa olubanzi oluzobhekana nodaba lokufumbathisa phakathi kwabathengisi baseHuawei nabasebenzi baseHuawei.

Imininingwane yomphakathi ikhombisa ukuthi bonke abathengisi kwakudingeka basayine ngamunye ngamunye ngaphambi kokungena egumbini Lengqungquthela, futhi nabathengisi abaphambili baseHuawei, ikakhulukazi, batshelwa ukuthi abameleli babo kufanele babe khona.

Impela, isenzo seHuawei sokulwa nenkohlakalo sasingobubanzi nokujula okungakaze kubonwe. IHuawei ixwayise abantu bayo ngendlela esezingeni eliphezulu, "Kuzophenywa amacala abasolwa, kanti uphenyo luzokwenziwa kahle." Ngokwezibalo zangaphakathi zeHuawei, kusukela ngomhla k-16 ku-Agasti ngonyaka ka-2014, izisebenzi eziyi-116 kwaqiniseka ukuthi zazibandakanyeka enkohlakalweni, kwathi ezine zanikelwa eMnyangweni Wezobulungiswa. Kwakukhona nabathengisi abaningi abangama-69 ababandakanyeka kulo msebenzi wokulwa nenkohlakalo.

Engqungqutheleni Yokulwa Nenkohlakalo, abaphathi beHuawei bathi, "Le nkinga yimbi kakhulu. Ibandakanya abasebenzi ngokulandelana kwezindima ezithile, abantu abaningi, izinkampani eziningi, namaqembu ezigebengu."

Umuntu ophethe kwelinye lamahhovisi weHuawei waboshwa ngenkathi ehamba, ngenxa yezinsolo zokufumbathisa. Ukuze kuvinjelwe inkohlakalo ngempumelelo, iHuawei yaphakamisa indlela yayo entsha iphendula emisebenzini yenkohlakalo engakaqiniksekiswanga noma engafundiswanga, eyayizokwenza abathengisi bazipimpe bona amagama abo.

IHuawei iphakamise ukuthi uma kunamacala abasebenzi beHuawei (kufaka phakathi labo abashiya inkampani) abathola izifumbaniso nokunye, abathengisi ababike ngenkuthalo amagama abo ngeke babhekane necala, kanti labo abangazange babike futhi batholwa kamuva wayezophathwa ngokusemthethweni. Ubudlelwano babo bakusasa neHuawei nabo buzochaphazeka.

Ngaleso sikhathi, kwakuyisikhathi lapho izinga lokukhula kwabasebenzi laliyehla futhi izinga lokukhula kwebhizinisi lesikhashana nalo belingacacile, ngakho-ke, ibhizinisi lamabhizinisi ngokungangabazeki iHuawei yagxila kuyo ngoba iyinzuzo enkulu okuyinhloko eminyakeni eyishumi ezayo. Umbiko wezezimali weHuawei ukhombisile ukuthi ngonyaka ka-2013, ibhizinisi lamabhizinisi eHuawei lathola imali yokuthengisa engu-15.2 billion Yuan, ukwenyuka okungu-32.4% unyaka nonyaka. Izinga lokukhula okuhlanganisiwe eminyakeni emithathu edlule lifinyelela ku-35%.

Noma iHuawei isithole imiphumela emihle, ukukhula okunempilo esikhathini eside isadinga ukusungulwa kohlelo nosiko olusebenzayo. Ngenxa yohlobo olukhethekile lwebhizinisi yenkampani, abathengisi nakanjani bekufanele bathole izaphulelo kubaphathi be-akhawunti yokuthengisa (sales account managers).

Izibonelo eziningi ezingamaqiniso zibonisa ukuthi ezweni lebhizinisi, ukuvumelana ngasese phakathi kwabathengisi nabasebenzi bekuyinto evamile. Ngenxa yalokhu, abantu bangathola izinzuzo eziphezulu ngokuxhaphaza amaphutha ezezinkampani, konke kulimaze izinkampani.

Ngakho-ke, isimo seHuawei Enterprise Business Group maqondana nokuziphatha okunjalo ukuphenya wonke amacala asolwayo. Kule Ngqungquthela Yokulwa Nenkohlakalo, abaphathi beHuawei bagcizelele ukuthi njengabasebenzi, abantu kufanele basebenze ngokwethembeka. Lokho kwakuyimfuneko eyisisekelo yezisebenzi zayo. Abaphathi abazukubekezelela noma yiziphi izenzo zokuxhaphaza amaphutha kule nkampani, noma abasebenzi basebenzise amathuba abo ukuze bazizuzele bona.

Kulokhu, abaphathi beHuawei baxwayise wonke umuntu kuleyo ngqungquthela, "Asinakubekezelela ngokuphelele inkohlakalo yangaphakathi. Simelana ngokuqinile futhi sonke siyavumelana ngomumo wethu, ukuthi inkohliso ayinaso isilinganiso esibi ... Kufanele 'siphenye, sijezise, silawule, sifundise futhi sithathe izinyathelo zomthetho' ukuze siqinisekise ukuthi abantu 'abalokothi, bangacabangi futhi abanazinto 'ukuzibandakanya ekuziphatheni kwenkohlakalo. Lokhu kuzoqinisekisa ukukhula kahle kwezingcweti zethu nabasebenzi."

Kuyiqiniso, isenzo seHuawei sokulwa nenkohliso sasingahlosile nje kuphela kwibhizinisi layo lamabhizinisi. U-Yu Chengdong, iCEO yebhizinisi labathengi leHuawei (Huawe's Consumer Business), uthumele i-imeyili yangaphakathi enesihloko esithi "Musa Ukusalela Emuva" kubasebenzi bakhe. Ku-imeyili, wacabangisisa ukuthi: Eminyakeni edlule, abanye abasebenzi bebhizinisi labathengi leHuawei (Huawei's Consumer Business) basalele emuva ngenxa yezinkinga zenkohlakalo kanti abanye balaba bantu bangabafundi abafunde emanyuvesi adumile. Bemukele ukufumbathiswa kubathengisi ngomzuzwana nje womhobholo, futhi bagcina 'befakwa ejele, nedumela [labo] lonakaliswa ngokuphelele."

Itheminali lebhizinisi le-Huawei lalomboza izinsizakalo zokuxazululo ezifaka izingcingo zeselula ze-Huawei, amathebhulethi, i-inthanethi yeselula,amatheminali asekhaya, imikhiqizo yetheminali yasekhaya yokusakaza i, uhlubo lwemikhiqizo, namabhizinisi ahlakaniphile. Ngonyaka ka-2013, iHuawei ithole inzuzo yokuthengisa engu-239 billion Yuan, okuwukukhuphuka ngo- 8.5% unyaka nonyaka. Phakathi kwazo, inzuzo yokuthengisa ngetheminali ifinyelela ku-57 billion Yuan, okuwukukhuphuka okungu-17.8% unyaka nonyaka, futhi kwaba umkhakha webhizinisi okhula ngokushesha kakhulu weHuawei.

Imibiko yabezindaba iveze ukuthi inkohlakalo yangaphakathi eHuawei yenzeka kakhulu lapho kufakwa izicelo zokuthola izaphulelo zomkhiqizo. Uhlelo lwesaphulelo lomkhiqizo lukaHuawei lwaluyinkimbinkimbi.

Kwakukhona izaphulelo ezikwizinga lenkampani ngaphezu kwezaphulelo ezijwayelekile.

"Kunomehluko omkhulu phakathi kwezaphulelo ezikwizinga lenkampani nezaphulelo ezijwayelekile," kusho osebenzela inkampani engxoxweni nabezindaba. Ukukhula kwesaphulelo, kusho ubukhulu benzuzo kumthengisi. "Ukuze uthole imikhiqizo eminingi futhi uthole izaphulelo eziningi zemikhiqizo," abanye abathengisi baqala ukufumbathisa abasebenzi baseHuawei, futhi isimo sathuthukela lapho sekuba abanye abasebenzi beHuawei beqale ukucela ukufunjathiswa.

Ephendula le nkinga, iHuawei yenza uphenyo oluzulu olukhulu. Kutholakale ukuthi kubathengisi abangu-69 ababandakanyeka enkohlakalweni, abangama-53 babefunwa izifumbathiso ngabasebenzi baseHuawei, kanti abayi-16 banikeze izifumbathiso kubasebenzi baseHuawei.

Ngasekuqaleni kuka-2013, umsunguli weHuawei, uRen Zhengfei, washo into ebalulekile kakhulu eMcimbini webhodi ye-Simemezelo Sokuthatha Isifungo Sokuzikhuza (Declaration of Self-Discipline Oath), ukuthi ingozi enkulu yenkampani ivela ngaphakathi, ngakho-ke "ubuqotho nokuzikhuza kweqembu lezingcweti kumele kugcinwe."

Engxoxweni yomphakathi nabezindaba, uRen Zhengfei ugcizelele ukuthi akukho okungavimba iHuawei ukuthi ibheke phambili. Ukuphela kwento ebingayivimba "yinkohlakalo yangaphakathi." URen Zhengfei uthe, "Ukukhohlakala ubuthi." Ubuye wathi ezikhathini eziningi ngaphakathi enkampanini ukuthi uma inkohlakalo ivunyelwe ukuthi yenzeke, uhlelo aluthuthukiswa futhi nemfundo ingakhuphuki, inkampani ingashabalala.

Imikhakha Emithathu Yokuzivikela

Inani lemali etholakele yeHuawei ngonyaka ka-2015 kwakuyi-USD 1 *trillion*, futhi ngonyaka ka-2016 kufanele ihambe ku-USD 1.5 *trillion*. URen Zhengfei uthe kungenzeka ukuthi kube khona okuthile okungalungile okwenzekayo kuzo zonke izinqubo zokukhipha imali, kepha inani langempela belingaphakeme njengoba bekucatshangwa. Lokhu ikakhulukazi kwenziwa ukuqondisa nokuphatha kwangaphakathi. "Lapho inzuzo yethu yokuthengisa ifinyelela ku-USD 200 billion, imali yethu ingafinyelela ku-USD 5 kuye ku-6 *trillion*. Uma kungekho nkinga enkulu ngemali enkulu kangako, mase uyibuka kahle, ukulawulwa kwangaphakathi bekungabe kudlale indima enkulu."

URen Zhengfei wayekholelwa ukuthi ukuphumelela komsebenzi wokugada kumele ube yisayensi futhi ube yinqubo. Kufanele bathuthukise izindlela futhi bathuthukise amakhono. Iqembu lamasosha aphumayo kufanele ahlolwe, futhi nalabo babephethe isikhundla. Ukulawulwa kwangaphakathi nokubhekwa bekungabekelwanga ukuphazamisa ukushesha, kodwa ukukhuphula ukusheshisa ngemuva kokuthi inqubo isuswe.

Ekuqaleni kwenkulumo yakhe eHuawei Regulatory System Symposium enesihloko esithi Ukuvumelana Kwangaphakathi Nangaphandle Kwenza Izinzuzo Eziningi, Ukuvikela Nokuvikela Kuvikela Ikusasa Lethu, uRen Zhengfei uthe, "Kwakungelula ukuthi uHuawei yakhe leli thimba labahlolayo. Inhlangano kumele ibe nempatho eqinile. Ngaphandle kwempatho eqinile, ngeke kube namandla okuthuthuka okuqhubekayo. Into enhle kakhulu ngeHuawei ukuthi sihlanganisa abasebenzi abangu-170 000, futhi sakha amandla anjalo. Inkampani ikhula ngokushesha okukhulu ngenkohliso encane kakhulu, ngenxa yemizamo yethu yokuphatha nokulawula. Yize usabona izinkinga lapha nalaphaya enkampanini, uma uqhathanisa izinkinga nezinga lokuthuthuka kwebhizinisi lethu nosayizi wenhlangano yethu, lezi zinkinga zithathwa njengezimbalwa. Futhi nabo basendleleni edumile yokuwa kakhulu. Nawe siyakubonga futhi."

Mayelana nalokhu, uRen Zhengfei ubeke imibono yakhe, "ngincomela uqobo ukuthi bonke abasebenzi abaneminyaka engaphezu kwemithathu basebenze ezikhundleni zokuhlola, njengokulawula kwangaphakathi, ukucwaningwa kwamabhuku ngaphakathi, ukuhlolwa, iCEC, izindaba zezomthetho, ukuphepha kolwazi nabaqondisi bezinkampani ezingaphansi, zinikezwe indondo ngayinye ngamagama aqoshwe 'Phila Impilo Ende Qhawe lamaQhawe.' Laba bantu abagcini ngokufaka nina nonke lapha, kodwa nalabo abanezindima zokuqondisa ngaphambili abasebenza ngamandla omzimba kunawe. Ngeke sibashiye ngaphandle lapho sibona imivuzo."

Emehlweni kaRen Zhengfei, iHuawei ayikwazanga ukuvimba ukuthuthuka kwayo ngenxa yenkohlakalo, futhi yayingakwazi ukubekezelela inkohlakalo ngenxa yentuthuko. Isizathi sakhe kwakuwukuthi uma iHuawei ithuthuka ngokusheshayo, kusho ukuthi kuzoba nokuphathwa okuncane, kanye nokulimala kwesikhashana okungaba khona. URen Zhengfei wathi enkulumeni yakhe eyayinesihloko esithi Ukuvumelana Kwangaphakathi Nangaphandle Kwenza Izinzuzo Eziningi, Ukuvikela Nokuvikela Kuvikela Ikusasa Lethu, ukuthi ukuphendula le nkinga, iHuawei isihlele izingqimba ezintathu zokuvikela ukulawulwa kwangaphakathi, bezinje ngokulandelayo:

- Kulayini wokuqala wokuvikela, umhloli webhizinisi / umnikazi wenqubo ungumuntu wokuqala obhekele ukuphathwa kwangaphakathi. Kudingeka ukuthi wakhe ukuqashelwa nekhono layo, ukulawula kwangaphakathi kwinqubo. Ngaphezu kokuhambisana nezingxenye zenqubo, ukuhambisana okugcwele kwayo yonke inqubo kuyadingeka. Ukuze kwenziwe uhlelo lwenqubo lokuzibophezela, umhloli webhizinisi / umnikazi wenqubo kufanele athathe ngempela umthwalo wokulawula kwangaphakathi kanye nokuqapha ubungozi, futhi u-95% wobungozi kufanele kuxazululwe kule nqubo. Umhloli webhizinisi kufanele abe namakhono amabili, elinye ukudala inani, kanti elinye ukwenza umsebenzi omuhle ekulawuleni kwangaphakathi.
- Ohlelweni lwesibili lokuvikela, iminyango ebhekele ukulawulwa kwangaphakathi kanye nokuqapha ubungozi kufanele ilawule izinqubo ezinqala kanye nezingqinamba ezinobungozi obukhulu. Abaphethe kuphela ekwakhiweni nasekukhuthazeni izindlela, kodwa futhi banike amandla kuwo wonke amazinga. Uhlelo lokuhlola lugxila kakhulu lolu daba, futhi lusebenza njengosizo kubahloli bebhizinisi. Akufanele kweqe igunya labo. Abahloli bebhizinisi basanesibopho sokuphatha. Uhlelo lokuhlola lukhona ukusiza abahloli bebhizinisi ukuphatha amabhizinisi abo ukuze bakhombe izinkinga, benze ukuthuthuka kwezinkinga, futhi bavale izikhala ezingadala izinkinga ngempumelelo.

Indima yokuhlola nokulawula kwangaphakathi ukuphatha ngenkathi kusiza ibhizinisi ukuqeda umsebenzi walo kwinqubo. Isibopho sokulawulwa kwangaphakathi asikho emnyangweni wokuhlola, noma umnyango olawula ngaphakathi. Lokhu kumele kucace.

- Ohlelweni lwesithathu lokuzivikela, umnyango wokucwaningwa kwamabhuku wangaphakathi ungumthetho wokwahlulela, futhi ukuyethekisa okubandayo kufanele kusungulwe ngokuhlolwa okuzimele kanye nophenyo lwasemva kwesidumbu. Lapho umnyango wokucwaninga mabhuku usuthole ukuqhekeka, uzophikelela futhi uwuphenye kuze kube sekupheleni. Noma kuvela inkinga enkulu eduze kwayo, inkinga kufanele inganakwa okwesikhashana. Ukubaluleka komnyango kufanele kube ukulandela lokho kuqhekeka okuncane bese uphenya izingozi ngokusobala nangokucacile. Olunye ukuthola ulwazi lwesikhathi eside mayelana nomuntu, kanti olunye okuguqukayo. Ayikho iphethini. Izinkinga azibekwenga phambili ngokuya ngobukhulu bazo. Umnyango wokucwaninga mabhuku uqala ukubheka noma nini lapho bathola okuthile. Ngale ndlela, bangakwazi ukusungula imithetho ethusayo yokujezisa. Imithetho ethusayo yokujezisa. kumele isungulwe ukuze kungabikho muntu onesibindi sokwenza okubi.

ISAHLUKO 17

Ukusebenzisana ocacile

Esezinhlelweni zokwanda umhlaba wonke, uRen Zhengfei owayengakaziwa washintsha umkhuba wakhe owakudala wokwenqaba izingxoxo. Ngomhla ka-2 kuMeyi ngonyaka ka-2014, uRen Zhengfei waba nengxoxo nemithombo yezindaba eyahlukene yaseLondon, eBhrithani. Ephendula izihloko ezahlukahlukene ezishisayo ezibuzwa yizintatheli zezindaba, uRen Zhengfei waphinda wagcizelela igama eliyisihluthulelo – ukuvuleleka.

Ngombono kaRen Zhengfei, ukuvuleleka kuqhuba inqubekela phambili. Iningi lezinqubomgomo zangaphakathi zeHuawei zifakwa kwi-inthanethi, ezizenza zingatholwa abasebenzi kuphela, kodwa zitholwe nangamaqembu angaphandle. "Ezinye zezinqubomgomo zethu nazo ziye zagxekwa kakhulu ngaphandle". Uma abanye begxeka, sizobona ukuthi kukhona okungahambi kahle kwizinqubomgomo, ngakho ke kudinga ukulungiswa." Ukugcizelela ngokunembile kweHuawei ukuvula okusheshisa ukuthuthuka kwayo ngokushesha. URen Zhengfei uthe, "Isizathu esenza ukuthi iHuawei ithuthuke esimeni sanamhlanje kungenxa yokuvuleleka kweHuawei."

Kushiye Ukuba Nengqondo encane, Sebenza Nabantu Abaningi

Ngendlela yamanje yebhizinisi yokusebenza, ukuvuleleka nokusebenzisana kuphela okungazuza ngempela izimo zokunqoba nxazonke futhi kungaba yithuba lokugcina lenkampani lokusinda. IHuawei isalokhu izibophezele ekuvulekeni kwengqondo yayo. Akusoze kuyekwe ukuvula ngenxa zokugcina izinzuzo ezithile. URen Zhengfei wakugcizelela kaninginingi ukuthi, "Kufanele sisungule uhlelo oluvulekile, ikakhulukazi kwizingxenye zethu zehadiwe. Sizokugoqa uma singavuli." Ukukhathazeka okunjalo kwanele ukukhombisa inhlonipho ephezulu ye-Huawei yokuvuleleka.

Ngomhla ka-2 kuJulayi ngonyaka ka-2012, uRen Zhengfei wabamba umhlangano wokucobelelana ngolwazi nochwepheshe be-Noah's Ark Lab ye-Huawei ka-2012 futhi waphendula imibuzo evela kubabambiqhaza. ULi Jinxi, Umqondisi woMnyango Wokuthuthukiswa Kwama*terminal* OS, ubuze uRen Zhengfei, "Ngivela e-Euler Lab yaseCentral Software Academy. Nginesibopho sokwakha amandla etheminali lokusebenza lesistimu lokusebenza kwe-BG ebhekiswe kubathengi. Njengamanje, emkhakheni wetheminali le-OS, i-Android, i-iOS, neWindows Phone 8 zigcina isikhundla zazo zokubusa njengebhodwe elinemilenze emithathu. Bakha ezabo izinqubo zemvelo, beshiya ithuba elincanyana kakhulu lamathuba kwalinye itheminali lama-OS. Yini okulindelwe yinkampani nezimfuneko zetheminali yamasistimu okusebenza?"

Impendulo kaRen Zhengfei ishiye uLi Jinxi emangele kakhulu, "Uma ngabe lezi zinhlelo ezintathu zokusebenza zonke zinika uHuawei ilungelo elilinganayo, uhlelo lwethu lokusebenza aludingekile. Kungani singakwazi ukuthinta izinzuzo zabanye na? Ngenkathi uMongameli weMicrosoft kanye neCEO yeCisco bekhuluma nami, bathi bayasaba ukuthi iHuawei izovuka iphakamise ifulegi lomhlaba lokulwa negunya lomthengisi ozibusa ngayedwana. Ngabatshela ukuthi angiphikisani negunya lokuzibusa. Bengibambe isambulela seMicrosoft ngesandla sami sobunxele kanye neseCisco ngakwesokunxele sami. Uma uthengisa ngentengo ephakeme, ngisengakwazi ukwenza imali eningi ngokuthengisa ngenani eliphansi kancane. Kungani kufanele ngibeke phansi izambulela bese ngivumela ilanga lishise ikhanda lami na? Ikhanda lami lingajuluka, futhi umjuluko ungawela phansi unathisele utshani, uvumele utshani buqhudelane nami ngamanani aphansi. Ngeke yini ngigcine sengshayeke kabi?

Manje sakha itheminali yamasistimu okusebenza ngenxa yezizathu zamasu. Uma benqumula ukudla kwethu esithubeni, besinqabela ukusetshenziswa kohlelo lwe-*Android* nohlelo lwe*Windows Phone 8*, ingabe ngeke sisale singenalo usizo? Ngokufanayo, uma kwenza amaqhezu asezingeni eliphezulu akanokusho, angizange ngiphikisane nokuthenga kwakho kwamaqhezu asezingeni eliphezulu akanokusho avela eMelika. Ngaba nomuzwa wokuthi kufanele uwasebenzise amaqhezu wabo asezingeni eliphezulu akanokusho kakhulu ukuze uwaqonde kahle amaqhezu. Ngale ndlela, lapho sebeyeka ukusithengisela, sisengakwazi ukusebenza ngemikhiqizo yethu nanoma ngabe eyethu imbi kancane. Akumele sibe nomqondo omncane wokuziqhenya. Kuzosibulala. Inhloso yethu ukwenza imali. Asikwazi ukuba nemqondo omncane. Ukusebenza ohlelweni olusebenzayo kuyafana nokwenza amaqhezu asezingeni eliphezulu akanokusho. Inhloso enkulu ukuthi abanye basivumele ukuthi sisebenzise uhlelo lwabo, futhi ngaphandle kokunqamula wokudla kwethu. Kodwa uma ukudla kwethu kunqanyulwa, uhlelo lwesisekelo kufanele lukwazi ukuthatha indawo."

Kuyaziwa ukuthi iHuawei yathuthuka isuka ekubeni ngumthengisi we-30, 40-line *analog switches* (idivayisi eshintshayo ekwazi ukushintshanisa noma ukuhambisa amasiginali we-analog) esikhathini esidlule ziye kulokho eyikhona namuhla, ngoba abantu baseHuawei babenombono wesikhathi eside kaJenelele. Ngaphandle kwalokho, iHuawei ibingeke ifike lapho ikhona namuhla. Ngesikhathi sezinguquko zokulungisa, iHuawei ibibiza abantu abaningi abanombono onamasu ukuthi bathathe izindima zokuphatha.

Kulokhu, uRen Zhengfei wakhuluma ngokungagxili emhlanganweni wangaphakathi, "Sidinga ukubheka izinkinga ngokuhamba kwesikhathi. Siyagembula namuhla futhi ukugembula kudinga umbono onamasu. IHuawei yenza itheminali yamasistimu okusebenza kwamasu acatshangelwe...

Ukusungulwa kwethu namuhla akusekwelanga ekuzithembeni. Siwuhlelo oluvulekile, futhi sivulekele umhlabeni wonke. Njengohlelo oluvulekile, sisadinga ukusebenzisa amaqhezu wabathumeli-mpahla, futhi siyaqhubeka nokubambisana nabo abathumeli-mpahla. Eqinisweni, kufanele sibeke phambili ukusebenzisa amaqhezu wabo. Amaqhezu ethu asezingeni eliphezulu akanokusho asetshenziselwa kakhulukazi ukulungisa inhlekelele. Ngokuqondene namaqhezu asezingeni eliphansi, ukukhetha ukuthi uzosebenzisa maphi ungasebenzisi maphi isinqumo esikhulu samasu. Ngeluleka wonke umuntu ukuthi axoxe futhi ahlaziye ngokucophelela. Uma singasebenzisi uhlelo lwabathumeli-mpahla, singase sakhe uhlelo oluvalikile leHuawei. Uhlelo oluvalekile luzophelelwa amandla futhi lufe."

Ngenxa yokuzibophezela kukaRen Zhengfei kumasu okuvuleleka ukuthi iHuawei ikwazile ukuthuthuka masinyane. Imiphumela iyaziwa futhi iyabonakala. Ukuthi Umcabango wokuthi Umhlaba Uyisicababa owaphakanyiswa nguMilton Friedman, umamukeli womklomelo kaNobel ngonyaka ka-1976 kwi-Economic Science, noma Umcabango we-Inthanethi wamanje, ukuvuleleka nokusebenzisana okuyizici ezivamile zokuzuza imiphumela yokunqoba nxazonke.

Ngaphansi kwezimo ezinjalo, ukusinda nokuthuthuka kweHuawei bekungahambi kahle. Kuphela ngokuzibophezela ekuvulekeni nasekusebenzisaneni yilapho bangathola ukwamukelwa nokubpnwa amakhasimende. Ukucindezela ngokucophelela ozakwethu ukuthi bavule indlela yentuthuko kuyisenzo sesicabucabu esimnyama somfelokazi (*black widow spider*), njengoba uRen Zhengfei abeka.

Isicabucabu somfelokazi omnyama mhlawumbe siyisicabucabu esiyingozi esaziwa kakhulu emhlabeni. Asidumelanga ubuthi baso, kodwa ikakhulukazi ngoba isicabucabu somfelokazi esimnyama sizodla umlingani waso kancane kancane ngesikhathi sokumata futhi sisebenzise umlingani waso njengesakhi ukuchamusela izicabucabu ezincane. Lesi yisizathu esenza abantu baqamba igama lesicabucabu esinongozi bethi umfelokazi omnyama.

Ngokwemininingwane etholakala esidlangalaleni, umzimba wesicabucabu esimnyama simnyama. Isicabucabu sowesifazane sinephethini ebomvu enjenge ngilasi ye-hourglass lapha ngezansi ngasesiswini, kanti isicabucabu sowesilisa sinezindawo ezibomvu ngasesiswini saso. Ngokuvamile ubude bayo ngu-2 kuye ku-8 wamasentimitha. Lezi yizici zazo ezihlukile.

Eqinisweni, izicabucabu zabafelokazi abamnyama zinemibala ehlukahlukene namaphethini, kodwa imibala namaphethini akuzona kuphela izindlela zokuhlukanisa izicabucabu zabafelokazi abamnyama. Singakwazi ukuhlukanisa ngokusetshenziswa kwama-engeli ahlukahlukene njengezindlela zokuzingela, izici zokubonakala kwangaphandle, izindlela zokuluka iwebhu, ukuma kwamaqanda, izindawo zokucasha, obukhulu bomzimba, nezindlela zokumata. Ezinye izazi zebhayoloji zihlukanisa izicabucabu zabesifazane kwizicabucabu zesilisa ngobungozi, ngoba izicabucabu ezindala zesilisa azisenazo izindlala ezinobuthi.

Yiqiniso vele, okwamanje awekho amazinga afanayo ngobungozi besicabucabu somfelokazi omnyama. Akukhathalekile ukuthi uhlobo olunjani lwesicabucabu somfelokazi omnyama, uma umuntu elunywa yisicabucabu somfelokazi omnyama sowesifazane, kunamathuba angamaphesenti amahlanu kuphela okuba afe. Kodwa-ke, uma ulunywa yinoma uluphi uhlobo lwesicabucabu somfelokazi esimnyama, akekho umuntu ongabumela lobo buhlungu obuyisimanga. Noma ngabe sikulume kancane isicabucabu somfelokazi esimnyama, ubuthi baso buzoya ngqo kwisimiso sezinzwa nakwisicubu semisipha. Umuntu olunywe yisicabucabu somfelokazi esimnyama uzozwa izinhlungu ezinamandla futhi ezikhulayo ngokushesha, ngoba ubuthi baso buvuselela ngqo "ukuzwela okukhulu" kwesimiso sezinzwa somuntu. Lokhu kuzovusa eminye imiphumela ebengalindelekile engathandeki.

URen Zhengfei wasebenzisa isingathekiso sesicabucabu somfelokazi esimnyama ukuchaza ukuthi, ekuthuthukisweni kwamabhizinisi, abanye abasebenzi bathembela ekumunyeni ngenkani inzuzo kubalingani babo ukuze bathuthuke, okwenza abalingani babo baziqede ngokwabo. Ngakho-ke, engqungqutheleni ye-2010 PSST System Cadres Convention, uRen Zhengfei wasebenzisa ingqikithi ethi "Yiba ngamakhasimende, khuphula iplatifomu yotshalomali, vumela ukusebenzisana nabanye, uzuze imiphumela yokunqoba nxazonke" ukuqinisa umqondo omusha wokufeza imiphumela yokunqoba nxazonke ngokuvuleleka nokusebenzisana.

URen Zhengfei uthe, "Esifundweni sakamuva esiphathelene nohlaka lokuphathwa kwabasebenzi, ngathi sidinga ukuqonda ngokujulile abathengi bethu, siqonde ngokujulile ababambisene nabaphakeli bethu, siqonde ngokujulile izimbangi zethu, siqonde kakhulu ubudlelwano phakathi kweminyango, siqonde kakhulu ubudlelwano phakathi kwabantu, futhi sikwazi ukuthi sivuleka kanjani, ukuyekethisa, kanye nokwenza kubonakale. Ngikholelwa ukuthi noma yiyiphi inkampani enamandla yazalwa ngokulingana. Singaba ngabanamandla amakhulu, kepha uma singenaye ngisho nomngane, singakwazi yini ukuziphilisa? Ngokusobala angeke sikwazi nhlobo! Kungani kufanele sinqobe abanye futhi sibuse umhlaba? UHitler, owayekade efuna ukuqothula abanye futhi aphathe umhlaba, ekugcineni washabalala. Uma iHuawei ifuna ukubusa umhlaba, ekugcineni izoshabalala nayo futhi. Kungani singazihlanganisi wonke umuntu futhi sibambisane nabadlali abaqinile na? Masingagxili emqondweni owodwa, futhi ngokucabange kuphela ukukhipha abanye. Kufanele kube nokuncintisana nokubambisana phakathi kwethu namanye amabhizinisi anamandla. Kuyasebenza, uma nje kusizuzisa."

URen Zhengfei wayekholelwa ukuthi ukuvuleka, ukusebenzisana kanye nokufeza imiphumela yokunqoba nxazonke kwakuyizimfundiso zokugcina zokuphathwa kwebhizinisi. Njengoba iHuawei ikhula kancane kancane, nakanjani izobhekana nokugxekwa okuvela embonini. Ukuze kugcinwe imvelo yemboni, uRen Zhengfei wanikeza umyalo ocacile, "iHuawei kumele isebenzisane nabanye futhi ingabi yisicabucabu somfelokazi esimnyama. Isicabucabu somfelokazi esimnyama uhlobo lwesicabucabu eLatin America. Ngemuva kokumata, isicabucabu sowesifazane sizodla isicabucabu sowesilisa bese sisebenzisa izakhi zowelisa ekuchamuseleni izicabucabu ezisencane. Phambilini, iHuawei ibesebenzisane nezinye izinkampani. Lezi zinkampani zaqedwa noma zachithwa yiHuawei ngemuva konyaka owodwa noma emibili. Sesinamandla ngokwanele, ngakho-ke kudingeka sivuleke kakhudlwana, sizithobe futhi sibheke kakhulu ezinkingeni. Asikwazi ukuba nemicabango emincane, noma ngesizobe singahlukile kuHegemon-King waseWestern Chu. Kufanele sibheke izindlela zokusebenzisana ezingcono ukufezekisa izimo zokunqoba. IR&D yethu ivulekile kancane, kepha kumele sivuleke kakhulu, ngaphakathi nangaphandle. Cabanga ngokuthi bekunzima kanjani kithina ukufinyelela lapha sikhona namuhla. Kumele samkele izindlela eziningi ezivulekile zokucabanga ezivela kwizwe langaphandle, sihlale sishayisana nemibono yethu, futhi singabi nemicabango emincane."

Bambisanani Ukuze Niphumelele Nonke, Kunokuba nilahlekelwe Nonke

URen Zhengfei ukhulume ngokuvuleleka kaningi emihlanganweni yangaphakathi yeHuawei. Abafundi bangabuza, kungani iHuawei ifuna ukuvuleka na? URen Zhengfei ukuchaze kanjena, "IHuawei inezingqinamba eziningi zemvelo. Njengenkampani ezimele, sasingenamali, singenasizinda, singenamlando, futhi kungekho namalungu okusungula ayenolwazi ngokuphathwa kwebhizinisi. Zonke lezi zinto zaphoqa iHuawei ukuthi ithathe umgwaqo wokuvuleka. Futhi, ikakhulukazi lapho sibhekene nemakethe yamazwe omhlaba, ukuzigcina kithi kuzosenza sikhishwe ebhizinisini."

URen Zhengfei waso ngqo ukuthi iHuawei ngokujwayelekile yayidume ngokuba isicabucabu somfelokazi esimnyama, okusho ukuthi, abekho abalingani babo ababesebenza neHuawei ababa nesiphetho esihle. Ukusebenzisana okunjalo kuzomane nje kubangele ukuthi iHuawei ibe nezitha eziningi ngokwengeziwe, hhayi abahlobo.

Lapho ubhekene nenkinga enjalo enkulu, ukuxazulula indiba yokuvuleleka

kweHuawei kwabe sekuba yisithiyo uRen Zhengfei okwakumelwe asiwele.
Ohambweni lwebhizinisi olungahlelelwanga, uRen Zhengfei wagqugquzelwa
Udonga Lwedamu Oluphansi iDujiang eyakhiwe nguLi Bing nendodana
yakhe, futhi basungula amasu okucabanga ngokuthi "Imba umfula ujule, wakhe
udonga lwedamu oluphansi," lapho "ulwandle olujulile oluhlanzekile, udonga
lwedamu oluphansi" kubhekiswe ekuqiniseni abaphathi kanye nokumbulwa
amandla. Inkampani ayithembeli nje kuphela kwisilinganiso sayo kanye
nezinsizakusebenza ezitshaliwe ukuze ikhule. Kunalokho, incike ekukhuleni
okuqhubekayo kokusebenza kahle komsebenzi ngamunye. Ukusebenza kahle
komsebenzi ngamunye kuwuphawu olubekiwe, futhi ukukhula okuqhubekayo
kweHuawei ekusebenzeni kahle komsebenzi ngamunye kukalwa ngephawu
elibekiwe. Kusekhona isikhala phakathi kweHuawei nabanye, kepha ukuze
sinciphise lesisikhala, kufanele simbe ngokujulile, okungukuthi, sizimbe
ngokujulile ngaphakathi kwethu. "Udonga lwedamu oluphansi" bekusho
ukuthi mukungakhiwa amadamu yonke indawo, ukuze inzuzo yabiwe
nababambiqhaza ukwakha ubudlelwano. Umncintiswano wesikhathi esizayo
uzoba ngumqhudelwano wecandelo lezimboni, hhayi amabhizinisi ngamanye.
Ukuvumela ukungezwani kusho ukugcina amasu ehlelekile.

URen Zhengfei engqungqutheleni ubeke wathi, "iHuawei uzoshabalala
uma singavuleki. Ngeke sikwazi ukwakha uhlelo oluvaliwe." "INoah's Ark Lab
yangonyaka ka-2012 yasungulwa nguRen Zhengfei ukuthuthukisa imibono
evela ohlelweni lwamasiko, umkhiqizo kanye namazinga wenhlangano. Eminye
imibono ingaba ukungahambi kahle nokuhlubuka njengamanje, kodwa
kungaba yiqiniso ngokuzayo. Lolu uhlobo lokuvuleka. IHuawei wasebenzisa
isu lapho "izimbali ezintsha kumele zitshalwe ngobulongwe benkomo," kodwa
lo "bulongwe benkomo" kungaba obeHuawei noma abanye'. Ukungavali
iminyango yabo ekusunguleni izinto ezintsha ngendlela abathanda ngayo
ngokwabo kuwukuvuleka komqondo. Ukusungulwa kwezinto ezintsha kufanele
kuhloswe ekufezeni impumelelo yemakethe, kanye futhi nokuhlola kwezinga
lempumelelo yemakethe ukufunwa kwayo amakhasimende. IHuawei ichithe
iminyaka eminingi iqeda isiko lonjiniyela. Lokhu futhi ngolunye uhlobo
lokuvuleleka.

Ngomhla ka-2 kuJulayi ngonyaka ka-2012, uRen Zhengfei wabamba
umhlangano wokucobelelana ngolwazi nochwepheshe beNoah's Ark
Lab yeHuawei yangonyaka ka-2012 futhi waphendula imibuzo evela

kubabambiqhaza. ULiu Sang, Umqondisi woMnyango Wezobunjiniyela BoMkhiqizo Nobuchwepheshe, ubuze uRen Zhengfei, "Kufanele sigcizelele umoya wentando yeningi yesayensi uma ubhekene nekusasa futhi wenza ubuhlakani bokuzimela. Kodwa-ke, iHuawei ibilokhu inesitayela sokuphatha esokucabanga okuhambelana kakhulu nokwenza ngamandla. Kukhona ukungqubuzana phakathi kwalezi ezimbili. Liyini iphupho lakho ngesimo senhlangano yangonyaka ka-2012 lweNoah's Ark Lab? Ngokwaleli phupho, yini okulindele ukuthi kwenziwe abaphathi nabobuchwepheshe?"

URen Zhengfei uphendule wathi, "Okokuqala, ngifuna ukulungisa isitatimende sakho mayelana nobuhlakani bokuzimela. Udaba ngokusungulwa okuzimele kusho ukuthi thina sizivalela ngaphakathi. Lolu uhlelo oluvalekile. Kungani kufanele sibe ngabakhethekile na? Singakwazi ukwenza yonke into kangcono kunabanye? Kungani kumele sizimele na? Ukuzimela kungukuba yinduna wedwa. Siphikisana nokuzimela. Okwesibili, ohlelweni lokusungula, sigcizelela ukuthi kufanele sigxile kuphela ezindaweni esinethuba kuzo. Ngokuqondene nezinye izindawo, kufanele sikhuthaze ukuvuleleka nokusebenzisana. Kungale ndlela kuphela lapho sakha khona amandla wamasu. Sisekela kakhulu ukuvela okungazelelwe kwezinto ezintsha, kodwa kungcono kakhulu ukuthi zibe sesiteshini esikhulu senkampani. Kufanele sigweme ukusungula izinhlelo ezivalekile. Kufanele sisungule uhlelo oluvulekile, ikakhulukazi ohlelweni lwehadiwe. Sizoshabalala uma singavuleki. Uma singafundi kubantu baseMelika ngobukhulu babo, asisoze sabahlula."

URen Zhengfei wayekholelwa ukuthi, "Ukuvuleleka kuyisisekelo sokusinda kwenkampani. Uma inkampani ingavuleki, ekugcineni izoshabalala. Ukuvuleka kumele kususelwe ekukhuleni kwethu okungumongo. IHuawei inokuzibophezela okumandla ekuvulelekeni. Ukuvuleka indlela yethu yokuphuma. IHuawei uphakamise ukuthi ukusebenza kwekampani kusebenzise ukwakheka kokuhleleka, nokuthi inkampani kufanele iguqukele phakathi kokuqina nokungaqini, ukulingana nokungalingani, ukuze inkampani ikwazi ukugcina amandla ayo. Isakhiwo sokuphatha leso inkampani ibisilandela isikhathi eside siyisakhiwo esihlelekile. Uma sinamandla, kufanele siwahlele ukuze asinike impilo entsha. Uma singakwazi ukuvuleka, le nhlangano ngeke ibe namandla okushintshana ngakho-ke izolahlekelwa amandla."

Izwe lanamuhla livulekile. Noma yiliphi ibhizinisi elifuna ukuhlala livalekile ngokungangabazeki lifuna inhlekelele yalo. Ekupheleni

kwe-20th century, isu lokuvuleka kweCompaq lahlula isu elivaliwe
elingenakuqhathaniswa le-IBM, ukuvuleka kohlelo lweGoogle Android
kwehlula isu leMicrosoft elivaliwe, futhi ukuvuleka kweHuawei kwehlula
iCisco ...

Ngokujwayelekile isimo sokuvuleleka, uRen Zhengfei washo ngqo
esidlangalaleni ukuthi iHuawei izimisele ngokungabi iDon Quixote. Lapho
bebhekene nezithiyo zokuhweba zaseMelika, uRen Zhengfei uphendule
wathi, "Eminyakeni edlule, abanye abantu nabezindaba ezithile eMelika
bake basikhulumela kabi futhi basihlasela, okukhombisa ukuthi ubuhle bethu
bubenze baba nomona... Kufanele sithathe ukuziqhenya ngalokho futhi sithole
ukuzethemba kukho. Kufanele sizame kakhudlwana ukuze sibe bahle kakhulu.
Isisekelo sokulingana ngamandla."

Engqungqutheleni yonyaka ka-2010 yabasebenzi boHlelo lwePSST,
uRen Zhengfei uxwayise abasebenzi beHuawei, "Njengoba iHuawei ikhula
iba namandla, ngeke kube khona abantu abasithandayo kuphela. Kuzoba
khona nabantu abasizondayo, ngoba kungenzeka ukuthi sesenze ukuthi
izinkampani eziningi ezincane zilahlekelwe yizinzuzo zazo. Sidinga ukuguqula
lesi simo, sivuleke, sisebenzisane, futhi siphumelele sindawonye. Akumele
sibe namashumi ezinkulungwane zabantu abazidelayo ngenxa yempumelelo
yeJenene eyodwa. Ukwenza isibonelo, asikwazi ukwenqabe ukuxhaswa
kocwaningo esiluphiwe yizwe, kodwa ngemuva kokwamukela, singakwazi yini
ukuthi sabelane nezinye izinkampani eziyidingayo siguqule labo abasizondayo
babe abasithandayo? Eminyakeni engamashumi amabili yokuqala, saguqula
abangane abaningi baba izitha. Eminyakeni engamashumi amabili elandelayo,
kufanele siguqule izitha zethu ukuba zibe ngabangane. Uma sineqembu
elikhulu labangane kulo mkhakha wezentengiselwano, nakanjani sizoba
sendleleni eya empumelelweni."

Ngokubuka kukaRen Zhengfei, ukuvuleleka nokusebenzisana
kuphela okungathola imiphumela yokunqoba nxazonke. URen Zhengfei
uthe, "'Ukuvuleleka, ukusebenzisana, kanye nokunqoba nxazonke' kusho
ukuhlanganisa abantu abaningi ukuthi basebenze ndawonye ukuze
baphumelele ndawonye, hhayi ukulahlekelwa ndawonye. Sisebenza ngokufanele
amakhasimende ethu, futhi sibeka amakhasimende ethu kuqala uma senza
izinqumo. Eqinisweni, simelwe ukuzizuza ekugcineni. Abanye abantu bathi
siwaphatha kahle amakhasimende ethu ngakho-ke sebathathe yonke imali

yethu. Kumele siqonde ukuthi kunengxenye 'yodonga lwedamu oluphansi' ekucabangeni 'ulwandle olujulile oluhlanzekile, udonga lwedamu oluphansi.' Asifuni imali eningi; sigcina kuphela inzuzo ebalulekile. Uma nje sinenzuzo, ukusinda kwethu kuqinisekisiwe. Sinika amakhasimende imali ethe xaxa. Siyayinikeza abalingani, siyayinika izimbangi, ukuze sikwazi ukuba namandla ngokwengeziwe. 'Ulwandle olujulile oluhlanzekile, udonga lwedamu oluphansi' usho lokhu. Wonke umuntu kumele aqonde lomugqa. Ngale ndlela, impilo yawo wonke umuntu ivikelekile, futhi asisoze sashabalala."

Wena Bhekana Nobunzima Obukhulu, Bese Unikeza Abanye inzuzo

Ngenkathi isu leHuawei lokuhwebelana kwamazwe omhlaba lenziwa ngokuhlelekile njengoba bekuhlelile, uRen Zhengfei wayehlela ikusasa leHuawei. URen Zhengfei wayengazeleleli ngenxa yokuthi ukusebenza kweHuawei kwakuthuthuka kancane, futhi akazange azibeka uphawu ngoba nje iHuawei yayisedlulele iEricsson. URen Zhengfei wayekholelwa ukuthi ngokufunda ukwabelana ikhekhe nabalingani kanye nokubona umhlaba ngomqondo ovulekile, umuntu angaphatha umhlaba kancane kancane.

Ngomhla ka-5 kuSepthemba ngonyaka ka-2014, uRen Zhengfei wathi emhlanganweni wokubika webhizinisi wongocingo, "Ukuhlanganiswa kwakamuva kwabasebenzisi abathile kuyinzuzo kuHuawei, ukuhlanganiswa kweNokia neMicrosoft nakho kuyinzuzo kwiHuawei. INokia izoba umkhiqizi wemishini ecebe kakhulu emhlabeni, futhi kungenzeka ibe inqubekel phambili kusuka ekubeni semuva ibe ethuthukile kakhulu. Iphutha elikhulu le-Microsoft ukuthola inkampani yetheminali kuphela, hhayi iNokia iyonke. Akunakwenzeka ukuphumelela ngokuthembela kuphela kwitheminali ukuxhasa inethiwekhi. Kunzima kakhulu ukuthi kwinkampani yetheminali eme yodwa ukuthi isinde, yingakho abakwaSamsung balwa kanzima ukuze bathuthuke kusuka kumatheminali ukuya ezinhlelweni. UVerizon uthole ubunikazi beVodafone kuVerizon Wireless nge-USD 130 billion, futhi iGoogle ithenge impahla yobuhlakani kaMoto nge-USD 12 billion. Lezi akuzona izinto ezingasho lutho, ngoba zibonisa ukuthi kuzoba nempi enkulu yempahla yobuhlakani eMelika kule minyaka emi-3 ukuya kweyi-5 ezayo. Lapho iMelika iphinde ilulama, izindlela zayo zamasu izoba namandla kakhulu. IVodafone izoceba ngemuva kokuthi ithengise ubunikazi bayo eVerizon Wireless, futhi ngenxa yalokho ngeke ithengise ibhizinisi layo laseYurophu ngokushesha. IHuawei izobe isithola ithuba lokusekela ibhizinisi lethu eYurophu. IHuawei idinga ukusiza amakhasimende ayo ukuba aphumelele. Ngaphandle kwalokho, sizoba sesimeni esiyingozi ngaphandle kwamaphuzu wokusekelwa.

"Akuyona yonke ilayini yemisebenzi yangesikhathi esizayo ezohambela esiteshini sesisebenzi. Sidinga ukufunda kabusha isiteshi futhi sibheke izingqinamba ngeso lamakhasimende. Obani amakhasimende ethu? Amakhasimende ethu awahlanganisi kuphela abasebenzi, kodwa nabantu abajwayelekile. Sidinga ukuvula, futhi kungekudala iHuawei izoba eyokuqala emhlabeni. Uma sicabanga kuphela ngokubusa umhlaba futhi singakwazi ukufunda ukwabelana ikhekhe nabangani bethu, sizobe singahlukile kuHitler, futhi sizobona ukubulawa kwethu ngokweqile. Labo abanqikanqika ukwaba izinkundla zabo abawona osomathuba. Kufanele ubuke imuvi ebizwa 'From Victory to Victory.' Akufanele sikhathazeke kangako ngokuzuzwa nokulahleka kwedolobha elilodwa noma indawo eyodwa. Esikufunayo umhlaba wonke. Ngolunye usuku, 'sizolwa futhi' bese singena eMelika Kusho ukuthini ukuthatha isitayela sokungena? Ukungena eMelika ngenhlonipho."

Eminyakeni engamashumi amabili yentuthuko yeHuawei, ibikhathalela kuphela ukuhamba nekhanda phansi ezigabeni zokuqala, okusho ukuthi ibizivalela ngaphandle isikhathi eside. Njengoba iHuawei iqhubeka iba namandla imihla ngemihla, le ndlela ngokuqinisekile ibingeke isasebenza. Ukuvuleleka, ukusebenzisana kanye nokuthola imiphumela yokunqoba nxazonke sekuphenduke izingqinamba iHuawei ekwadingeka ibhekane nazo.

NgoDisemba wonyaka ka-2010, iHuawei yamemezela amasu ayo wekhompiyutha yamafu kanye nesixazululo sekukonke. Njengomuntu ohola phambili weHuawei, uRen Zhengfei wabonakala ngokungajwayelekile engqungqutheleni yabezindaba yekhompiyutha yamafu yomhlaba. Engqungqutheleni, uRen Zhengfei uthe, "Ukubamba iqhaza kweHuawei kwikhompiyutha yamafu kuzosenza sikwazi ukuguqula kangcono, kuncike ekuvuleleni, ekusebenzisaneni nasekuzuzeni imiphumela yokunqoba nxazonke."

Ngokwesethulo, isu leHuawei lamafu lekhompyutha lalifaka izici ezintathu. Okokuqala, yakha ipulatifomu yekhompyutha yamafu ukukhuthaza ukwabiwa kwezinsizakusebenza, ithuthukise ukusebenza kahle futhi ilondoloze namandla okuvikela imvelo. Okwesibili, kugqugquzelwe ukusetshenziswa kwamafu amabhizinisi nezinhlelo zokuthuthukiswa ukuthunyelwa kwezinhlelo kwikhompyutha yamafu ezimbonini ezahlukahlukene. Okwesithathu, yavula ukusebenzisana futhi yakha uchungechunge lwezemvelo lapho wonke umuntu ayengaphumelela khona ndawonye.

URen Zhengfei washo ngokungananazi, ukuthi, "Ngendlela i-IP eyishintshe ngayo yonke imboni yezokuxhumana, ubuchwepheshe bekhompyutha yamafu buzoguqula nemboni yonke yolwazi." Ngokubuka kukaRen Zhengfei, isu elivulekile lekhompyutha yamafu lizosiza iHuawei nabalingani bayo ukuthi bakhele amakhasimende isiteshi esihle kakhulu samakhompyutha amafu, ukuze wonke umuntu emhlabeni akwazi ukujabulela ukusetshenziswa kosizo kanye nezinsizakalo, njengokusebenzisa ugesi.[1]

Ukungena kweHuawei ekhompyutheni yamafu kwakuwukubonakaliswa kokuguquko kwayo ekuvulelekeni, ukusebenzisana, kanye nokuthola imiphumela yokunqoba nxazonke. URen Zhengfei uthe, "Eminyakeni engama-20 edlule, iHuawei iphume ikhethini eliluhlaza lwezitshalo ezinde, 'njengomlimi' onomzwangedwa ohamba ngomgwaqo ovuthayo ensimini."

URen Zhengfei ubuye washo ngokusobala enkulumeni yakhe, "Sekuyiminyaka eminingi, iHuawei izivalela ngaphandle njengeDon Quixote yasendulo, siphethe umkhonto ngesandla esisodwa, silwa sodwa futhi sikhubeka endleleni yethu yokuba sibe yilaba esiyibo namhlanje. Ngenkathi sivula amehlo ethu emhlabeni, iHuawei kwadingeka ishintshe indlela evalekile ebiziveza ngayo isikhathi eside."

Ukuze kuguqulwe indlela yakhe yokuvala imicabango yamasu evaliwe, uRen Zhengfei uphinde wagcizelela imiphumela emangalisa kakhulu yokuvuleleka, ukusebenzisana kanye nokuthola imiphumela yokuphumelela kwanzazonke. Lapho ecabanga ngezinsuku zokuthuthuka zeHuawei, uRen Zhengfei wezwa ukuziphatha kwangaphambilini kweHuawei sokusebenzisana nezinye izinkampani, nokuzishwabadela noma ukuzilahla ngemuva konyaka owodwa noma emibili, kwakufana ngqo nesenzo sesicabucabu somfelokazi esimnyama. Njengamanje, iHuawei yayifuna ukuguqula lesi simo, ivuleke, isebenzisane, futhi ithole imiphumela yokunqoba nxazoke. URen Zhengfei

---

1. URen Zhengfei. *Let users enjoy cloud computing just like using electricity*. Sina.com, 2010-11-30.

uthe: IHuawei kufanele Igcine isimo "Ulwandle olujulile oluhlanzekile, udonga lwedamu oluphansi", okusho ukuthi sizishiyele ubunzima obuningi futhi sabelane nabanye izinzuzo eziningi. IHuawei kufanele itshale izimbali eziningi nameva amancane, noma ngamanye amagama, yenze abangane abaningi "nezitha" ezimbalwa.

URen Zhengfei ugcizelele ukuthi, "Kubalulekile ukuhlanganisa abantu abaningi ukuthi basebenze ngokubambisana futhi bazuze izimo zokunqoba nxazonke, esikhundleni sokuba phezulu kunabanye. "Impela, uRen Zhengfei wayelungele ukusebenzisana nabasebenza bezinhlelo zokusebenza ezimbonini ezahlukahlukene ezakhelwe kwipulatifomu yamafu evulekile, ngenhloso yokuzothuthukisa ngokuzayo imboni yezolwazi."[1]

Ngo-2010, iHuawei yathuthukela kwabangu-500 abasezingeni eliphezulu emhlabeni wonke ngokusebenza kwayo okuhle kakhulu. Ngaleso sikhathi, iHuawei yase ithembekele kancane ekucwaseni abantu bakwamanye amazwe. Ibidingi kuphela abalingani abaningi, kepha futhi ibizimisele ngokwengeziwe ukuqinisa ukusebenzisana nokuqonda nezimbangi ezinemigomo ehlukile.

---

1. URen Zhengfei. *Let users enjoy cloud computing just like using electricity.* Sina.com, 2010-11-30; Rui Yifang. *Imali etholwe yiHuawei idlule Intengiso ye-Ericsson okokuqala nge-USD 70 billion ngonyaka ka 2013.* 2017. http://tech.huanqiu.com/ comm/2014-03/4942328. html.

ISAHLUKO 18

Ukugxila Kwamasu

Ngenkathi abezindaba nabaphenyi beshicilela izindatshana ezinde zokuxoxa ngempumelelo yeHuawei, ingabe kuye kwenzeka kubo bacabange ukuthi uRen Zhengfei wayenesizungu kangakanani ngokuhlasela "umgodi owodwa odongeni lwedolobha" iminyaka engaphezu kwe-20? Ukulingwa kwegagasi elikhulu lokushiswa kwempahla kanye nomkhuhlane wesitoko kwakungeliphi i-Huawei ebuntwaneni balo? Futhi wazizwa kanjani uRen Zhengfei lapho enza isinqumo sokushiya isu "lokuhweba, imboni, nobuchwepheshe" futhi "wafaka yonke imali yakhe" ekuguqulweni kwamasu ku "ubuchwepheshe, imboni, bese ukuthengiswa ..."

Njengoba wonke umuntu azi, abezindaba nabacwaningi bahlala bengababukeli. Ukuthi into iyimpumelelo noma cha, bangahlala beziphendulela. Lolo cwaningo kanye nokuphawula cishe akunakuba yisibonelo ezinkampanini zaseShayina. Kungenxa yalokhu ngempela, ukuthi siphinde sibuyele kaningi kwimicabango yamasu kakaRen Zhengfei yokuhlasela kuphela ngokukhokhisa ngenani eliphansi "umgodi odongeni lwedolobha" iminyaka engaphezu kwengama-20, ukuze sinikeze isimo esinamasu ahlosiwe lapho abasebenza ngebhizinisi baseShayina abayi-45 million bangakufunda.

URen Zhengfei ukucacisile kanjalo kwingxoxo nabezindaba, "Kule minyaka engama-20 edlule, iHuawei ibelokhu izinikezele, ekubeni yiyo kuphela ekhokhisa "izinga eliphansi" emkhakheni wezokuxhumana. Ngemuva kokuba iHuawei ikhule ibe nkulu yaqhubeka ukuzibophezela ekwenzeni into eyodwa kuphela, okungukuthi, ukukhula kakhulu esicini esisodwa. IHuawei ibivele ikhokhisa 'izinga eliphansi' ngenkathi sinenqwaba yabantu. Lapho sinamakhulu ezinkulungwane zabantu, sisahlasela 'ngezinga eliphansi.' Manje ngamakhulu ezinkulungwane zabantu, sisenza okufanayo." IHuawei isebenzise ubuciko bobuhlakani obukhulu ekugcwaliseni ukuhlaselwa, ihlasela lento 'yezinga eliphansi' ngaphezu kwe-100 billion Yuan 'yezinhlamvu' ngonyaka. Lokhu kufaka nokutshalwa kwemali okufika kuma-60 billion Yuan kuR&D nama-50 ukuya ku- 60 billion Yuan ekonzweni yezimakethe. Lokhu kuvumele ukuthi iHuawei ibe ngumholi womhlaba ekuhanjisweni kwedatha enkulu. Ngemuva kokukhuphukela phezulu emhlabeni, iHuawei yagqugquzela ukuthi kusungulwe ukuhleleka komhlaba kanye nesakhiwo esivulekile nesinqobayo nxazonke, esizosiza amashumi ezinkulungwane zezinkampani emhlabeni ukwakha umphakathi wolwazi ndawonye.

Ukugxila Enanini Elincane Lemikhiqizo Yokuncintisana

Kumyalezo wonyaka omusha ka-2013 owethulwe ngokwesikhundla sakhe njenge ngxenye yeCEO ejikelezayo, uRen Zhengfei washo ngokungananazi, "Gxila kumasu, wenze lula ukuphathwa, futhi uthuthukise ukusebenza kahle," okugcizelele ngokucacile izinhloso zeHuawei zonyaka omusha. IHuawei beyifuna ukugxila kwizinto azyo ezinhle, isebenzise amathalente enhlangano ngokugcwele, futhi isuse inhloso yenhloso yabasebenzi nokuqamba eziteshini ezikhulu, bese ngokwenza izinzuzo ezinkulu.

Ngokusho kukaRen Zhengfei, ukugxila kumasu bekungeke nje kuvumele iHuawei ukuthi yabele kahle izinsizakusebenza, kepha futhi kuvumele iHuawei ukuthi iqhubeke ngokuthuthuka, futhi ikwenze ngokushesha nangendlela efanele. Noma iyiphi inkampani yamazwe ahlukahlukene noma ukuqala kwayo kuzodingeka yandise imakethe yayo ekuphenduleni kwezinsiza ezinganele. Ekwandiseni imakethe, izinsiza zamasu ezinjenge mali yokuqala kanye nethalente kuzophela. Mayelana nalokhu, uPeter Drucker, uBaba weModern Management, uthe, "Ayikho inkampani engenza yonke into, noma ngabe inemali eyanele, ayisoze yaba namathalente anele."

Ngokusho kukaPeter Drucker, ngokuba nokukugxila kumasu kuphela yilapho ibhizinisi lingakwazi ukwabelana ngezinsiza zalo zamasu ahlukahlukene ngendlela efanele. Ekuphathweni kwebhizinisi, uma umsebenzisi esethe indawo lapho kugxilwa khona, ngokwemvelo kungahlanganisa izinsiza zayo ezinqunyelwe bese kukhiqizwa ukwanda okukhulu. Ngokuya kwezilinganiso, uma abakhiqizi bemikhiqizo ejwayelekile bethola inzuzo ye-15%, khona-ke umkhiqizo okhethekile, inzuzo yayo eseceleni ingahle ibalelwe kusuka ku-60% iye ku-70%. Ukuchwephesha amakhono akuthuthukisI kuphela izinzuzo zamabhizinisi kumncintiswano, kepha futhi ikhipha inani elikhulu lezimbangi futhi kunciphisa kakhulu izindleko.[1]

Ngokombono kaRen Zhengfei, uma abantu baseHuawei bebenokulandela umgomo "wemizamo evela emthonjeni owodwa, izinzuzo ezivela kumthombo owodwa," manjalo ke "iHuawei ibengeke ibe elandelayo ukuthi iwe." Uma ngabe bayeka lo mgomo, "iHuawei bekungenzeka ukuthi ibe elandelayo ukuthi iwe." Phakathi kwamabhizinisi amakhulu emlandweni odlule isikhathi soshintsho futhi nokwehlela kokuwa, bambalwa kubo abakwazile ukubuyela emuva futhi baguquka ngempumelelo. Ngakho-ke, iHuawei ngokuqinisekile yayingavumi ukuwa, futhi abasebenzi beHuawei kwadingeka bazinze futhi balondoloze isimilo, futhi babe imbumba futhi basebenze kanzima.

Ekuqaleni kweminyaka yama-1980s eShayina, njengoba uhulumeni waseShayina wasebenzisa isu lokuguqula nokuvuleka, kwakukhona amathuba ebhizinisi anamandla amakhulu yonke indawo. Kungashiwo ukuthi akukaze kube nokushoda kwamathuba eShayina, ngoba kunamathuba angenakubalwa futhi akekho noyedwa ongawathatha wonke. Ngaphansi kwezimo ezinjalo, ukuhlala ugxilile futhi ukwazi ukumelana nezilingo kuba yisinqumo samasu sebhizinisi.

Ukuthi ukusebenzisa ukwandiswa okuhlukahlukene noma ukuhlala uzibophezele ekwenzeni okuthile okukhethekile bekulokhu kuyinkinga kosomabhizinisi baseShayina. Ngemuva kokuthola ukuthuthukiswa kwesivinini esiphezulu, amanye amabhizinisi amancane naphakathi nendawo kuye **kwadingeka ukuthi ahlole kabusha amasu awo okuthuthuka lapho efinyelela** isilinganiso esithile. Lolu hlobo lwesinqumo sabe seluphoqa osomabhizinisi baseShayina ukuthi babhekane nalo mbuzo okhathazayo futhi ophikisayo.

Ngenkathi le mpikiswano iqhubeka, amathuba okuphumelela kokuzihlukanisa uqobo asephansi impela. Imininingwane efanelekile enikezwe izinhlangano zocwaningo ezahlaziya isampula yamabhizinisi angama-412 ikhombisile ukuthi, ngokwesilinganiso sokubuya, ukuphathwa okukhethekile

---

1. Wang Yongde. Wolf-like management in Huawei. Wuhan: Wuhan University Press, 2010.

kudlula ukuphathwa okuhlukahlukene.

Lesi siphetho sikhombise osomabhizinisi baseShayina ukuthi akuzona zonke izinkampani ezingaphindaphinda impumelelo yokufinyelelwa okutholwe yiGeneral Electric eMelika UShi Yuzhu, umsunguli weGiant Interactive Group, wacabangisisa ngemuva kokuthi isu lakhe lokuhlukahlukanisa lihlulekile, "Wonke amabhizinisi ahlulekile anesimilo esifanayo, ukwehluleka ukumelana nezilingo, nokwelula isikhathi sempi sibe side, okubuye kwadala izinkinga."

Ngaphezu kwalokho, uShi Yuzhu waya kuWu Bingxin, umsunguli wenkampani ekhiqiza imithi iSanzhu, ukuze afune usizo lokubuya. UWu Bingxin utshele uShi Yuzhu, "Ngubani ongathola lonke igolide emhlabeni?"

Ukuze avimbele inkinga yokusabalalisi nje ngokungaboni, uRen Zhengfei ukholelwe ukuthi, "Ibhizinisi liqale phansi futhi litholile impumelelo okwamanje, kodwa kufanele sigxile futhi senze inzuzo, singasabalalisi ngokungaboni."

Enkulumeni yangaphakathi, uRen Zhengfei uxwayise abasebenzi baseHuawei, "Sisebenzisa uhlelo lokuzuza nokwabelana, okusho ukuthi awukwazi ukuthatha imali njalo kubazali bakho. Lokho akusizi. Uqale ibhizinisi kusukela ekuqaleni. Eminyakeni embalwa edlule, udabule indlela enzima kakhulu, futhi intuthuko yakho yesikhathi esizayo iqondiswe endleleni elungile kakhulu futhi engcono. Uhlangabezane nobunzima obunjalo, ubekezelele ingcindezi enkulu kangaka, futhi waqeqesha izingcweti eziningi ezikhethekile. Abazali bangaxhasa izingane zabo ukuthi zingene emakethe, kodwa abakwazi ukubasekela impilo yonke. Ngakho-ke, emlandweni, izingane ezingazange zitotoswe ngabazali bazo zazilokhu zithembisa kakhulu. Empeleni inkampani yakuphatha njengezimpungushe ezincane futhi yakuphonsa ehlane lwebhizinisi lenhlangano. Uma usindile, benizoba ngamaqhawe. Uma ubungakwazi ukusinda, besizolivala leli bhizinisi. Kwenzekile nje ukuthi nonke nina zimpungushe ezincane nisinde, futhi iningi lenu selibe izimpungushe ezindala.

"Angilindele ukuthuthuka okusheshayo kwebhizinisi lenhlangano. Anginandaba nokuthi usho ukuthi ufuna ukwedlula ini kusiqubulo sakho. Angicabangi ukuthi kunesidingo sokudlula noma ngubani. Sidinga nje ukwedlula izisu zethu, okungukuthi, kufanele sizondle kahle. Manje uma ungakagcwalisi ngisho nezisu zakho, ubadlula kanjani abanye? Angikholwa ukuthi ibhizinisi lidinga ukulwela ukuba mkhulu futhi liqine ngokushesha. Ukuba nesisekelo esiqinile kuseseyindlela okufanele uhambe ngayo. Noma ngubani ongenza imali, noma ngubani oqhubeka kuze kube sekupheleni, uhamba phambili. IHuawei akuyona inkampani emangalisayo kangako emhlabeni. Eqinisweni, besikwazile ukondla ibhizinisi lethu ngenkathi abanye begoqwa, ngakho ke saba yilona eliqine kakhulu. Ngakho-ke, namanje angicabangi ukuthi kufanele silwele ukukhula kakhulu futhi sivule ngokungaboni manje. Kufanele sigxile kumakhasimende ambalwa abalulekile nemikhiqizo embalwa yokuncintisana, futhi senze impumelelo ngenkathi sisebenza nalawa. Lokhu kufana nengxenye yami enikezwe umsebenzi wokuhlasela empini. Sidinga ukuqhuma izindonga zedolobha zivulekile, futhi sizothuthukisa cishe amamitha angama-400 ngemuva kokungena edolobheni. Isigaba sethu sizobe sisebenzise cishe wonke amandla ethu ngaleso sikhathi. Okulandelayo, kuzolandela ezinye izahluko ezimbili ngemuva, bese zona zidlulela phambili edolobheni, ukusuka kumamitha angama-400 kuye kumakhilomitha amabili. Ngemuva kwalokho, kuzongena ezinye izigaba ezintathu, futhi ukuvimbazela kusebenza kanjena. Ngakho-ke, akudingeki ukuthi sisabalale kakhulu empini. Kufanele sigxile ekuphumeleleni. Lapho usuphumelele kwindawo ethile, lokhu kunqoba kudlala indima ebalulekile njengesibonelo sesimo nesiboniso. Phindaphinda lendawo yempumelelo emkhakheni owodwa, ungase uvune kaningana inzuzo. Ngakho-ke, kufanele siklebhule umgodi uvuleke ngezindawo ezibalulekile, kunokuba sihambise amasosha ethu ukuthi ahlasele ukuvula ngemuva kokuklebhulea izimbobo ezimbili. Uma wenza lokho, ngisho noma ngabe wawunguHitler futhi wafisa ukuthatha umhlaba, ekugcineni ubuzoshabalala. Ngisafuna ukugcizelela ukuthi njengamanje, inethiwekhi yamabhizinisi izuze izimpumelelo ezithile, kepha akufanele sisabalale ngokungaboni ukuyoncintisana. Kufanele silokhu sigxile emkhakheni othile nasezingeni elithile lomkhiqizo. Kubaluleke kakhulu ukuthi singagijimeli ukwenza ngokungaboni uma siphumelela. Ngiphinde ngasho ukuthi nonke eqenjini lesifunda saseShayina nenze inzuzo ethile, futhi ngiyanivumela ukuba nisebenzise uhhafu wenzuzo ukukhulisa izimakethe, futhi nixhase futhi nithuthukise izimakethe ezintsha. Kepha kufanele nithuthukise izimakethe ezethembisayo, ningathumeli inzuzo ezindaweni eziyinselele kakhulu. Ningasebenzisa le ndlela yokwandisa."

Ukubuka kukaRen Zhengfei bekuqondisa kakhulu, ngoba ukugxila izinsiza ezinomkhawulo endaweni ethile kungayithuthukisa kahle futhi ikhulise inkampani. URen Zhengfei uthe, "Kukho konke, ngicabanga ukuthi kungaba namandla kuphela uma siqinisa izinqindi zethu. Awekho amandla uma sisabalala. Kufanele ucabangele ukuthi ukuphumelela futhi uthathe kanjani. Ungangibuzi ukuthi ngenzeni. Ngifuna ukubona ukuthi ungayenza inzuzo engakanani."

Enkulumeni yoNyaka Omusha ka-2013 eyothulwe ngokwesikhundla sakhe njenge ngxenye yeCEO ejikelezayo, uRen Zhengfei uphinde wachaza umthelela omkhulu wokugxila kumasu. Uthe, "Wonke umuntu uyazi ukuthi amanzi nomoya yizinto ezinobumnene kakhulu emhlabeni, yingakho abantu bevame ukucula izindumiso ezithi ukuthamba njengemanzi nokubamnemne njengomoya. Kepha wonke umuntu uyazi ukuthi irokhethe iqhutshwa umoya, futhi igesi elinesivinini esiphezulu elikhishwa yirokhethi lidlula emgodini omncane owaziwa ngokuthi yi-de Laval nozzle, ongakhipha amandla amakhulu okusunduza abantu emhlabeni wonke. Amanzi, okungubuhle, angasika ipuleti lensimbi lapho ekhishwa emgodini omncane ngaphansi kwengcindezi ephezulu. Kuyabonakala-ke ukuthi lapho imizamo ivela emthonjeni owodwa, amandla aphumelelayo anamandla amakhulu.

"IHuawei ijwayelekile, abasebenzi bethu nabo bajwayelekile. Esikhathini esedlule, njengoba ukuhlola kwethu bekugcizelela ukufana ngaphezu kobunye, futhi sasingasebenzi ekwakheni isikhala esifanele, sehlisa umdlandla wabanye abantu ababesebenze kanzima ukusungula, futhi salahlekelwa amathalente amaningi akhethekile. Kepha thina abanye abantu abajwayelekile sigxile emgomeni wethu iminyaka engama-25. Saqhubeka nokusebenza ngokuzikhandla, futhi asikaze santengantenga, njengamanzi aphuma emgodini. Ekugcineni, sakhiqiza impumelelo enkulu namuhla. Lokhu kungamandla omzamo ovela emthonjeni owodwa."

"Imizamo evela kuMthombo Owodwa, Izinzuzo ezivela kuMthombo Owodwa"

UWang Yukun ubhale ukuthi, "IHuawei yahlala nokuzibophezela kumasu omkhakha yokuhlinzeka ngemishini yezokuxhumana. Ngaphezu kokugcina izidingo zenkampani zokusebenza, ibeke futhi nesisekelo sokwakha ubudlelwano obuhle kakhulu. Umncintiswano webhizinisi ungamangaza kakhulu ngesinye isikhathi. Ukuze kukhishwe izimbangi ezingaba khona, izinkampani zizimisele ukusebenzisa noma imali engakanani. Emkhakheni womthengisi oyedwa yemisebenzi yezokuxhumana, ungakwazi ukuthola ingxenye encane yemali esifundeni esisodwa, kepha abasebenzayo bazovala iziteshi zakho zokungena emakethe kwezinye izifunda. URen Zhengfei wayebuqonda ubuthakathaka bemvelo yabantu futhi wagada izinhloso zamasu weHuawei okuhlala isikhathi eside."

Mayelana nezwe langaphandle elingaliqondi isu lakhe lokugxila, uRen Zhengfei wake wathi, ezihleka, "Ukungazi kungenze ukuthi ngiwele emkhakheni wezinto zokuxhumana, inkundla yokuncintisana kunazo zonke yamandla emvelo omhlaba, lapho izimbangi kuyizinkampani ezidume umhlaba wonke ezinezimpahla ezibiza amashumi ezigidigidi zamadollar. Kule ndawo, umthetho wokusinda ulula: kufanele ugxile emikhakheni yamasu."

Kuyaziwa kubo bonke ukuthi njengebhizinisi elizimele elisezingeni eliphakeme, iHuawei yayine-20 000 Yuan kuphela imali yokuqhuba ibhizinisi ebhalisiwe ngenkathi isungulwa. Kodwa-ke, ukusebenza kanzima kwabasebenzi bakaZhengfei nabo bonke abasebenzi beHuawei, inzuzo yayo yaphindeka kabili unyaka nonyaka. Isibonelo, bekungama-410 million Yuan ngonyaka ka-1993, ama-4.1 billion Yuan ngo-1997, ama-10 billion Yuan ngo-1999, ama-149.1 billion Yuan (cishe USD 21.8 billion) ngo-2009, kanye ne-239 billion Yuan (cishe USD 39.5 billion) ngo-2013. Ngo-2015 imali ethengiswa umhlaba wonke yamabhizinisi amakhulu amathathu aseHuawei, abasebenzisi, amabhizinisi namatheminali, ifinyelela ku-395 billion Yuan, okuwukunyuka nge-37% unyaka nonyaka. Inzuzo yayo ephelele yayingu-36.9 billion Yuan, okuwukunyuka nge-33% unyaka nonyaka. Ukuhamba kwemali kokusebenzayo kufinyelela ku-49.3 billion Yuan.

Isizathu esenza ukuthi iHuawei ifinyelele ukuthuthuka ngesivinini serokhethi yingoba emnyongweni wentuthuko yeHuawei empeleni kwaba "isu lokugxila," laguqulwa kusuka "ekuqoqweni kwamandla amakhulu ukulwa impi yokuqothulwa" kaMao Zedong.

Leli lisu lokugxila lingatholakala kuMthetho oyiSisekelo weHuawei (Huawei Basic Law). Isigaba 23 seHuawei Basic Law (uMthetho Oyisisekelo weHuawei) sithi, "Sizibophezele ukugxila amasu ngokwabela izinsiza zenani eledlula izimbangi zethu ezinkulu, ezindaweni ezithinta impumelelo enkulu kanye nezindawo wokukhula amasu akhethiwe. Noma ngabe asihlanganyeli, noma sisebenzisa izinsiza zethu ezingabantu, impahla nezezimali ukufeza ukuphumelela okukhulu." Uma ibhizinisi elisaqalayo lifuna ukuncintisana namabhizinisi amakhulu, inzuzo yamasu okugxilisa amandla alo aphezulu ukulwa impi yokushatshalaliswa kuzobonakala. Ezinsukwini zalo zokuqala zokusungulwa, iHuawei impela izamile uma iqhathaniswa nezimbangi ezinamandla nezimali eziqinile.

Ngaphansi kwezimo ezinjalo, ukwethula umkhankaso wokufuna izinto ngokuzungeza ngokungangabazeki kwakuwumzamo wokuzibulala. URen Zhengfei wanquma ukuthi iHuawei kumele isungulwe kahle kubuchwepheshe obusha obusha njengamakhompiyutha esimanjemanje namasekhethi ahlanganisiwe. Kufanele-ke yakhele phezu kwalesi sisekelo futhi iqalise ukusungula izinto ezintsha ngesibindi. Ukusekela ukusungula izinto ezintsha, iHuawei itshale imali eyi-10% yemali ethengisiwe kuR&D unyaka nonyaka, futhi yazihlomisa ngenani elikhulu lemishini yokuthuthukisa eyinkimbinkimbi nezinsimbi zokuhlola. Ngaphezu kwalokho, iHuawei iphinde yasungula ukubambisana okwezinga elikhulu, okwesikhathi eside, nokushintshana namanye amayunivesithi aziwa kakhulu, izikhungo zeR & D kanye namalebhu esemqoka ekhaya nakwamanye amazwe. Iphinde yasungula ukubambisana okuhle nokuzinzile nezinkampani ezaziwayo nabathengisi bamazwe omhlaba jikelele.

Kwakungexa yokuthi uRen Zhengfei wagxilisa amandla akhe amakhulu ukuze abhekane nezimbangi iHuawei enze uchungechunge lokuphumelela. Mayelana nalokho, uRen Zhengfei wenza isiphetho esilandelayo emhlanganweni wangaphakathi wezingcweti, "Sigxile cishe yonke inzuzo encane yokuthengisa okuthengiswayo ocwaningweni lweziqhebeza ezincane, sasebenzisa umgomo wokucindezela ukufeza impumelelo ethile. Kancane kancane, safeza ubuholi kwezobuchwepheshe futhi sakhulisa inzuzo engenayo. Ubuholi bobuchwepheshe bulethe amathuba nezinzuzo, sabe sesitshala inzuzo eqoqiwe kuR&D yemikhiqizo yeqhebeza ethuthukisiwe nevuselelwe. Besilokhu sithuthuka njalo futhi sisungula izinto ezintsha ngale ndlela. Yize iHuawei inamandla amakhulu namhlanje, sisalandela umgomo wokucindezela futhi sisebenzela ekubeni kuphela abahamba phambili emkhakheni, ezindaweni zethu zobuchwepheshe."

Isizathu esenza ukuthi isu lokugxila lithathwe njengezindlela ezinhle zeHuawei yingoba uRen Zhengfei wayekholelwa ukuthi, "Le minyaka emithathu kuya kwemihlanu ezaya izoba yisikhathi esibucayi sokuthi iHuawei ibambe amathuba e-'datha enkulu' futhi ibambe amasu okuyala izindawo eziphakemea. Isu lethu kufanele ligxile, futhi izinguquko zenhlangano kufanele zigxile ezindleleni zokuthuthukisa amandla empi yokulwa."

Ngokusho kukaRen Zhengfei, ukugxila okuyisisekelo kuphela okungakhulisa amandla empi yamabutho empi. URen Zhengfei uxwayise abasebenzi baseHuawei ukuthi, "Esikhathini sethu, okuyiminyaka emithathu kuya kwemihlanu edlule, into ebaluleke kakhulu kuHuawei ukubamba ukuphakama ukuyala kwedatha enkulu. Ngakho-ke, kuyini ukuphakama kokuyalela kwedatha enkulu? Sesivele senze isinqumo kwiNgqungquthela EseMpumalanga ye-OCT, futhi nje kufanele sikuqonde ngokuya ngesinqumo. Ukuphakama okuyalayo akuyona leyo 400G. Ukuphakama okuyalayo kubhekisa kunoma yisiphi isikhundla, indawo enamasu angenakuphikwa. Kuphi ukuphakama kokuyala? Kuku-10% wamabhizinisi naku-10% wezifunda. Uma ubheka ithrafikhi enkulu yedatha ngokubuka komhlaba, u-70% wethrafikhi yedatha ugxile ku-3% wezifunda eJapan. I-Shayina inendawo enkulu yomhlaba futhi ihlakazeka kakhulu, cishe i-90% yethrafiki ezayo yaseShayina kulindeleke ukuthi igxile cishe ku-10% wezifundazwe. Ngakho-ke, singalisebenzisa kanjani leli thuba? Ngicabanga ukuthi isu lethu kufanele kube ukugxila nokuqoqa amandla ethu.

"Kufanele sifunde ukunikela ngobuhlakani. Kungokunikela kuphela lapho singanqoba khona. Lapho sethula ukuhlasela, uma sithola ukuthi indawo ethile inzima ukuhlasela futhi ayinakunqotshwa ngemuva kwesikhathi eside, singaphindisela amabutho ethu kwenye indawo enganqotshwa. Ngidinga nje ukuthatha ingxenye yezwe, hhayi umhlaba wonke. Uma sifinyelela umnqamulajuqu lapho, singaphuthelwa amanye amathuba amasu esingaba nawo esikhathini esizayo. Singaxhumana ngaphakathi kwendawo enkulu ukunquma ukuthi yini efanelekile ukuthi siyinikele. Iminyaka emithathu kuya kwemihlanu ezayo ingaba isikhathi esihle sokwaba umhlaba. Ngalesi sikhathi, kufanele sigxile futhi sibambe amasu aphezulu okuyalela wedatha enkulu. Uma sesikuthathile lokhu kuyala okuphezulu, kuzoba nzima ukuthi abanye basikhiphe ngokuzayo, futhi ikusasa lethu liyobe seliqinisekisiwe. Wonke umuntu uyazi ukuthi ithrafiki yedatha yethusa kangakanani. Kulezi zinsuku, izithombe zisuka ku-1K ziye ku-2K, zisuka ku-2K ziye ku-4K ziye futhi ku-high-definition (HD). Izingane zithatha amaselula abo zishuthe, bese zithumela zonke izithombe esikhungweni sedatha ngaphandle kokuzisusa. Buka lokhu kukhuphuka kwethrafikhi, kungaphezu kokuthuthuka kwejometri ongakucabanga! Kukhula uchungechunge lokuphumelela okungenzeka! Ukwanda kwethrafikhi akukuphindwe kabili, kodwa kusemandleni amathathu noma amane. Ngakho-ke, amapayipi adinga ukukhuluphaliswa futhi izikhungo zedatha zidinga ukuba zinkulu. Lezi yizindawo zethu zamasu amahle. Kufanele silwele lezi zindawo ezinamathuba amahle, ukuze singakwazi ukusebenzisa amandla ethu wonke. Esikhundleni salokho, sidinga ukuxazulula le nkinga ngokuguqulwa kwenhlangano, okuwukugxila amandla ethu nokuthuthukisa amakhono okulwa wamabutho ethu. Ngaleso sikhathi esingumlando, esibucayi, ibhizinisi lezamabhizinisi kufanele futhi libambe amasu aphezulu okuyala. Impela, unezindawo zakho zamasu eziyisihluthulelo, futhi usufeze izimpumelelo eziningi."

Eqinisweni, ukugxila kwamasu kweHuawei kwenze ukuthi ilalelisisa emkhakheni wezokuxhumana, eyayenze amandla amakhulu okushayela, okhuphula ukukhula kweHuawei ngejubane lerokhethi. Isigaba 1 soMthetho we-Huawei Basic Law sithi, "Ukuze senze i-Huawei ibe ngumphakeli wezinto ezisezingeni lomhlaba, asisoze sangena emkhakheni wezinsiza zolwazi. Ukuhanjiswa kwengcindezi ezimakethe ezimele kuqinisekisa ukuthi indlela yangaphakathi ihlala ivuswa."

ISAHLUKO 19

UNkulunkulu Uvuza Labo Abasebenza Kanzima

Noma yiluphi ucwaningo oluphathelene nokuphathwa kwethalente kwezinkampani zamaShayina luzokwenza kubhekwe ekuphathweni kwabasebenzi baseHuawei. EHuawei, uRen Zhengfei uyiCommander-in-Chief eqinisekile. Ngaphezulu kokuyalela abasebenzi ababalelwa ku-200 000 ukuthi bathathe umhlaba, wabuye waxazulula inkinga yokuvilapha okwakumphumela wohlelo lweHuawei lokubuswa izisebenzi zikahulumeni.

Enkulumeni yangaphakathi eHuawei, uRen Zhengfei uthe, "Kufanele sikhulise isikhala phakathi kwamathalenta wethu ngokuya ngenani leminikelo yabo. Kufanele sigcwalise injini yesitimela ngophethiloli, ukuze isitimela sigijime ngokushesha futhi senze umsebenzi omningi. Kumele kube neqembu labantu abaholayo ekwenziweni kwamanani. Inkokhelo yamathalente akufanele inqunywe yindawo abanamandla esikhundla kuyo. Kufanele isuselwe kwiminikelo yabo, imiphumela ababeyiphendulela, kanye nomoya wabo oyisisekelo wokulwa ngalesi sisekelo. Njengamanje, umgomo wendlela ejwayelekile yenqubomgomo yabasebenzi usunqunyiwe,, futhi isinyathelo esilandelayo kuzoba ukuvumela ukwahlukaniswa okufanele komgomo wenqubomgomo yezabasebenzi ezimeni ezahlukahlukene, ezindaweni ezihlukile, nakwizifunda ezihlukile."

URen Zhengfei wachaza, "Ngethule umthetho wesibili we*thermodynamics* kusuka kwezesayensi zemvelo kuya kwizisayensi yezenhlalo, ngenhloso yokwandisa isikhala nokuthola izinkulungwane zamandla amakhulu ukuhambisa iqembu labantu abayi-150 000 phambili. Kufanele sivuselele iqembu njalo ukuvimbela 'ukufa komhlaba.' Ngeke sivumele inkamapni iwelw 'emgodini omnyama'. Lomgodi omnyama ubuvila. Ngeke sikuvumele ugwinye ukukhanya kwethu nokushisa kwethu, noma ukuqina kwethu."

URen Zhengfei wayekholelwa ukuthi "ukugcwalisa injini yesitimela ngophethiloli" kumane nje kuyisingathekiso, okungukuthi, ekuphathweni kwabasebenzi beHuawei, amathalenta kufanele abekwe ngokuya ngomnikelo wabo wamanani, ukuze isitimela sikwazi ukwenza umsebenzi omningi futhi sigijime ngokushesha.

Ngakho-ke, iHuawei ayikwazanga ukusebenzisa izindawo ezinamandla esikhundla ekuhlolweni kwamathalenta nokunquma ukuholelwa. Bekumele kusekelwe kwiminikelo yabo, imiphumela ababeyiphendulela, kanye nomoya wabo oyisisekelo wokulwa ngalesi sisekelo.

Le ndlela ikhombisa ngokuphelele umkhuba weHuawei wokuhlola nokwaba ngenani. IHuawei ibilokhu ithanda labo abazabalazayo, abagcwalisa "injini yesitimela" ngophethiloli futhi bavumela "ihhashi elisheshayo" ukuba ligijime ekusebenzeni kwalo ngokugcwele, okuvumela ngempela laba abazamayo ukuba babelane izinzuzo eziningi zokunqoba. Kodwa-ke, lokhu futhi kusho ukuthi abavilaphayo bazozizwa bengakaze babe khona, izingcindezi ezinkulu emqhudelwaneni, ngenxa yomkhuba weHuawei wokususa labo abasendaweni yokugcina.

URen Zhengfei uthe enkulumeni yangaphakathi, "Abasebenzi abazamayo ngempumelelo bangumgogodla webhizinisi lenkampani, izinjini zesitimela namahhashi asheshayo. Sifuna ukuvumela izinjini zesitimela namahhashi anejubane agijime, futhi kukhuphule umthelela emaqenjini abalandelayo. Sifuna ukugcwalisa ithimba labasebenzi abangama-150 000 abasebenza kahle kakhulu abakuqinile emzimbeni, abanamandla, futhi ukuze bakhuthalele ukuqhudelana ngokwabo."

Ukubeka Amaqhawe Phambili

Enye yezinto ezinkulu ezavumela iHuawei ukuthi yande ngempumelelo ezimakethe zaphesheya kwaba ukuzikhandla kwabasebenzi beHuawei. Ukusuka kulo mbono, kunoma yiliphi ibhizinisi elifisa ukusinda nokukhula ehlathini lebhizinisi, ukubeka abanqobi kuqala kuyisinyathelo esisebenzayo.

IHuawei ibilokhu igcizelela ukuthi "ukubeka amaqhawe phambili, nokuphikelela ekusebenzeni kanzima isikhathi eside," uze futhi usebenzise isikhathi leso lapho izimbangi ziphuza ikhofi ukwenza imisebenzi ephelele. Abasebenzi abaningi bebhizinisi bangayibheka njengendlela yakudala yokuphatha, kepha uRen Zhengfei wayikhulisa ngokugcwele. Akagcinanga nje ngokubheka "ukubeka abanqobi kuqala, nokuphikelela ekusebenzeni kanzima isikhathi eside" njengezinto ezibalulekile zesiko laseHuawei, wabuye walisakaza ngentshiseko enkulu nangokuzimisela.

Njengoba uRen Zhengfei wabhekane nobunzima nezingqinamba empilweni, ngokwemvelo wazuza ifa lomoya wokulwa elisuka esizukulwaneni esedlule. Mayelana nalokhu, uRen Zhengfei enkulumeni yangaphakathi wathi, "AmaShayina azuza kuphela ifa lobuphofu nezimfanelo zesiko esizukulwaneni esedlule. Ukushintsha lokho esidalelwe kona futhi sishintshe nalokho inkampani idalelwe kona, kunendlela eyodwa kuphela ukwenza lokho – ukusebenza kanzima."

Ngakho-ke, uRen Zhengfei ubheka "ukubeka abanqobi kuqala, nokuphikelela ekusebenzeni kanzima isikhathi eside" njengegugu elingumomgo lesiko leHuawei, futhi walibeka njengesibonelo kuwo wonke uMthetho oyiSisekelo weHuawei (Huawei Basic Law).

Yingoba nje iHuawei yaqhubeka nokuzibophezela 'ekubekeni kuqala abanqobi, futhi yaphikelela nokusebenza kanzima isikhathi eside' eyenza ukuthi iHuawei ifinyelele ukukhula okuphezulu esikhathini eside. Manje njengoba iHuawei ingehlisa ijubane layo, uRen Zhengfei, onomqondo onzima wesikhathi sengozi, waba nombono ukuthi iHuawei ingase ihlangabezane nokuminyana entuthukweni ngokuzayo, futhi ukugcizelele kaningi ukuthi abasebenzi baseHuawei kumele "basebenze kanzima."

URen Zhengfei wayekholelwa ukuthi ukusebenza kanzima nakanjani kuzoletha ukuchuma. Uma umuntu engazange aqhubeke nokusebenza kanzima ngemuva kokuthola ukuchuma, ukuchuma bekuzolahleka. Ngokubona kaRen Zhengfei, bekungeke kwanele ukuthi kube abasebenzi beHuawei kuphela abasebenza kanzima. Ukubeka abanqobi kuqala bekubandakanya ukubabonisa inkathalo futhi. Ngamanye amagama, ukubeka kuqala abanqobi kwakusho ukuvumela abasebenzi bathokozele imivuzo yokusebenza kwabo. Ngaphezu kwalokho, ukuvumela abanqobi ukuba bathokozele imivuzo yokusebenza kwabo, kuphinde kwaziwe njengokwabelana.

Ngonyaka ka-2014, uhulumeni omkhulu wahlongoza umqondo omusha – ukujwayeleka okusha, lapho sekuwumkhuba ojwayelekile ukuthi umnotho waseShayina uguquke ukusuka ekukhuleni ngesivinini esikhulu uye ekukhuleni ngesivinini esikhudlwana. Akungabazeki ukuthi umkhuba onjalo kwakuyinkinga enameva ezinkampanini zamaShayina. Izinkampani zamaShayina zazingene esikhathini sobunzima nokungaqiniseki. Ukungaqiniseki kuncike kwabasebenza ngebhizinisi ukungakwazi ukubikezela, noma ukwenza izinqumo ezinembile ngekusasa.

Impela, ukuze kufinyeleleke ukukhula kule nkinga yokungaqiniseki, izinkampani zaseShayina zazingenaso esinye isixazululo ngaphandle kokusebenza kanzima. Njengoba uRen Zhengfei abeka, "Uma singasebenzi kanzima, iHuawei ngeke ibe nayo indlela yokuphuma."

Ngabe iHuawei yaziphilisa kanjani kuze kube namuhla? IHuawei izoncika kuphi ukuze isinde esikhathini esizayo? Ngokombono kaRen Zhengfei, ayikho enye indlela kodwa ukusebenza kanzima. Ngokusebenza kanzima kuphela lapho amabhizinisi wamaShayina angahlula ngempumelelo izinkampani zamazwe zomhlaba wonke. Akwanele nje ukuba nokuzimisela nokumemeza iziqubulo kuphela.

Kungenzeka kube nosomabhizinisi abangavumelani nalo mbono. Ukuphikisana kwabo ukuthi eminyakeni engama-30 ngaphambi kokuguqulwa nokuvulwa kweShayina, abasebenza ngebhizinisi abaningi kwakungadingeki nakancane ukuthi basebenze kanzima. Lokho kungenxa yokuthi imikhiqizo ababeyikhiqiza yayisincane, ngakho bacabanga ukuthi banamazinga aphezulu wokuphatha. Eqinisweni, abanye balaba basebenzi bebhizinisi babenze into efanele bengazi. Lokho kungenxa yokuthi eminyakeni engama-30 ngaphambi kokuguqulwa nokuvulwa kweShayina, imakethe yayikhula ngokuphelele. Namuhla, ushintsho olukhulu amabhizinisi wamaShayina ahlangabezana nawo ukumfimfa, noma ukucwila okukhulu kwemakethe yangaphandle. Ngaphansi kwalezi zimo, kubaluleke kakhulu ukuthi abasebenza ngebhizinisi bakhethe ukusebenza kanzima.

Namuhla, imakethe yaseShayina ingene enkathini yemikhiqizo eqile namakhasimende anganele. Ukushintshwa okunjalo okukhulu kusho ukuthi isikhathi sendabuko sokusetshenziswa okuholwa ngamabhizinisi sesiphelile, futhi ngokuvumele ngamandla sisekuqaleni kwenkathi yamakhasimende.

Isizathu ukuthi amakhasimende manje yiwo anquma inani lamabhizinisi, hhayi amabhizinisi uqobo. Ngamanye amagama, amabhizinisi kufanele enze izinqumo ngemikhiqizo edingwa amakhasimende, hhayi imikhiqizo angayikhiqiza. Ukufinyelela ushintsho olunjalo, asikho esinye isixazululo ngaphandle kokusebenza kanzima.

Kunesisho sakudala esithi, "Ubunzima bungasiza umuntu afeze impumelelo." Akuna kuthi ibhizinisi eselifeze impumelelo engaka emangazayo lizihambele kamnandi ngaphandle kokuhlngabezana nezinkinga endleleni. Kufanele ukuthi yabhekana nobunzima futhi yabekezelela ubunzima ukuze ifinyelele ogwini lokunqoba. Njengebhizinisi eliphakeme lezobuchwepheshe laseShayina, iHuawei yayingabekelanga ngaphandle. Ukuthuthuka kwayo ngokungangabazeki kwakugcwele izithiyo nobunzima.

Ezinhlelweni zokuya kwamanye amazwe omhlaba, iHuawei yavinjwa yiCisco nezinye izinkampani zamazwe amaningi izinkathi eziningi. Abasebenza ngamabhizinisi abaningi bamaShayina kungenzeka bangakwazi ukucabanga umncintiswano onesihluku kanjalo, kodwa iHuawei ibibhekene nezinkampani zamazwe omhlaba ezisezingeni lomhlaba emazweni athuthukile, ezinye zinamashumi eminyaka noma ngaphezulu kwekhulu leminyaka yemali ebekiwe yebhizinisi kanye nobuchwepheshe, ezinye zinesisekelo sezimboni nendawo yokukhiqiza ethuthukiswe eYurophu naseMelika phakathi namakhulu eminyaka, abanye benamafa webhizinisi, izinsizakusebenza ezinamandla zabantu kanye nesisekelo senhlalo samazwe athuthukile, abanye benabasebenzi bobuchwepheshe abasemazingeni aphakeme kanye nezinhlelo ze-R&D, abanye benemikhiqizo eyaziwayo yemikhakha eyaziwa umhlaba wonke, abanye banezikhundla zemakethe ezimiswe kahle nezisekelo zamakhasimende, ezinye ezinezinhlelo zokuphathwa kwezinga lomhlaba namava okusebenza, kanti abanye banethiwekhi enkulu yezokukhangisa kanye nezinsizakalo ezingahlanganisa amakhasimende emhlabeni wonke...

Lapho bebhekene nomncintiswano omkhulu kangaka womhlaba namabhizinisi asezingeni wamazwe wonke ayenobuchwepheshe obuhle futhi eyakhe izithiyo zemakethe ngaphezu kweminyaka emininingi yokusebenza, iHuawei yayingathatha nje kuphela indlela yokusebenza kanzima. Kwakungekho indlela enqamulayo.

Emhlanganweni wangaphakathi eHuawei, uRen Zhengfei wethule umoya wokulwa wabasebenzi beHuawei, ababehlose ukunqoba amabhizinisi wamazwe asezingeni lomhlaba, "Sekuphele iminyaka eyi-18 (2006), ithimba labaphathi abaphezulu benkampani yethu lisebenze ubusuku nemini, izingcweti eziningi eziphezulu zazinezinsuku ezimbalwa kakhulu zamaholide, futhi bonke abahloli kwakudingeka bahlale bevule amaselula abo amahora angama-24 ngosuku, ukuze bakwazi ukubhekana nezinkinga noma nini lapho kwenzeka khona. Manje njengoba sesisemhlabeni wonke futhi kunomehluko wesikhathi, bahlala benza umsebenzi futhi bebamba imihlangano ubusuku nemini. Asinaso isikhundla semakethe, inethiwekhi kanye nophawu [ukubonwa] izinkampani zomhlaba wonke ezakunqwabelanisa amashumishumi eminyaka. Akukho okuningi esingathembela kukho. Sisebenze kanzima ukudlula abanye, ngokusebenza ngokuzinikela ngesikhathi abanye bethatha ikhefu lekhofi, isikhathi sokuncebeleka nokuzivocavoca. Ngaphandle kwalokho, besingeke sikwazi ukubambana nezimbangi zethu noma sinciphise isikhala phakathi kwethu nabo nakancane."

Eqinisweni, kunzima kunoma iyiphi inkampani yaseShayina ukuzondla isikhathi eside ngaphandle kokuxhaswa ukusebenza kanzima. Ngisho noTong Ren Tang, selokhu kwasungulwa uLe Xianyang ngonyaka wesishiyagalombili wokubusa kukaMangxi Emperor (1669) eQing Dynasty yaseShayina, wabhekana nezinkinga eziningi futhi, washintshela kulawulo oluhlanganyelwe oluyimfihlo ngemuva kweminyaka engama-300, futhi ekubeni idluliselwe kwizizukulwane eziyi-10. Eminyakeni ecishe ibe ngu-300 yentuthuko, bekuyiminyaka okungenani eyikhulu lapho umndeni wakwaLe noTong Ren Tang bevame ukuzithola bebhekene nezimo zobunzima bokusebenza. Ngenxa yokuphikelela kwabo nomoya wokuzikhandla, ibhizinisi lomndeni likaTong Ren Tang likwazile ukuzondla kuze kube namuhla.

Kuphephile ukusho ukuthi ukusebenza kanzima kuyisici esiyimpumelelo sempumelelo, kungakhathalekile ukuthi izwe noma ibhizinisi. Enkulumeni ebalulekile eyethulwe nguNobhala Jikelele u-Hu Jintao e-Xibaipo ngomhla ka-6 kuDisemba ngonyaka ka-2002, uthe, "AmaShayina selokhu aziwa ngokukhuthala kwethu, isibindi nokuqina kokulwa nobunzima. Okhokho bethu kudala baba nezisho ezinjengokuthi, 'Ubunzima bungasiza umuntu afeze impumelelo,' 'Hlala uphapheme ngezikhathi zokuthula, hlala wongile futhi ugweme ukubukisa,' 'Ukukhathazeka kuzolivuselela izwe, ukuphumula odumeni lwethu kuzoholela ekuweni' futhi 'Ukukhathazeka kuzala impilo, ukwaneliseka kuzala ukufa.' Lawa mazwi ayizixwayiso asenemiphumela ebalulekile kithina. Kokubili umlando namanje kukhombisile ukuthi iqembu lobuhlanga elingasekelwa ukusebenza kanzima alinakuphila ngokwalo. Izwe elingasekelwa ngumoya wokusebenza kanzima ngeke likwazi ukuthuthuka futhi libe nenqubekela phambili. Iqembu lezepolitiki elingaxhasiwe ukusebenza kanzima alikwazi ukukhula."

Ngokunjalo, ibhizinisi elingasekelwa ngumoya wokusebenza kanzima ngeke likwazi ukuzondla ngesikhathi eside. EHuawei, uRen Zhengfei usegcizelele kaninginingi ukubaluleka kokusebenza kanzima ngesikhathi sezinhlangano zangaphakathi. Uthe, "Manje sesinezingcweti nabasebenzi abathile abagcwele ubufazane nokuqhosha. Sebeqala ukujabulela impilo, baphumuze izindinganiso zabo, besabe ukuhlupheka noma ukuzikhathaza, bahwilizisane ngomholo wabo, futhi abasenanembeza emsebenzini. Ukuziphatha okunjalo kumele kuvimbelwe kusavela. Kulezo zingcweti ezigenakulungiswa, singawubamba umcimbi wokuvalelisa. Bonke abasebenzi bangabheka futhi bahlole ukuthi ngabe ukhona yini eqenjini lethu (ikakhulukazi izingcweti) oyekile futhi washiya isiko elihle lokusebenza kanzima, ikakhulukazi, abaphathi bethu abaphezulu. Sidinga ukuthola abasebenzi abaningi abanomqondo ofanayo abazimisele ukusebenza kanzima nathi ukujoyina iqembu lethu. Kufanele sivuse izingcweti eziningi nezisebenzi, sizenze zibone ukubaluleka kokusebenza kanzima, nokuziqhenya ngokusebenza kanzima."

Ngokuya ngoRen Zhengfei, iHuawei akufanele igcizelele ukukhuthala kuphela, kepha futhi nomsebenzi onekhono. Lokhu kusho ukwenza ngcono ukusebenza kahle kweHuawei kanye nezinzuzo umuntu ngamunye ngokungenisa inqubekela phambili yokuphatha kanye nokuthuthuka kwamakhono. Kuyo yonke le minyaka, iHuawei ibilokhu iguqula futhi ibeka phambili izindawo ezinjengezinqubo zazo, ukuhlela nokwakhiwa kwe-IT, ibilokhu izabalazela ukukhuthaza ukwenziwa ngcono kwezokuphatha. Lokhu kuye kwaveza imiphumela emihle. Kodwa-ke, uma kuqhathaniswa nezinkampani zamazwe ahlukahlukene zaseYurophu nezaseMelika, uhlelo lokuphathwa komhlaba wonke lweHuawei kanye nabaphathi bayo kanye nolwazi namakhono abo kusasalele emuva ekukhuleni kwabo.

Kuze kube manje, uRen Zhengfei wanikeza incazelo ecacile, "Sivela ekhethini eliluhlaza lwezitshalo ezinde, sasingenaso nesikhathi sokukhipha ithawula elimhlophe elalimbozwe ekhanda lethu, futhi sase sivele sawela uLwandle LwePhasifiki. Besisanemigodi egxilile okhalweni lwethu kanye nezibhamu zeMahuser ezandleni zethu, lapho siwela emgodini wokwenza umsebenzi oqediwe [isixazululo sayo yonke into] (Turnkey project)... Asikwazanga ukwenza konke kahle ngasikhathi sinye. Izikhathi eziningi, sasiphoqeka ngokushesha ukuba siqale ngaphambi kokuba sicabange ngokuhlelekile."

Ngokubuka kukaRen Zhengfei kususela kubaphathi abangasebenzi ngokufanele beHuawei, okufake ingcindezi enkulu nomthwalo osindayo kwiHuawei. Ebusweni bomncintiswano oyisihluku womhlaba wonke, uRen Zhengfei wathi ngokuthembekile, "Kufanele sithuthukise ukubona kwethu izinto ezizofunwa amakhasimende ngesikhathi esizayo kanye nemikhuba yezobuchwepheshe, sisebenze, futhi sibuyisele emuva phansi isimo sokuvumela nokusaywa njengabangene kamuva emkhakheni. Kufanele sithuthukise ukunemba kokuqonda kwethu izidingo zamakhasimende, sithuthukise izinga lethu lempumelelo ngokunembile, futhi sinciphise ukuthenga okungadingeki. Kufanele futhi siqinise ukuphathwa kwezidingo zangaphambi kokuphela futhi senze izibopho ezisebenzayo, ukuze sithole isikhathi esibalulekile sokusebenza kweqembu lokulethwa emuva futhi sinciphise isidingo sokuxhaswa ngamandla okusheshayo okungadingekile kwabaxhasi. Kufanele sithuthukise ukunqwabelanisa kwezinto eziyisisekelo ezindaweni ezinjengokuhlela, ubuchwepheshe kanye nokunikeza, ukuze sithuthukise izinga lokulungiselela kanye nokusebenza kahle kokuphendula ebusweni bezimakethe eziguquka ngokushesha. Sidinga ukuba nepulani enhle kwakho konke esikwenzayo, futhi senze ngemuva kokupulana. Kufanele sibe nekhono lokufingqa izifundo esizifundile, sizisakaze futhi sizabeze enhlanganweni."

URen Zhengfei wanezela, "Amashumi ezinkulungwane zabasebenzi beHuawei bathole inqubekelaphambili encane namhlanje ngemuva kokufaka imizamo eminingi, kepha sisakholelwa ekutheni iHuawei ayikaphumeleli. Imakethe yamazwe omhlaba yeHuawei isanda kuphakama, kodwa imvelo yangaphandle ebhekene nayo inamandla kunangaphambili. Abantu abangaphezu kwe-1 billion basebenzisa imikhiqizo nezinsizakalo zikaHuawei emhlabeni jikelele. Singene emazweni angaphezu kwe-100 futhi sesivele sangena ogwini lwezimakethe eziningi zaphesheya, kodwa singabuyiselwa olwandle nganoma yisiphi isikhathi. Inethiwekhi nebhizinisi kuyaqhubeka noshintsho, izimfuno zamakhasimende zenziwa izinguquko ezinkulu, futhi imboni nemakethe zihlala zishintsha. Siphinde sibhekane nokuzincisha ngemuva nje kokunqwabenalisa amakhono athile nesipiliyoni. Ngalesi sikhathi esibucayi emlandweni, akumelwe siphazanyiswe noma sidilizwe. Ngeke sakwazi ukuwohloka noma, okubi kakhulu, sikhaphela izimpande zethu ngenxa yezithiyo zesikhashana nokungabaza okuvela ezweni langaphandle. Ngaphandle kwalokho, sizobe sibhubhisa i*Great Wall* ngokwethu, kanti iminyaka engu-18 yokusebenza kanzima efakwa yizo zonke izisebenzi zethu izohamba nododi. Noma ngabe esikhathini esidlule, samanje noma esizayo, kufanele silondoloze umoya wethu wokulwa futhi siqhubeke nokusebenza kanzima."

Lokhu kungenxa yokuthi iHuawei, njengebhizinisi eliphakeme lezochwepheshe laseShayina elisendleleni yokwandiswa phesheya, ihloselwe ukuba nohambo olunzima, kepha ukubaluleka kwalo nakho kuyingqayizivele. Mayelana nalokho, uRen Zhengfei uthe, "Injabulo ngeke yehle esibhakabhakeni, kukithina sonke ukuthi siyidale. UNkulunkulu uyabavuza labo abasebenza kanzima."

"Uma Singasebenzi Kanzima, IHuawei Ngeke Ibe neNdlela Yokuphumelela"

Uma ngibheka emuva emlandweni wentuthuko weHuawei, isizathu esenza uRen Zhengfei abheke ukusebenza kanzima njengomphefumulo nengqikithi enkulu yesiko leHuawei kuhlobene nentuthuko yayo uqobo iHuawei.

Ngeminyaka yama-1990s ngenkathi iHuawei isencane, yayingenayo imali eyanele yokusebenza. Ngaphansi kwezimo ezinzima kanjalo, abasebenzi beHuawei batshala imali yabo kanye namabhonasi kuR&D yenkampani. Wonke umuntu uthole inkokhelo encane. Imiholo yayivame ukubambezeleka, futhi izingcweti eziningi nezisebenzi zazihlala emagumbini womlimi arentiwe adiliziwe iminyaka eminingi. Bathenga izinto zokwenziwa kanye nama-oscilloscope okuhlolwa kokuhlolwa ngemali eyanele ababenayo.

Ngenxa yokuntuleka kwemali namakhono, ngaphansi kobuholi bukaRen Zhengfei, abasebenzi beHuawei bathatha yonke imali nakho konke abanako bakufaka ukwenza, bebesebenza kanzima ngokuhlangene, bekhulisa ukuhlakanipha namandla abo, futhi babhekana nezinkinga ubusuku bonke nosuku lonke. Ngokutshala imali okubalulekile nangemiphumela emihle,

ekugcineni bakhiqize imishini yokuxhumana yokuqala yeHuawei – i*digital*
SPC switch. Njengomphumela Isiko leHuawei likaMatilasi elaziwa kakhulu
lasungulwa. Emphakathini wamaShayina wezamabhizinisi, iHuawei
inamalebula ambalwa, kufaka phakathi Isiko likaMatilasi. Mhlawumbe
kumangaza abafundi abaningi, ngokungafani nabanye abasebenzi abaningi
abebefisa ukubuyela ekhaya ngemuva komsebenzi, abasebenzi beHuawei
basebenze isikhathi esengeziwe ngokuzithandela kwabo, baze bafika
nangomatilasi babo ehhovisi.

Ngokomlando weHuawei, ezinsukwini zayo zokuqala isungulwa,
abasebenzi abasha baseHuawei bekufanele baqale baqoqe ithawula nomatilasi
ehhovisi elijwayelekile lapho bebika usuku lwabo lokuqala lomsebenzi. Lokhu
bekuyenzelwe lula izisebenzi, ukuze bakwazi ukulala phansi ngesikhathi
sekhefu. Lokhu bekululula futhi kusebenza kakhulu.

Ngenxa yomsebenzi omningi, abasebenzi baseHuawei babezosebenza
ngisho isikhathi esengeziwe kuze kube sebusuku ukukhiqiza imikhiqizo
emisha kungekudala. Abantu abaningi bebengafisi ukubuyela ezindlini zabo
zokuphumula ukuze baphumule, ngakho-ke basabalalisa omatilasi babo, balala
lapho bezizwa bekhathele, futhi baqhubeke nokusebenza uma bevuka.

Kuze kube manje, abantu baseHuawei bathi ngokuziqhenya, "Isiko
loMatilasi lisho isimo esiyingqayizivele sesiko leHuawei elisungulwe
yimizabalazo enzima yabasebenzi baseHuawei ezinsukwini zokuqala, okuthe
kwaholela emizabalazweni yemicabango yamanje."

Isibonelo, isisebenzi seHuawei uZhang Yunfei wanconywa nguRen
Zhengfei ngokuthi "ingcweti ye-software. UZhang Yunfei wayengamele
ukuthuthukiswa kwesoftware ngesikhathi sakhe eseHuawei. Ezinsukwini
zokuqala zokujoyina iHuawei, uZhang Yunfei wasebenzisa cishe sonke
isikhathi sakhe ehhovisi, esebenza noma elele. Phansi odongeni olusehhovisi
elikhulu, kwakukhona omatilasi abangaphezu kweshumi nambili abondlaliwe,
okwakufana nendawo yokulala yabantu abaningi egumbini lokuphumula.

Ngokusho kukaZhang Yunfei, ngesikhathi sakhe eseHuawei, akekho
owabeka amahora okusebenza, kodwa wonke umuntu wasebenza sekwedlule
isikhathi esengeziwe. Ngenkathi abanye beyolala, uZhang Yunfei wabukeza
amakhodi abukeziwe awonke umuntu, wawahlanganisa kabusha enguqulweni

eyodwa, wayikhipha ngemuva kokuyihlola nokuyiqinisekisa ekhompyutheni... Ngaleso sikhathi, kwase kucishe kusa, yilapho uZhang Yunfei wayeyolala. Kwakungumsebenzi lo onzima owabekela iHuawei isisekelo sokuthi ibe ibhizinisi elisezingeni lomhlaba.

Ngemuva kokuthi "ukusebenza kanzima" kube yingxenye yesiko leHuawei, ezinye izindaba ezingezinhle nazo zalandela. NgoJuni 2006, unjiniyela oneminyaka engu-25 ubudala, uHin Xinyu, washona ngenxa yokugula. Imininingwane yomphakathi ibonise ukuthi uHu Xinyu waphothula iziqu e-University of Electronic Science and Technology of Shayina ngonyaka ka-2005 ngeMaster's degree. Lapho ethweswa iziqu, wajoyina iHuawei futhi wayevame ukwenza umsebenzi weR&D. Ngaphambi kokuthi alaliswe esibhedlela ngenxa yokugula, uHu Xinyu wayevame ukusebenza isikhathi esengeziwe, kuze kube uhlale ubusuku bonke futhi alale phansi.

Izindaba eziningi ezinkulu zabezindaba zashicilela izindaba zokushona kukaHu Xinyu, kanti ezinye zaze zabika ukufa kukaHu Xinyu ngokuthi "ukufa ngenxa yokusebenza ngokweqile" ezindabeni ezibandakanya "Isikhumbuzo sikaHu Xinyu," "Akusekho isikhathi esengeziwe ezulwini," "Izimpilo zabasebenzi beHuawei zifanelwe nje iswishi." Lezi zihlokongokungabazeki zenza iHuawei ibe yinkulumo yedolobha.

Ngenkathi izwe langaphandle ligxeka iSiko loMatilasi, imithombo yezindaba ithathe icala lokushona kwesisebenzi saseHuawei futhi yagcwalisa izinsolo zeSiko loMatilasi leHuawei nokusebenza kanzima.

Ephendula izinsolo ezivela kwabezindaba, uRen Zhengfei wachaza, "Ezinsukwini zokuqala zokusungulwa kwethu, umnyango wethu weR&D waqala nonjiniyela abathuthukisa izinto (*developers*) abahlanu noma abayisithupha ababesebenzisa umoya wokulwa ngeminyaka yama-1960s, 'amabhomu amabili nesiphuphutheki esisodwa' ngenkathi kungekho izinsizakusebenza nezimo ezifanele. Babona isibonelo kwisizukulwane esidala sabasebenzi besayensi nabasebenza kwezobuchwepheshe abasebenza ngokuzikhandla nangokuzinikela emsebenzini wabo. Wonke umuntu usebenze kanzima ukulungisa ubuthakathaka babo, wabhekana nezinkinga ezinzima, wanikezela izinsuku nobusuku ekufundweni kwezixazululo zobuchwepheshe zokuthuthukisa, ukuqinisekisa, nokuhlola imishini yemikhiqizo... Kwakungekho amaholide nezimpelasonto, ngisho nesikhathi sasemini nobusuku. Babevele balala phansi lapho sebekhathele, baqhubeka nokusebenza lapho bephapheme. Isiko loMatilasi leHuawei lwacela ngayo lendlela. Yize amatilasi asesetshenziselwa isikhathi sekhefu sesidlo sasemini manje, iSiko loMatilasi liyisibonakaliso semizabalazo nomsebenzi onzima owenziwe izizukulwane zethu ezindala zabasebenzi baseHuawei, futhi uyimpahla yethu ebalulekile ngokomoya."

Ngaphansi kokulahlwa ngenkani kwabezindaba, iSiko leWolf elalibabaza njengeliyingelosi nelithembekile kakhulu langabazwa futhi lagxekwa, ngoba abezindaba basola isiko lenkampani kaHuawei futhi balinganisa neSiko loMatilasi neSiko leWolf. Abezindaba baphawule ukuthi isiko elinjalo alingalungile, eligxile kuphela ekusebenzeleni phambili ngaphandle kokucabangela impilo yomuntu. Kodwa-ke, iqiniso elincane elaziwayo ukuthi uRen Zhengfei akakaze akhulume ngeSiko leWolf ngemuva kuka-2000. Ngakolunye uhlangothi, iSiko loMatilasi liyingxenye ebalulekile yokusebenza kanzima kwaseHuawei. Ingumphemfumulo wesiko laseHuawei namandla amakhulu abangele ukuthi iHuawei ibe yilokho eyikho namuhla. Kuyisiko elibalulekile lelo iHuawei okufanele iqhubeke izibophezele kulo, noma nini nanoma kuphi.[1]

Ngemuva kweminyaka edlula emibili kwenzeke "Isehlakalo sikavHu Xinyu," uRen Zhengfei ekhuluma engqungqutheleni yezokukhangisa yeHuawei, "Ingabe bezingekho yini izinsolo ezisigxeka ngokubeka phambili umsebenzi onzima, nangomsebenzi onzima waseHuawei? Ngithi, pho iphi inkinga ngokusebenza kanzima? Sizivumelanisa ne-CPC futhi sisebenza kanzima sonke izimpilo zethu zonke ukufezekiswa kobukhomanisi, ukufezekiswa kokwenza imikhakha emine yentuthuko ifane nesimanje (Four Modernizations) yezwe lethu, futhi nangenhloso yokwakha idolobha lethu ukuba libe lihle kakhulu ukudlula iBeijing. Sizoqhubeka nokusebenza kanzima size siyongena ethuneni."

URen Zhengfei wayekholelwa ukuthi inkampani enkulu ayidingi nje ukuhlala igodlile, kepha futhi idinga ukusebenza kanzima, ngoba ukusebenza kanzima bekungumphemfumulo kanye nephuzu eliyinhloko lesiko leHuawei.

---

1. Gong Wenbo. *As Ren Zhengfei said it: The business wisdom of the top CEO from China.* Beijing: China Economic Publishing House, 2008: 191-196.

Ukwedlulisela Isiko Lokusebenza Kanzima

Kuyaziwa kubo bonke lokho, ukuthi kwakuzinikezela "ekukhiqizeni kuqala, impilo kamuva" eyenziwe yisizukulwane esidala sabasebenzi baseHuawei, okwasiza iHuawei ukuba isinde eminyakeni enzima kakhulu eyayivutha ngentshiseko. Yasungula ukwesekwa kokusinda kwayo nentuthuko, futhi yasiza inkampani ukuthi ifike kumabhizinisi angama-500 aphezulu emhlabeni namhlanje.

Enkulumeni yangaphakathi, uRen Zhengfei wakhumbula, "Kwakungekho kuze kube ngu-2001 lapho sabelana ngengxenye yezinzuzo zethu ukwenza ngcono izimpilo zabasebenzi, futhi sisize ukuthula umthwalo wokukhathazeka wabanye abasebenzi ngempilo yabo."

Kwakungenxa yomsebenzi wokuzikhandla owafakwa ngabasebenzi baseHuawei ukuthi iHuawei ihlule amabhizinisi anamandla wamazwe amaningi yize kungekho mali namakhono. Njengoba iHuawei yayingenabo ubuchwepheshe eyayingabukhomba enqubweni yabo yokuthuthuka, akunakuphikwa ukuthi ukuqonda kwabo izixazululo bekungalungile, nokuthi bekukhona ukungabinalwazi namaphutha kumklamo nasekusebenziseni kwabo.

URen Zhengfei wanikeza ezinye izibonelo, "Ngo-1998, amaswitshi bhodi wabasebenzisi angaphezu kwesigidi kulo lonke inethiwekhi alungiswa ngenxa yomklamo ongeke usebenze. Ngonyaka ka-2000, ngenxa yenkinga yokuhlinzekwa kwamandla ku-Optical network Equipment, senza ukubuyiselwa kwamabhodi ayi-200 000 kwi-inthanethi ukuze sibenesibopho kubathengi bethu futhi sisekele ubuqotho bethu. Lawa mabhodi agcwala esitolo sokugcina futhi kwaholela ekulahlekelweni ngaphezu kwebhiliyoni yeYuan. Njengoba bekunokuphambuka okukhulu ekuqondeni kwethu izidingo zamakhasimende zomsebenzisi ose ntshonalanga yeYurophu, okwenze ukuthi sehluleke ukuletha ngesikhathi, sabakhokhela ngokwesivumelwano sabo. Umuntu osebenza ngeselula e-Asia Pacific ukhethe uhlelo lwethu lwe- Colour Back Back Tone (CRBT), kepha ngenxa yesheduli eqine kakhulu, ikhwalithi yephrojekthi yayiphansi, okuholele ekutheni kube namaphutha asezingeni eliphansi afana nemigqa enqamulelayo ethinte kakhulu ikhasimende. Njengomklamo wokuphunyuka wawungafakangwa ohlelweni lwe-VPN, ukwehluleka okuncane kwabangela uhlelo ukuthi lwehle futhi kwaba yinto engasebenzi kumakhasimende. Ukusebenza kohlelo nezimvume zokuphatha zenzelwe ngokuya ngezindima, hhayi abasebenzisi. Njengomphumela, izimvume ezeqisayo zikhubaze lonke uhlelo ngenxa yokusebenza okungalungile. Onke la maphutha enziwa ngenxa yobusha bethu nokungabinolwazi. Ngenxa yobusha obunjalo nokungabinolwazi, kwakumele sibhekane nemiphumelo bese siphinda ukuklanya uhlelo lwethu nentuthuko kabusha, okwakusho futhi ukuthi imisebenzi yangaphambilini yonke imoshakele. Ukuze sihambisane ejubaneni lemakethe futhi sithole amathuba wokuncintisana emakethe, esingakwenza nje ukusebenza kanzima kunabanye. Uma sizizwa sikhathele ngenkathi sisebenza isikhathi esengeziwe, besindlala omatilasi bethu ehhovisi ukuze silale futhi siqhubeke nokusebenza uma sivuka. Uma singalahlekelwa indlela yokulandelanisa ngayo esikucabangayo, besizondlala omatilasi bethu ehhovisi siyolala bese siqhubeka nokusebenza ngemuva kokuthola kabusha indlela yokulandelanisa ngayo esikucabangayo. Lokhu kuholele kwiSiko loMatilasi lelo iHuawei ilidlulisele kwabanye kuze kube manje."

Kunezibonelo eziningi ezinjalo eHuawei. Noma nini lapho iHuawei iba nenkinga, abasebenzi baseHuawei cishe ngaso sonke isikhathi babesiza ngokusebenza kanzima. Isibonelo, ngemuva kokuqhuma kwe-dot-com bubble ngonyaka ka-2001, imakethe yezimboni yehla kakhulu, noma yaze yancipha, ikakhulukazi ngo-2002. Ngokungangabazeki, imvelo yale makethi ingabangela ukuthi iHuawei ingene kubisika obubandayo kakhulu. Ngenxa yokukhula okungekuhle entengisweni yeHuawei, abasebenzi abaningi baba sesimeni esingesihle isikhashana, futhi bashiya iHuawei. Abasebenzi abaningi abashiye iHuawei bathatha ngisho nezinhlelo zomthombo zeHuawei, imiklamo yamapulani nolunye ulwazi olujulile, oluyimfihlo lwebhizinisi. Bazenzela izinkampani ngokwabo noma bathengisele izimbangi zemboni ulwazi ukuze balingise. Ukulingiswa okungabizi kangako, okungafaki lutho kwaba izimbangi eziqondile zeHuawei emakethe, futhi zacishe zawisa iHuawei.

Ngaphezu kwalokho, ngenxa yezahlulelo ezingalungile zesimo semakethe nentuthuko, iHuawei iphuthelwe amathuba amaningi emakethe wokuthola inzuzo kanye nomvuzo. Ngenxa yokwehluleka ukuqagela ngokunembile umkhombe obangelwe yi-bubble, iHuawei yayinethemba elingaqondile ngezimakethe zendawo nemikhiqizo, okwaholela kuhlu lwamadivayisi kanye nokusalela emuva komsebenzi okubiza 500 million Yuan. I-NGN ilahlekelwe ngaphezun kwe-1 billion Yuan kuze kube manje, i-3G isilahlekelwe ngaphezu kwe-4 billion Yuan kuze kube manje, futhi akunangqiniseko ukuthi imali ingabuye itholakale nini. Izinkinga ezinjalo zandisa isimo esinzima seHuawei. Ukuze ibhekane nezinkinga ezingaqinisekile, iHuawei iphinde yaqala kabusha isitimela sokusebenza kanzima futhi. URen Zhengfei wakhumbula, "Sasihlala emahostela wamadola amabili, futhi sasivame ukudla ama-noodle osheshayo kukho konke ukudla bese silala egumbini lamakhompyutha. Onjiniyela bezinkampani esincintisana nazo ababesehambweni lwebhizinisi oluya kwikhasimende elifana naleli esiya kulo babehlala emahhotela endawo asezingeni eliphezulu kakhulu, okwasenza saba nomona kakhulu. Onjiniyela bezinkampani esasincintisana nazo ababesebenza egumbini elilodwa lamakhompiyutha njengathi babepakisha baphume ngokushesha lapho sekuyisikhathi sokuhamba ntambama, ngenkathi thina siqhubeka nokusebenza kanzima. Besilokhu sinomona."

Lapho kuba nenkinga, abasebenzi beHuawei babesusa ukuphazamiseka kokuthuthuka kweHuawei ngokusebenza kanzima. URen Zhengfei uthe, "Saxhasa inkampani ngokunciphisa amaholo ngokuhlanganyela, salungisa amaphutha ayenzwa yintsha yethu ngokusebenza ngokuzidela, futhi savikela inkampani ngokuyisiza futhi idlule esithini esinzima sasebusika ngokushiya imindeni yethu ekhaya nokuya phesheya ukwandisa umbuso wethu. Njengawo wonke umuntu enkampanini ebekezelela ubunzima ndawonye ngenhliziyo eyodwa nangomqondo owodwa, saqhubeka kuze kube namuhla."

INGXENYE 6

Ukubuka Isimo Sezintaba Uma Sisesiqongweni

Ingabe impumelelo yeHuawei eyedlule ingachaza impumelelo yethu yesikhathi esizayo? Akunjalo. Impumelelo ayisona isiqondisi esithembekile sentuthuko ezayo. Impumelelo nayo ingasenza senze amaphutha ayiqiniso futhi siwele kwisithiyo. Kunezibonelo eziningi zomlando zezinkampani eziphumelelayo eziwela ezithiyweni. Isikhathi, isikhala, kanye nomqondo womphathi kuguquka njalo. Ngeke sihlale silandela izindlela zethu zakudala kulezi zimo eziguqukayo, okusho nokuthi impumelelo ayinakuphindaphindwa. Ukhiye wempumelelo usemandleni ethu okuqonda nokusebenzisa amasiko ethu kanye nalokho esahlangabezana nako, futhi sikusebenzise kalula. Lo akuwona neze umsebenzi olula. Abantu abaningi banciphise igazi nemiphefumulo yabo, futhi amathalente angenakubalwa akhokhe inani eliphakeme kakhulu ukuthola lokhu. Ngaphandle kwalokho, umphakathi wesintu ubungavele uvele kanjani esimweni sawo samanje?

Kufanele sifunde izifundo kwinqubo yokucabanga eholela empumelelweni, bhayi indlela yokusebenza. Akumele silingise nje ukuthi into ethile yenziwa kanjani ekuqaleni bese siqhubeka phansi ngendlela efanayo. Njengamanje, abasebenzi abaningi bayavilapha ekucabangeni kwabo. Abanamqondo wokusebenza ngokukhuthala, futhi abakabheki ngokuzimisela izindlela zokwenza umsebenzi ube lula futhi bathuthukise amakhono abo wokunikela.

Umsunguli weHuawei URen Zhengfei

ISAHLUKO 20

IHuawei Incintisana ngokwayo

URen Zhengfei ubelokhu ehola iHuawei endleleni eya empumelelweni selokhu yasungulwa iHuawei ngokulungisa ukwakhiwa kwayo kanye nobungcweti bobuchwepheshe bayo. Isikali sikaHuawei besilokhu sikhula njengoba ibingena emabhizinisini amaningi, ukusuka ekushintsheni kuya eziteshini ezingenazintambo, nokusukela kumakhalekhukhwini kuya kumanethiwekhi ezinkampani. Ngonyaka ka-2013, iHuawei ithole inzuzo yokuthengisa engu-239 yama*Yuan*, okuwukukhuphuka ngo-8.5% unyaka nonyaka.

Emehlweni abangaphandle, iHuawei isivele iphumelele impumelelo enkulu, kepha uRen Zhengfei ukholelwa ukuthi, "Impumelelo yangempela ichazwa ukusinda ngemva kobunzima, futhi ubalekele ukufa. IHuawei ayiphumelelanga; iyakhula nje kuphela." Wake washo enkulumweni ethi, "Ngesikhathi i*dot-com bubble* iqhuma ngonyaka ka-2002, iHuawei nayo yayisemacuphelelweni okuqothuka, kepha senza izinguquko ngesikhathi esifanele futhi safaka utshalo mali ezindaweni lapho abanye banciphisa khona okwabo. IHuawei namuhla inezimo ezingcono. Kufanele sibe nokuzethemba okwengeziwe ekunqobeni bonke ubunzima nezithiyo, futhi ngaphezu kwakho konke, ekunqobeni ngokwethu."

"IHuawei ayikaphumeleli; Isakhula Nje Kuphela"

Lapho iHuawei ithola imiphumela emihle ekusebenzeni kwayo kwebhizinisi, uRen Zhengfei wayezolile ngokungajwayelekile lapho eshayelwa ihlombe ngabezindaba. URen Zhengfei waxwayisa abasebenzi baseHuawei emicimbini eminingi yomphakathi, "IHuawei ayiphumelelanga, iyakhula nje kuphela."

Ngokubuka kukaRen Zhengfei, iHuawei yayisineminyaka engaphezu kwengu-20 ikhula ngokushesha, futhi ayina kuthathwa njengebhizinisi eliphumelele. Bekumele iziphilise isikhathi esingaphezu kwekhulu leminyaka futhi ibe yibhizinisi lokuphila isikhathi eside elakhiwe kwimpumelelo yekhulu leminyaka, njengeBianyifang, iMoutai, iQuanjude neTong Ren Tang. Kungaleso sikhathi kuphela lapho iHuawei ingafaneleka khona njengebhizinisi eliphumelelayo.

Ngaphezu kwalokho, uRen Zhengfei wayenezahlulelo zakhe ngokukhula kweHuawei. Engxoxweni noSam Schechner we *The Wall Street Journal,* uRen Zhengfei wachaza imibono yakhe ngokukhula kwe-Huawei. URen Zhengfei uthe, "Yisikhathi singabekiwe ohlwini, kodwa ngeke sikwazi ukuqinisekisa ukuthi ngeke size sifakwe ohlwini. Ibinzana elithi 'ngeke ubekwe ohlwini' alenzi mqondo, ngoba impilo ngeke ibe ngunomphela, futhi kanye nezithembiso. Kepha okungenani asikaze sicabange ukwenza lokho isikhathi eside impela."

Kunoma yiliphi ibhizinisi, ngaphandle kwamathemba wokuthuthuka kwalo, lilinganiselwe ngemingcele yebhizinisi. Ngaphansi kwalesi simo, akukho bhizinisi eliye laqhubeka iminyaka engaphezu kwe-1500, okwamanje. Ngakho-ke, imiphumela ekhazimulayo yezinkampani ezithatha lonke udumo okwesikhashana ingaba inkanyezi ehudayo esibhakabhaka – yinhle, kepha okwesikhashana.

UZhang Ruimin, uSihlalo kanye no-CEO weHaier Group, naye unombono ofanayo. Ntambama ngomhlaka-23 Agasti 2014, uZhang Ruimin wethula inkulumo enesihloko esithi "Ukuhlola okusha kwamaModeli Ezokuphatha Enkathini Ye-Inthanethi (Innovative Exploration of Management Models in the Internet Era)" ochungechungeni lweMaster Class lwemisebenzi ebiyingxenye yemigubho yeminyaka engama-20 yasungulwa i Shayina Europe International Business School, "Kusichazamazwi sikaHaier, alikho igama elithi 'impumelelo.' Eqinisweni, amabhizinisi aphumelelayo anqoba kuphela ngokuhambisana nesigqi senkathi. Umuntu angaphumelela uma ehambisana nokushaya kwesigqi. Lokhu kufana nesisho esithi 'lapho kufika isivunguvungu, ngisho nezingulube zingandiza.' Yingakho, abanye abantu baphumelela bengazi nokuthi kungani. Nokho, singabantu, hhayi

Izithixo. Ngeke sikwazi ukuhambisana nokushintsha kwezinkathikuze kube phakade. Kufana nokushweza emanzini. Ungahlala yini njalo uphezulu? Akwenzeki. Ngakho-ke, umbuzo uba ukuthi ngempela singakugcina kanjani ukuhambisana nokushintsha kwesigqi sezinkathi. Lamabhizinisi aneminyaka eyikhulu agcina kanjani amabhizinisi awo abe unaphakade? Ngikholwa ukuthi lawo mabhizinisi azalwe kabusha 'ngokuzibulala.' Ngamanye amagama, uma 'ungazibulali,' uzobulawa 'abanye abantu, noma' ubulawe yizinkathi.

Ukukhathazeka kukaZhang Ruimin kwakuzwakala. Uma umcimbi wokugubha iminyaka eyi-100 weDow Jones Industrial Average (DJIA) bewenziwa, i-General Electric Company bekuzoba yiyo yodwa ekufanele ukuthi ibambe iqhaza.

Kumabhizinisi endabuko okwamanje, ukusebenzisa i-inthanethi ngenkuthalo kungaletha amathuba amasha entuthuko. Ngaphandle kwalokho, azothathelwa indawo inkathi ye-inthanethi. Kuze kube manje, uZhang Ruimin uxwayise abasebenza ngebhizinisi lendabuko, "Yithina kuphela esingakwazi ukuzijwayeza nezikhathi. Izikhathi azikwazi ukuzijwayeza thina. Into elikholisayo kunazo zonke esinayo manje umakhalekhukhwini. Ekuqaleni, iMotorola yayingumholi womkhakha, kepha iNokia yasheshe yakudlula. Kamuva, iNokia yadlulwa yi-Apple. Kungani? Izikhathi zakwenza kwaba njalo. IMotorola yayingummeleli wesikhathi se-analog, ngenkathi iNokia yayingummeleli wesikhathi sedijithali. Ukusalela emuva kwe-Motorola ngokuyisisekelo kwakusho ukuthi yaqedwa yinkathi yedijithali. Ngokufanayo, iNokia yaqedwa yinkathi ye-inthanethi. Ngamafuphi, izikhathi sezithuthuke ngokushesha kangangokuba akekho noyedwa ongamelana nentuthuko, vele uhambisane nayo."

Umbono kaZhang Ruimin wawungachemile. URen Zhengfei wayecace bha ngentuthuko yeHuawei yesikhathi eside. Yize umsebenzi weHuawei ngalesosikhathi kwakusezingeni eliphakeme, kuphinde futhi kwaba nezinkinga zokuzisebenza okuhle ngokwayo.

IHuawei Isekude Nempumelelo

Eminyakeni yamuva nje, ezinye izinkampani eziziwa umhlaba wonke ziye zawa ezinqabeni zazo ezinhle zeza ezansi kwesigodi. Ngokuqinisekile, lokhu kufaka phakathi izinkampani zamazwe ahlukahlukene ezazinobudlelwano bezepolitiki nezokuxhumana, futhi ezake zaduma emakethe yomhlaba jikelele. Lezi zinkampani bezike zathandwa ngabathengi, kepha ngemuva kokuhlangabezana nezinkinga ezahlukahlukene kanye nezithiyo ezifanayo, zagcina zathula zawa. Phakathi kwalezi zinkampani, kukhona iNokia, esiyijwayele sonke. Yezwa ubuhlungu obunzima okukhulu ngenxa yokwehluleka kwayo ukuhambisana nentuthuthuko ye-smartphone. ISamsung Eloctronics, ebebefana kakhulu neNokia ne-Apple ekusebenzeni nasekwenziweni kwayo, kubonakala sengathi nayo ibuyela emuva. IBingz Crispy Burger, ebiyinakwe umuntu wonke kudala lapho ukucabanga kwe-inthanethi bekubusa imakethe, kancane kancane iyakhohlwa. IHaidilao, ebiyingqophamlando yomkhakha wezinsizakalo, manje ibhekene nezinkinga nayo...

Abafundi bangabuza, kungani kungenakugwenywa ukuthi izinkampani zibhekane nezithiyo, kodwa imiphumela ekhazimulayo imane kuyindaba yethemba? Kungani umbono wethusa kangaka?

Ngaphambi kokuphendula lolu chungechunge lwemibuzo, kufanele sisho umjikelezo wempilo webhizinisi, ngoba wonke amabhizinisi azohamba lendlela engenakugwenywa yokuqala nokuvalwa. Imininingwane yomphakathi ikhombisa ukuthi umjikelezo wokuphila ojwayelekile wamabhizinisi azimele aseShayina yiminyaka engu-3.7 kuphela. Lokhu kusho ukuthi ibhizinisi ngeke liziphilise isikhathi esingaphezu kweminyaka emine. Nokho, ekuqapheleni kwabathengi, umjikelezo wempilo yebhizinisi kufanele ube isikhathi eside kakhulu kuneminyaka emine. Ngenxa yalokho, abathengi bavame ukungaboni futhi bahlakazelwe umqondo wokuthi "ibhizinisi laphakade," becabanga ukuthi "ibhizinisi laphakade" liyimfanelo yemvelo yanoma yiliphi ibhizinisi elijwayelekile.

Eqinisweni, ukuqonda okunjalo akunangqondo. Umuntu akacabangi ngezingozi ezinkulu lezo amabhizinisi abhekana nazo lapho zisebenza. Bangabuye bahlangabezane nobunzima obuningi obungabekezeleleki, izithiyo, kanye nezikhathi ezinzima nezimnandi. Ngemuva kwakho konke, inkazimulo eqhubekayo kanye "nebhizinisi laphakade" kuyimiqhele egqokwa abambalwa abakhethekile. Lokhu kudinga ukuthi abasebenza ebhizinisini babe nokuqonda okunengqondo wokuthi inkazimulo eqhubekayo "ayijwayelekile," ngenkathi bebhekene nezithiyo kuze kube yilapho ukubhidliswa ekugcineni kuba yisimo "esivamile" sokuphathwa kwebhizinisi. Kungalesi sisekelo kuphela sokuzilungiselela kwengqondo, lapho singabheka khona ngokuzithoba

izikhathi ezinzima nezimnandi zalamabhizinisi futhi siqaphele ukuthi lawo
mabhizinisi esake sawabheka njengaphezulu, ayiqiniso kanjani ngezikhathi
zosizi.

Ngaphezu kwalokho, izidumiso ezingenakwenzeka kwalezi zinkampani
ezenziwa ngabezindaba kubangele ukuthandwa kwazo kabanzi, okubuye
kuholele ekukhohlisweni kokuthi laba ababekade bethembakele ngaphambili
ababephumelele kufanele baqhubeke baphumelele, ukuthi izimangaliso zabo
zokuphatha ezazivele zidalulwe kufanele zithathwe njengeziyiqiniso okushiwo
ukuphatha, nokuthi lezi zinkampani ezake zaphumelela kufanele ziqhubeke
nenganekwane yempumelelo...[1]

Ngaphansi kwalezi zimo, isithombe sokucula nokudansa lapho izikhathi
zizinhle sabiwa phakathi kwamabhizinisi. Lapho ibhizinisi lithola impumelelo
encane, libhala kahle ngemininingwane yayo ephumelelayo, futhi kuze
kusentshenziswe imali eningi ukumema iHarvard Business School ukuthi
ibhale ngabo njengesibonelo. Lokhu kwandisa kuphela ukuwa kwamabhizinisi,
hhayi ukuqhubekelisa ukuthuthukiswa kwawo.

URen Zhengfei wayeyiqaphelile le nkinga ngokomqondo. Ngenkathi
iHuawei imasha ngesivinini esikhulu, uRen Zhengfei neHuawei babegcine
umlando wokungabonali nokwaziwa, ngoba kuRen Zhengfei, iHuawei
yayisekude nempumelelo yayo. Yayithole ukuphumelela okuthile okuzuziwe
kuphela.

Ezinkulumeni zangaphakathi enkampanini yakwaHuawei ezazenziwe
esidlangalaleni, sathola ukuvela okuningi kwamagama afana nobunzima,
ubusika nekhasimende, kodwa asikwazanga ukuthola ukubizwa
kwempumelelo. Ukucabanga okunjalo kokuphatha ngokungangabazeki
kungamandla aqhuba ngemuva ukunqoba okuphindaphindayo kweHuawei
ukuze kukalwe ukuphumelela okukhulu.

Enkulumweni yangaphakathi, uRen Zhengfei uxwayise abasebenzi
baseHuawei, "Impumelelo uthisha omubi. Ikhohlisa abantu abahlakaniphile
ibenza bacabange ukuthi ngeke bahluleke. Akusona isiqondisi esithembekile
esingasiholela esikhathini esizayo. Manje iHuawei isiyakhula. Lokhu
kuvame ukusiholela ekutheni sicabange ukuthi sinqobile ngemuva kokulwa

---

1. Xu Zheng. *What do enterprises rely on to sustain glory and an everlasting business. Business*,
2015(4).

kanzima iminyaka eyisishiyagalombili. Lokhu kubi! Sisalele kakhulu emuva
ezinkampanini zasekhaya nezakwamanye amazwe. Kuphela uma siqhubeka
nokusebenza kanzima futhi silondoloze isimo sokusebenza ngamandla
kanye nokuncintisana, lapho singakwazi khona ukuqinisekisa ukuthi ngeke
sishabalale. Izinkinga ziqhamuka ngemuva kwempumelelo."

Engqungqutheleni yeBhizinisi Lokubuyekezwa ka2014 – Top50 Actual
Case Review yaseShayina kanye noMcimbi wemiklomelo wesiShiyagalombili
i-'Management Action Award', uChen Chunhua, obenguSihlalo kanye no-
CEO we-New Hope Liuhe Co., Ltd. ukhulume ngeHuawei enkulumweni
yakhe, "Abantu abaningi bebelokhu bengitshela ukuthi inkampani yami
inomlando weminyaka engama-30 futhi ukuncintisana okuyikhona kuqine
kakhulu. Ngabatshela ukuthi bangakunaki konke! Sonke siyakwazi ukuthi
kungani uHuawei encintisana. Kungoba emcabangweni weHuawei, kukhona
ukukhula kuphela, futhi akukho mpumelelo. IHuawei ayikaze ikhulume
ngempumelelo, kuphela ngokukhula. Lapho ngibuyela eNew Hope Liuhe,
bangibuza ukuthi yini iNew Hope Liuhe enayo. Ngathi sasisendleleni
yokukhula kuphela. Ngikholwa ukuthi yilokhu esizoxoxa ngakho. Namuhla,
kufanele ubheke ngaphakathi kusuka ngaphandle, hhayi ngenye indlela.
Ungathola inkombandlela yangempela yentuthuko uma ubheka ngaphakathi
kusuka ngaphandle."

Ukucabanga kukaChen Chunhua kwaba, "Umgomo wokubheka
kusuka ngaphandle ulula kakhulu: Okokuqala, uhlola ibhizinisi lakho
ngaphandle. Okwesibili, njalo ukhulisa ukuqonda kwakho imakethe
nomkhakha. Okwesithathu, kufanele usebenzise ukwahlukaniswa okufanele
ukucacisa izidingo zamakhasimende. Okwesine, kumele uvuselele kabusha
amakhono akho, ikakhulukazi amakhono ayisisekelo. Ungawuthola kuphela
umhlahlandlela weqiniso wentuthuko uma ungakha kabusha futhi uphinde
uphucule amakhono akho."

Kulesi sici, uChen Chunhua wafingqa ukucabanga kokuphatha kukaRen
Zhengfei futhi wabhala, "Impumelelo = Akunampumelelo, ukukhula
kuphela." Ucwaningo lukaChen Chunhua luthole ukuthi izinkampani
eziphumelelayo ngokuyisisekelo zenza kahle ezicini ezine. Okokuqala,
ngokuqinisekile basungula okusha. Okwesibili, banomuzwa onamandla
wobunzima. Okwesithathu, umholi ophambili uhlala ephikelela. Okwesine,

bayaqonda ukuthi ukulandelisa kweqiniso kwebhizinisi ukuqonda izidingo zamakhasimende.[1] UChen Chunhua wayekholelwa ukuthi ukusinda nokuthuthuka kwanoma yiliphi ibhizinisi kufanele kube namandla futhi kubheke phambili. Noma ngabe ikwaze ukusebenza kahle isikhashana, ingeyesikhashana nje, futhi akufanele ibe yimali ukuze ibukise. Uma ibhizinisi linikezela ngentuthuko, lingagcina liqothukile kusukela kusasa, noma ngabe lifakwe kuhlu lweFortune Global 500 namuhla. URen Zhengfei ukuqonda kahle lokhu. Uxwayise abasebenzi bakwaHuawei ezikhathini eziningi ukuthi iHuawei yayisekude nempumelelo. Ukukhathazeka kukaRen Zhengfei kuyezwakala. Kunoma yimuphi umphathi webhizinisi, ukunqoba kwesikhashana akusona isikhathi sokugubha. Inkinga ingahle ibe seduze. Ngokuhlala kuphela uphapheme ezikhathini zokuthula futhi siqhubeke nokusebenza kanzima, lapho ibhizinisi lingakwazi ukuziqinisa libe yibhizinisi leminyaka eyikhulu. Ngaphandle kwalokho, ibhizinisi lizoba njengenkanyezi ehudayo esibhakabhakeni – yinhle, kepha okwesikhashana.

---

1. Ngomhla ka-5 December 2014, uSolwazi Chen Chunhua wethula inkulumo yosuku enesihloko esithi "Business choices in changing times" Engqungqutheleni Yokubuyekeza Amabhizinisi Ngonyaka ka-2014 eyayiseShenzhen.

ISAHLUKO 21

Ukwenyukela Phezulu
Nobusika beHuawei

EHuawei, kuhlale kunenkinga, ngezikhathi ezimnandi noma ezimbi. Kudala, ngaphezulu kweshumi leminyaka edlule, uRen Zhengfei wayebhale indaba enesihloko esithi *Ubusika beHuawei*, ebe nomthelela kubasebenzi bezindaba nabosomabhizinisi abaningi. Le ndatshana ibigxile ezingcupheni nasekwehlulekeni kweHuawei, futhi ibineminiingwane kakhulu futhi ihlaziya.

URen Zhengfei uxwayise abasebenzi baseHuawei, "Uma ngelinye ilanga ukuthengisa kanye nezinzuzo zenkampani zehla ngokuqothuka, senzani? Inkampani yethu ibilokhu ithokozela ukuthula isikhathi eside kakhulu, futhi sibe nabaphathi abaningi kakhulu abanyuselwa isikhundla ngesikhathi sokuthula. Lokhu kungaba yinhlekelele yethu. Yize kunjalo, iTitanic nayo yayike yahamba olwandle lwamakhaza. Eqinisweni, ngikholwa ukuthi lolu suku luzofika nakanjani."

URen Zhengfei wayenomuzwa wokuthi iHuawei kumele ithole isixazululo njalo lapho ihlangabezana nezinkinga. Ngaphandle kwalokho, iHuawei kungenzeka ingakwazi ukuphakama emva kokuhlangabezana nenkinga enkulu. Ngawo lowo nyaka uRen Zhengfei wethula leyo nkulumo, imali yentengiso yonyaka yeHuawei yaba amabhiliyoni angama-22 amaYuan, okuyintengiso eningi kunazo zonke izinkampani ezingu-100 eziphezulu zaseShayina ezithengiso izinto zikagesi. Ngaphezu kweshumi leminyaka kamuva, ngonyaka ka-2017, imali yentengiso yonyaka yeHuawei yayingama bhiliyoni angama-603.621 amaYuan. Kwakuyisimemezelo esiphakeme sobusika beHuawei esishiye osomabhizinisi baseShayina, abezindaba nabaphenyi nombono ojulile mayelana nomuzwa wobunzima wabasebenzi baseHuawei.

Xazulula izinkinga ngaphambi kokuba zibenkulu, Hlala Uqaphile Ngezikhathi Zokuthula

Ngemuva kokuthatha izinkulumo zikaRen Zhengfei azethula eminyakeni eyishumi edlule, ngaqoqa ukuthi uRen Zhengfei wayevame ukusebenzisa igama elithi "ukuqwashisa ngenhlekelele" ngesikhathi sokukhula kweHuawei.

Noma kungaba sekutheni *iHuawei ingaliphakamisa isikhathi esingakanani iFulegi layo, Ubusika beHuawei*, noma *iHuawei Izoba Ufudu Olukhulu Olujahana neTesla*, umuzwa onamandla wenhlekelele uhamba kukho konke. Ukuvela kwalomuzwa wenhlekelele kuvuse amandla wangaphakathi weHuawei, kuyilungiselela ukuthi ibhekane nezinselelo eziphindaphindekayo, ukunciphisa umthelela wezinto ezahlukahlukene ezingaphandle, futhi ekugcineni isinde.[1]

Phakathi kosomabhizinisi abakhulu baseShayina, uRen Zhengfei ukulungiselele kahle ubunzima. Ngesikhathi senqubo yokuthuthuka kweHuawei, umuzwa onamandla wenhlekelele kaRen Zhengfei kwaholela ekuphathweni kokusebenza kweHuawei. Njengoba uRen Zhengfei asho, "Kule minyaka eyishumi edlule, bengisolokhu ngicabanga ngokwahluleka nsuku zonke ngingayinaki impumelelo. Bengingenawo umuzwa wenkazimulo noma wokuziqhenya, benginomuzwa wenhlekelele kuphela. Lokhu mhlawumbe yingakho siziphilise iminyaka engaphezu kweshumi. Usuku lokwehluleka kwethu nakanjani luzofika. Wonke umuntu kumele azilungiselele lokhu. Lokhu ngumbono wami oqinile, futhi kungumthetho womlando."

Kwakuwumuzwa onamandla wenhlekelele kaRen Zhengfei osize iHuawei ukuthi idade emanzini ayingozi kanye nagaphansi komhlaba lapho incintisana embonini. Kwakuyilomuzwa onamandla wenhlekelele futhi owaguqula iHuawei kusuka ebhizinisini elincane eShenzhen yaba umphakeli wemishini yenethiwekhi esezingeni lomhlaba. Umqondo wokuhlala uphapheme ngezikhathi zokuthula, lapho "iHuawei ayikaphumeleli, iyakhula kuphela" isibe umfutho kuguquko lweHuawei. Mayelana nalokhu, uRen Zhengfei wayeshilo

---

1. Liang Weiwei. *Huawei's decision to abandon the United States was criticised as a "wolf" full of turtle spirit. China Industrial Economy News*, 2014-01-16.

ukuthi, "Ukuhamba phambili buzala ukuwa. Kunzima ukuqala ibhizinisi, futhi kunzima ukuqhuba ibhizinisi, kepha akunzima uma wazi ukuthi ubunzima buhlezi kuphi. Impumelelo edlule yamabhizinisi ezobuchwepheshe asezingeni eliphakeme ivame ukuba yisiqalo sokwahluleka. Kulomphakathi wolwazi oshintsha ngokushesha, yilabo kuphela abanovalo abazosinda."

USolwazi uYang Zhuang, uDini weNational School of Development ePeking University naseBeijing International MBA ePeking University (BiMBA), ukusho lokhu engxoxweni nabezindaba, "URen Zhengfei ubelokhu ekhuluma njalo ngobusika nomncintiswano weHuawei. Ukuqwashisa ngezinhlekelele sekuyindlela yabo bonke osomabhizinisi abahle kakhulu, njengoBill Gates weMicrosoft noLee Kun-hee weSamsung."

Ngokubuka kukaYang Zhuang, impumelelo yeHuawei ivela kakhulu emqondweni wenhlekelele kaRen Zhengfei. Imininingwane yombiko yonyaka wonke yomphakathi ibonisa ukuthi ngonyaka ka-2013, iHuawei ithole imali yentengiso engamabhiliyoni angama-239 wama-*Yuan* (cishe amabhiliyoni angama39.5 wama-USD), ukwanda ngo-8.5% unyaka nonyaka, kanye nenzuzo ephelele yamabhiliyoni angama-21 wama-*Yuan* (cishe amabhiliyoni ama-3.47 Wama-USD), ukwanda ngo-34.4% unyaka nonyaka. Ngokombiko wonyaka owedlule oshicilelwe ngabakwa-Ericsson, imali engenayo yokusebenza yase-Ericsson ngo-2013 yayingamabhiliyoni angama-35,3 wama-USD, okucishe kufane naleyo ngo-2012, kanti inzuzo yayo iyonke yayingu-1.9 bhiliyoni we-USD. Ngonyaka ka-2013, ikhadi lamaphuzu labahlinzeki bemishini ehamba phambili lashicilelwa yi-Infonetics Research abeka iHuawei kuqala, kwathi i-Ericsson neCisco zilandela ngemuva.

Kuyabonakala kulesi siqephu sedatha ukuthi iHuawei manje isingumaqhuzu embonini yezokuxhumana ngocingo. Noma kunjalo, ngesikhathi sokuthuthukiswa kweHuawei, umqondo wokuhlala uphapheme ngezikhathi zokuthula wawusolokhu ufakwe ngokujulile kuwo wonke umsebenzi weHuawei. Kaningi, uRen Zhengfei wasebenzisa isibonelo "sokubilisa amasele emanzini afudumele" ukuxwayisa abasebenzi baseHuawei. Ngiyethemba ukuthi uRen Zhengfei ujwayelene kakhulu futhi uqaphe kakhulu ngalokhu kuhlolwa kwamaxoxo.

Endabeni ethi *INtwasahlobo eNyakatho*, uRen Zhengfei waqala ngokuthi:

Ngiye ngizwe iculo elithi "INtwasahlobo YaseNyakatho" izinkathi eziningi ezingamakhulu, futhi izinyembezi zazehla emehlweni ami ngaso sonke isikhathi, njengoba ngithintwa kakhulu yilamazwi alula ahlatshelelwayo.

Umqambi weculo elithi "INtwasahlobo YaseNyakatho" wayehlose ukucula izingcomo kosomabhizinisi nalabo abahluphekayo empilweni, hhayi ukuthi iculwe njengengoma yothando, njengoba intsha namuhla iyiphutha ngayo.

Ngesikhathi sokuqhakaza kwamathunduluka nenkathi enhle yasentwasahlobo, sama ngezinyawo emhlabathini yaseJapanii. Kulolu hambo oluya eJapanii, asikho lapha ukuzothola ukunambitheka kwentwasahlobo kwelinye izwe noma ukwazisa izimbali eziqhakaza ukuqhakaza ezintabeni. Silapha ukuzothola isipiliyoni sokusinda ebusika.

*Lapho nje ngifika eJapani, umbono wami wokuqala kwaba ukuthi le ndawo yayinokuthula, icosololo ihlanzekile, inothile futhi inethezekile njengoba yayinjalo eminyakeni eyishumi edlule. Ukusuka ezindaweni ezisemakhaya eziqhelelene kuya emadolobheni amakhulu, imigwaqo yayisahlanzekile. Yonke into yayisahlelekile noma ngabe siyaphi. Abantu bebesathandeka, benomusa futhi benenhlonipho, izinyawo zabo zisashesha. Kusuka kuweta esitolo se-*ramen *ukuya kwisalukazi epulazini elincane, kusuka kubasebenzi basehhovisi ezinkampanini ezinkulu kuya kuwo... Wonke umuntu uyathandeka, unethemba futhi uzinikele emsebenzini wakhe. Bawuthanda kakhulu umsebenzi wabo, futhi bayalithanda ithuba lokusebenzela abanye kakhulu. Ukusebenza kubukeka njengento abayithokozela kakhulu, azikho izimpawu zokucindezeleka, ukungagculiseki kanye nentukuthelo. Ngokubona kwami, iJapani yayisese leyaJapani eminyakeni eyishumi edlule, kanti amaJapani ayeselokhu eyilawa maJapani eminyakeni eyishumi edlule.*

Kepha ubani obengazi ukuthi iJapani ibone ubusika obubandayo nobude kunabo bonke emuva kweMpi Yezwe Yesibili kule minyaka eyishumi edlule? Ngokwazi ukuthi engikubonayo nengikuzwayo manje kwakhiwe ngesikhathi eside sokukhula okuphansi, ngizizwa ngithinteka ngakho. Eminyakeni eyisishiyagalombili edlule, iningi lezinkampani zaseJapani alikhuphulanga iholo lazo, kepha ukuhleleka komphakathi lapha kungcono kunokwaseNyakatho yeYurophu, okumangalisa ngempela. Lapho nje iJapani isingaphinde ibuye, isisekelo esinjalo ngokuqinisekile siyoyisekela ngamaphiko ukundiza esibhakabhakeni. Uma iHuawei ihlangabezana nobusika obubili obulandelanayo, angiqiniseki ukuthi abasebenzi baseHuawei bazosabela

201

ngokuthula nangokuqinile yini, futhi banqobe ubunzima ekugcineni bangenise intwasahlobo.

Kusukela ekuqaleni kweminyaka yama-1990s, iJapani ibone iminyaka eyishumi yokukhula okuphansi, ukukhula okuyigunqu, ukukhula okungekuhle... Lo busika bude kakhulu, izinkampani zaseJapani zazidlula kanjani lapho? Yibuphi ubunzima ezabhekana nabo? Zathola maphi amava? Yini esingayifunda kubo?

Le yinhloso yokuvakasha kwethu eJapani.

IHuawei ibone intuthuko esheshayo iminyaka eyishumi. Ngabe ingaqhubeka nokuthuthuka esikhathini eside? Ngabe ingahlangabezana nokukhula okuphansi, noma okubi kakhulu, isikhathi eside sokukhula okuphansi? Yiziphi izinkinga ezikhona ekwakhiweni nasekuphathweni kwebhizinisi? Ngabe abasebenzi abaphakanyiswa ngokushesha ngesikhathi sokuthula bangamelana nokubanda okukhulu ebusika? Ngabe ukuhamba kwemali kuzophazanyiswa yini ngesikhathi sokuthuthuka okusheshayo, kufana nokuthi kusengaba kanjani nomphumela lapho umfula ugcwele iqhwa, ngakhoke inkampani ayifiki ngokuphelele lapho izoma nje okungenani... Le yimibuzo abaholi bebhizinisi okufanele bayicabangele ngaphambi kwesikhathi.

Ngokuqinisekile iHuawei izothola ubusika ngolunye usuku. Ukulungisa ijazi lasebusika kuncono kunokuthi ungalungiseli lutho. Kufanele sibhekane kanjani nobusika beHuawei? Lesi yisihloko esasihlala sizindla ngaso futhi sixoxa ngaso ngesikhathi sethu eJapani.

Phakathi kwezindatshana zikaRen Zhengfei, *INtwasahlobo YaseNyakatho* yingxenye yommeleli womcabango kaRen Zhengfei wenhlekelele. Ngomhlaka 19 Okthoba 2004, uRen Zhengfei wavakashela eJapani ohambweni lokufunda. Ngemuva kokubuyela eShayina, uRen Zhengfei wafingqa inhloso yohambo. Njengoba uRen Zhengfei asho, lolu hambo lokuya eJapani kwakungekhona ukuthola ukunambitheka kwentwasahlobo ezweni langaphandle noma ukwazisa izimbali eziqhakaza ukuqhakaza ezintabeni. Kwakukuzofunda ngesipiliyoni sokudlula ebusika kumaJapani. Ngisho nanamuhla, leli phuzu linokubaluleka okuningi okuhle, okusebenzayo.

Ezinkulumweni zangaphakathi zikaRen Zhengfei, igama elithi "inhlekelele" igama alisebenzisa kakhulu. URen Zhengfei wathi ngokukhululekile, "Umlando unikeze iHuawei ithuba. Singaqhubeka

nokuzinza isikhathi eside kuphela uma sixazulula izinkinga ngokushesha
futhi sihlale siqaphile ngezikhathi zokuthula. Uma sidukiswa impumelelo
nentuthuko esinayo njengamanje, futhi singanaki izingozi ezifihlakele
ezihlukene, sizoba njengexoxo emanzini afudumele, singazi ukuthi inhlekelele
isizosehlela, futhi ekugcineni siyoshabalala emanzini abilayo."

Ngenkathi iHuawei ithola imiphumela emihle, uRen Zhengfei ozothile
waxwayisa abantu baseHuawei, "Ngenxa yokungalingani kwemali, inkampani
ibhekane nezingqinamba futhi iqhutshwe onqenqemeni lwengozi kaningi.
Ngubani osindise inkampani? Yimuphi uNkulunkulu obusise ngasese
inkampani? Kwakungomoya wokulwa ohlanganyelwe nomoya owenyuswe
yimiphefumulo yezinkulungwane zabasebenzi namalungu emindeni yabo,
ebusisa le nkampani. Ikakhulu, igqugquzelwa umgomo wokusebebza
womnyango wezokukhangisa we-'Fisela okuhle futhi uthokoze uma unqobile,
sibeka izimpilo zethu engozini ukusindisa uma sehluleka,' amaqhawe
namaqhawekazi angenakubalwa anikezela amaphupho abo okuba ososayensi
futhi ahamba ayosebenza ekuqaleni ngokulandelana."

"KuseNtwasahlobo manje, kepha Ubusika abukho Kude Kakhulu."

Kuyo yonke intuthuko yeHuawei, umuzwa wenhlekelele ubulokhu ugxilisiwe
ekuphathweni kwayo. USolwazi uYang Zhuang, uDini-weNational School
of Development eYunivesithi yasePeking kanye neBeijing International
MBA ePeking University (BiMBA) uyihlolile kanjena, "URen Zhengfei
ungophuphayo. Ngenkathi eshicilela indaba yo*Busika beHuawei* ngo-2001,
wayevele esebonile ukuthi iHuawei yayingeke ithembele kumkhiqizo owodwa,
owakhiwe kahle ukwandisa imakethe. IHuawei kumele iguquke kusuka
kumphakeli womkhiqizo owodwa wokuxhumana ngocingo (njengama-*switch*
kanye nama-*router*) kuya kumphakeli wawo wonke umkhiqizo wenethiwekhi
ye-IT. Ngenkathi abanye abakhiqizi bezinto zogesi abazungeze iShenzhen
begxile kumncintiswano womkhiqizo, iHuawei yayiqinisekisile indlela yayo
yokuthuthuka ngokuthi 'ukubeka okubalulekile kumakhasimende phambili.'
Ngemuva kwalokho yatshala imali eningi eR&D, igxile ekuthuthukiseni
ezobuchwepheshe kanye nobuholi kwezobuchwepheshe, obushintshe
isikhundla seHuawei esalandela sokuncintisana kanye nokuqondisa.
Ngasekupheleni kweminyaka yama-1990s, lapho izinkampani eziningi

zaseShayina zazingenela imakethe yomkhiqizo lapho kungekho mncintiswano emakethe yasekhaya, uRen Zhengfei wayevele ebheke phesheya ngentuthuko yeHuawei futhi wayezama yonke imizamo ukuqhuba iHuawei ifakwe emazweni omhlaba. Ngemuva kweminyaka engaphezu kweshumi yokusebenza kanzima, iHuawei manje seyenziwa izwe lonke. Ingugquko yeHuawei ixhumene ngokuqondile nekhwalithi yomholi wayo."

Ngokusho kukaJang Zhuang, ukuguqulwa ngempumelelo yeHuawei kuxhumene ngqo nezimfanelo zobuholi zikaRen Zhengfei. Imodeli yokuthuthuka kweHuawei ayigcini nje ngokubeka uphawu lokulinganisa lwabasebenza ngamabhizinisi abaseShayina, kodwa futhi igcine izinkampani zomhlaba wonke ezinzwaneni zabo. Lokho kungenxa yokuthi ukuqaphela kwenhlekelele kukaRen Zhengfei akugcinanga ngokuthuthukisa ukubumbana kweqembu namandla okulwa, kodwa futhi kwenza ukuguqulwa okuqhubekayo kweHuawei nokwenziwa kwezinto ezintsha.

UDkt. Liu Chengyuan, uSihlalo weHezhong Resources 3A Enterprise Management Consultancy, wabhala, "Ngokuya ngesu leqhezu, uRen Zhengfei ugcizelele isidingo sokuqhubeka nokuqanjwa nokuzimela okusha. Ukwengeza ekusebenziseni amaqhezu asezingeni eliphezulu akanokusho aqhamuka eQualcomm, eTexas Instruments kanye nabanye abakhiqizi bangaphesheya kwezilwandle, iHuawei yayifuna ukuthuthukisa amaqhezu ngokuzimela ngenhloso yokuvikela amasu. Indlela yeHuawei kwakuyisinyathelo sokubusa okwakufanele sithathwe yilabo abafike kamuva, okwakuwukulandela kuqala, bese siqamba, bese sihlula kamuva. Kuzoba nezimo eziningi ezingalindelekile emncintiswaneni wokufakwa emazweni omhlaba. Abaholi bezinkampani kumele bahlale bephapheme ngaso sonke isikhathi ukuze baqinisekise ukuthi abenzi maphutha noma benza ambalwa. Kufanele futhi bazilungiselele, ukuze babe namandla lapho izimbangi zabo zenza amaphutha."

Ingxoxo ngoBusika beHuawei ayiqalanga nje lapho uRen Zhengfei eya eJapani ohambweni lwakhe lokufunda. Yayivele ibonwa lapho uRen Zhengfei ehlangana nosihlalo we-Alcatel, uMnu. Serge Tchuruk.

Ekuqaleni kwekhulu leminyaka lama-21, uSerge Tchuruk, owayengusihlalo wakwa-Alcatel ngaleso sikhathi, wasingathwa nguRen Zhengfei, umsunguli weHuawei, esakhiweni sakhe sewayini eBordeaux, eFrance.

Ngemuva kokubingelelana, uSerge Tchuruk wanikeza uRen Zhengfei isethulo, "Empilweni yami ngatshala imali ezinkampanini ezimbili, enye yi-

Alstom kanti enye yi-Alcatel. I-Alstom yenza amandla enuzi. Izinkampani zamandla enyukliya zisebenza ngokuzinzile. Ukuhlukahluka kukhona kodwa amalahle, ugesi ne-uranium. Ubuchwepheshe abushintshi kakhulu, futhi umncintiswano awuthusi. Kepha imboni yezokuxhumana zocingo inesihluku esikhulu, awukwazi nokubikezela ukuthi kuzokwenzekani kusasa, noma ngenyanga ezayo..."

USerge Tchuruk wayekholelwa ukuthi imboni yezokuxhumana yayinonya, njengomthetho wehlathi. URen Zhengfei uvumelane kakhulu nalo mbono. NgoMarch 2001, lapho ukukhula kweHuawei kwakhula ngamandla, uRen Zhengfei washicilela indaba ethi *uBusika beHuawei* kushicilelo lwangaphakathi lwenkampani. Le ndatshana ibingesona nje isixwayiso kuHuawei, kepha futhi kuyo yonke imboni. Le ndatshana yabe isakazwa kabanzi lapho kuqhuma idot-com bubble. Ukuchazwa "kobusika" kwase kuthathe incazelo entsha ngaphandle kwenkathi yonyaka, futhi sekubuye kwahlotshaniswa nenhlekelele.

Kuyaziwa ukuthi uSerge Tchuruk ungusomabhizinisi ohlonishwayo futhi otshala imali embonini. I-Alstom ne-Alcatel, azisungula, zingamabhizinisi adume umhlaba wonke. Ukunikeza isibonelo, i-Alcatel ibikade iyimpawu embonini yezokukhiqiza kwezokuxhumana emhlabeni wonke. Lokhu bekulokhu kunjalo ngemuva kokuqhuma kwe-dot-com bubble eMelika ngonyaka ka-2001. Ngaleso sikhathi, i-Alcatel, kanye ne-Ericsson, i-Nokia, i-Siemens kanye nezinkampani eziningi zokuxhumana zocingo zaseYurophu zaba yizikhulu "ezingashabalali" emkhakheni. Umoya ovulekile ojwayelekile eYurophu awugcinanga nje ngokukhulisa abakhiqizi bezokuxhumana abasemazingeni amaningi emhlabeni jikelele, kepha futhi waqhamuka neqembu labasebenza kwezokuxhumana emhlabeni wonke, njengeBritish Telecom, iFrance Télécom, iDeutsche Telekom, iTelefonica neVodafone. Ukusabalala kwenethiwekhi yabo akufakwanga kuphela amazwe aseYurophu, kepha futhi nezwekazi lonke lomhlaba. Izinkampani zezokuxhumana zocingo eMelika, Japani, naseShayina bezilandela abalingani babo baseYurophu ngasemuva.[1]

Njengoba uSerge Tchuruk esho, umuntu ngeke akwazi ukubikezela okuzokwenzeka kusasa embonini yezokuxhumana. Ngisho nezikhulu ezimbili,

---

1. Tian Tao, Wu Chunbo. *Will Huawei be the next one to fall.* Beijing: CITIC Publishing House, 2012.

i-Ericsson neNokia, zawa ngemuva kwezinsuku zabo ezikhazimulayo.

Ngomqondo wokuphatha nowokuhlala uqaphile ngezikhathi zokuthula, ukuncintisana okuthusayo ngokungangabazeki kuzokwenza amabhizinisi asalele emuva kunokuthi athuthuke. Ekuqaleni kwekhulu leminyaka lama-21, iHuawei yayisesigabeni esinzima esiphezulu. Ngisho "nomhloli" wemboni, umholi we-Alcatel uzizwe edidekile ngekusasa. Lokhu kumethusile uRen Zhengfei. Ngenkathi uRen Zhengfei ebuyela eShayina ngemuva kokuvakasha kwakhe, ulandise kaninginingi ngemibono kaSerge Tchuruk kubaphathi abaphezulu beHuawei, wababuza: Ngabe ikusasa leHuawei lilele kuphi? Iyiphi indlela yayo yokuphuma?

Kamuva, engqungqutheleni nezingcweti ze-Huawei emazingeni omnyango nangaphezulu, uRen Zhengfei wahlanganisa umbiko osihloko sithi-Top Ten Management Key Points of 2001 (Amaphuzu ayishumi ahamba phambili okuphatha wonyaka ka-2001). Okuqukethwe yile nkulumo **kwafingqwa ngokuthi** *Ubusika beHuawei* futhi kwasakazwa kabanzi phakathi kwabaphathi bamabhizinisi amakhulu. Abaholi abaningi bamabhizinisi (njengoHiang Hongsheng weSkyworth, uLang Yuanqing weLenovo kanye noLius Jiren waseNeosoft) bafunda le ndatshana bathi, "lendatshana iveza imizwa yabo bonke abantu abenza ibhizinisi." URen Zhengfei waveza esihlokweni esithi: Ngemuva kwempumelelo kukhona ukwehla komnotho. Kufanele sicabange ngezinkinga zobusika entwasahlobo nasehlobo. Ukuhlala uphapheme ngezikhathi zokuthula akuyona inkulumo ethusayo. Lesi isibonelo esihle sikaSihlalo nabasebenzi abalungiselela ubusika bendawonye.[1]

Kulendatshana, uRen Zhengfei washo ngobunono, "Akunakugwenywa ukuthi iHuawei izobhekana nezinkinga, yehle bese iqothuke." Uthe, "Kusentwasahlobo manje, kepha ubusika abukho kude kakhulu. Kufanele sicabange ngezinkinga zobusika entwasahlobo nasehlobo. Ubusika embonini ye-IT kungenzeka kungabi ubusika bezinye izinkampani, kodwa kungaba ubusika beHuawei. Ubusika beHuawei bungabanda kakhulu. Sisebancane kakhulu. Inkampani yethu ayikaze ibhekane nezithiyo eminyakeni yethu eyishumi yokuthuthuka bushelelezi. Ngaphandle kwezithiyo, ngeke sikwazi ukuthi kungenwa kanjani endleleni elungile. Ubunzima kuyinzuzo. Asikaze

---

1. Lan Weiwei. *Understanding humanistic management in enterprises from Ren Zhengfei's "Huawei's winter." Southern Metropolis Daily*, 2002-01-28.

sibhekane nobunzima, futhi lokhu ubuthakathaka bethu obukhulu kunabo bonke. Asikakulungeli ngokwengqondo noma ngekhono ukuzivumelanisa nesimo esimile.

"Inkinga ivela ngaphandle kwesixwayiso. Nginomuzwa wokuthi bonke abasebenzi abakwazi ukucabanga nje ngokubuka kwakho kanye nokuma kwakho. Uma ungenangqondo ebanzi, ngeke ukwazi ukubhekana nezinguquko ngombono ofanele. Uma ungakwazi ukufinyelela izinguquko ngemiqondo efanele, futhi umelane nezinguquko, inkampani izowa. Kule nqubo, wonke umuntu kufanele alwele ukuzithuthukisa ngakolunye uhlangothi, futhi ahlangane nabalingani bakho ngakolunye uhlangothi, ukuze athuthukise ukusebenza kahle kwenhlangano. Kufanele uthumele izingcweti zakho ezinhle kakhulu kweminye iminyango, ukuze abangaphansi kwakho babenamathuba okukhushulwa. Ngale ndlela, uzobe wenza buthaka ukusungulwa futhi ugweme ukudilizwa kwemisebenzi nokunciphiswa. Ngesikhathi senqubo yokuguquka, izinguquko eziningi ngokuqinisekile zizothinta izinzuzo nobubi babasebenzi abathile. Ngiyethemba ukuthi ngeke ukhononde noma wenze izinkulumo ezingabazisayo. Izingcweti zethu, kakhulukazi, kufanele zibe nokuzikhuza futhi akufanele zihambise izindaba zihlebe."

Ngokubona kukaRen Zhengfei, kungokuhlala beqaphile ngezikhathi zokuthula kuphela lapho bangakwazi ukugwema usizi lokubiliselwa ekufeni njengamaxoxo emanzini afudumele. Endabeni, uRen Zhengfei wagomela wathi, "Kudlula amasheya ayinkulungwane lapho kudilizwa umkhumbi, izinhlamvu eziyinkulungwane eziyishumi zidutshulwa ngaphesheya kwesihlahla esishwabeneyo – izinto ezintsha ziyabonakala ngenkathi izinto ezindala zifa. Ukushona kwamasheya we-inthanethi nakanjani kuzoba nomthelela kumiklamo yokwakha iminyaka emibili noma emithathu ezayo. Imboni yezokukhiqiza nayo izolandela ngokunjalo bese incipha ngaleso sikhathi. Impumelelo esinayo manje kungumphumela owalethwa wukunyuka kwamasheya e-inthanethi eminyakeni embalwa edlule. Khumbula leli binzana elithi 'Izinto zizokhula ziye ngakolunye uhlangothi lapho ziba zimbi kakhulu.' Njengokushisa okungenakuqhathaniswa kokuhlinzekwa kwemishini yenethiwekhi, ubusika bayo buzobanda kakhulu. Ngaphandle kokubheka phambili nokuvimbela, umuntu uzogodola afe. Ngaleso sikhathi, noma ngubani onejazi elimboze ngokotini uyosinda."

ISAHLUKO 22

IHuawei Izohloma Ihlasele Ingene eMelika Ngelinye Ilanga

IHuawei, ifake amathemba ayo enkazimulo namaphupho okufakwa phansi kwamazwe omhlaba eMelika Kodwa-ke, emuva kokucindezelwa okulandelanayo kwezepolitiki eMelika, IHuawei kwadingeka ilungiselele indlela egobile, ize imise nokwandiswa kwayo emakethe yaseMelika.

Ngokombono weHuawei, ibhizinisi layo lakwamanye amazwe lalisesigabeni sokuthuthuka ngokushesha, kepha nokho lahlangabezana nezingqinamba emakethe yaseMelika Lokhu kungaba yinkinga lapho iHuawei namanje ingakwazi ukuyidlula.

NgoJuni wonyaka ka-2016, uMnyango Wezentengiselwano waseMelika ucele ukuthi iHuawei ithumele imininingwane yokuthumela ngokuhlobene nokuthekelisa noma ukuthunyelwa kabusha kobuchwepheshe baseMelika, eCuba, Iran, North Korea, Sudan naseSyria. IHuawei ibengaphansi kophenyo, kulandela iZTE Communications.

Ngesikhathi esifanayo, iHuawei yasungula ukusebenzisana okuhle ne-Microsoft ne-Intel ukwethula umkhiqizo okabili, iMateBook, eMelika Ngokungezelela eziteshini zokuthengisa ezijwayelekile, umkhiqizo nawo uzofakwa ezitolo eziyi-100 zeMicrosoft ngapheshaya kweMelika Ngakho-ke, imboni ikuthole kunzima ukuthola umthelela ophenywe nguMnyango Wezentengiselwano waseMelika ongaba nawo emikhiqizweni yeHuawei emakethe yaseMelika.

INew York Times yathi le samaniso iyingxenye yophenyo lokwephulwa kolawulo lokuthumela ngaphandle kwaseMelika futhi ayisho ukuthi bekukhona uphenyo lobugebengu. Lapho ibhekene nengcindezi yezepolitiki evela eMelika, iHuawei yaphinda yathi iHuawei izibophezele ekuthobeleni imithetho nemigomo yendawo lapho yenza khona ibhizinisi layo. Noma kunjalo, lokhu kusadalula iHuawei ezingcupheni ezingaba khona. UYang Guang, umhlaziyi ophakeme weStrategy Analytics, inhlangano yokucwaninga ezimakethe kanye nenhlangano yokubonisana, iphawule yathi, "Ebhizinisini lweqhezu lweselula eliphathekayo, iHuawei inemikhiqizo yokuzakhela efana neHiSilicon esikhundleni sayo. Ngokuqondene nezinto ezibalulekile ezidingwa imishini yenethiwekhi, njengeFPGA, iCPU noma izinto zeMvamisa Yomsakazo, iningi labakhiqizi bemishini yezokuxhumana, kubandakanya neHuawei, bathembela kubahlinzeki baseMelika."

Ngokubuka kukaYang Guang, iHuawei yayingeyona inkapani engaziwa ophenyweni olwenziwe yiMelika nje eminyakeni embalwa edlule, iHuawei yavele yahoxa kancane kancane emakethe yaseMelika ngenxa yezinsolo zezwe ezivela eMelika.

Ngonyaka ka-2010, iHuawei yazama ukunxusa uhulumeni waseMelika ukuthi athole ibhizinisi lenethiwekhi engenantambo lakwa-Motorola. Uhulumeni waseMelika ugcine esenqabile isicelo seHuawei sokuthulwa ngenxa yezizathu "zokuphepha kwezwe". Ngo-2011, iHuawei ne-3Leaf Systems zashaya isivumelwano sokuthola esingama-USD 2 million. Kodwake, iKomidi Lokutshalwa Kwezimali kwamanye amazwe eMelika laphoqa iHuawei ukuthi isilahle leso sivumelwano sokuthola ngenxa "yokuthumelwa kwezo buchwepheshe kwamanye amazwe". Ngasekupheleni kuka-2012, i-United States House of Representatives yakhipha umbiko owawuchaza ukuthi iHuawei neZTE babeka izwe laseMelika engozini yokuphepha futhi kungenzeka bephule nemithetho yaseMelika Ngo-2013, uMongameli waseMelika, UBarack Obama wasayina umthethosivivinywa owenqabela iminyango kahulumeni waseMelika ukuthi angazithengeli Uhlelo lolwazi lobu buchwepheshe, futhi waxwayisa ukuthi kudingeka ucwaningo olusemthethweni olwenzelwe imishini ye-IT yaseShayina ikakhulukazi...

Njengamanje emakethe yaseMelika, kulezi nkampani ezine ezinkulu ezisebenzayo zokuxhumana ngeselula, akukho neyodwa esebenzisa imishini yenethiweki yeHuawei. Kepha iqiniso elingenakuphikwa ukuthi iHuawei ayikalilahli ithawula kwimakethe yaseMelika nangasemuva kwezingqinamba zayo eziphindaphindwayo. Eminyakeni yamuva nje, iHuawei izame kanginginingi ukuvula iminyango emakethe yaseMelika ngamabhizinisi nawenhlangano nangabathengi. Naphezu kokufaka umzamo omkhulu, ukunwetshwa kweHuawei emakethe yaseMelika akuphumelelanga. Kodwa-ke, iHuawei isaqhubeka nokuhlola izinketho zayo. Enkulumeni yangaphakathi, uRen Zhengfei uthe, "Kufanele sibhekane namandla eMelika, sibheke isikhala, futhi sizimisele ukufunda kulokho. Akumele sivumele imizwa elwa namaMelika ilawule umsebenzi wethu." URen Zhengfei kade wabulinganisa ubunzima bokwanda eMelika. Kusukela ngonyaka ka-2016, uRen Zhengfei wayexwayise abasebenzi baseHuawei engqungqutheleni yezimakethe ehlelwe yiHuawei, "Ngelinye ilanga sizohlasela futhi singene eMelika. […] Singene eMelika ngenkazimulo."

Uhlelo Lokunwebeka Kwemakethe lase-U.S Iwehlulekile Kuyo Yonke Imizamo

Esikhathini esedlule, abezindaba babika ukuthi umhambisi ohola phambili waseMelika i-AT&T uzomemezela ukusebenzisana kwakhe neHuawei, lapho i-AT&T izothengisa khona amaselula eHuawei. Kodwa-ke, i-AT&T empeleni yaphindela emuva ekuzwakaliseni kwayo lokhu kuhlangana, okwakusevele kubekwe etsheni.

Ukushintsha umqondo ngomizuzu wokugcina yi-AT&T kwasho ukuthi iHuawei yayisiphinde yavalelwa ngaphandle emakethe yaseMelika Isizathu esinikeziwe kwakuyinto efanayo endala yokusongela ukuphepha kwezwe laseMelika iHuawei, naphezu kwezingqinamba eziphindaphindiwe, ibisasebenza ekwandiseni imakethe yaseMelika "ngokwesifiso sayo sokuqala."

USun Yanbiao, Umqondisi weMobile No.1 Research Institute, uthe engxoxweni ne-International Finance News, "Ukuze ube ngumkhiqizi wamazwe omhlaba, umuntu kumele angene ezimakethe zamazwe athuthukile. IMelika inesibalo esikhulu kunazo zonke phakathi kwamazwe athuthukile, futhi iyimakethe ephezulu kakhulu enamandla wokusebenzisa imali ngokuqinile. Yize amasheya ezimakethe we-Samsung ne-Apple ancipha eShayina eminyakeni yamuva nje, kusengabakhiqizi abahamba phambili bezingcingo ezimbili emhlabeni njengoba bengene emakethe lama-*smartphone* laseMelika."

Ngeminyaka yemizamo yokufakwa kumazwe omhlaba, iHuawei ikhiqize ikhadi lemibiko labathengi elihlaba umxhwele ebhizinisini layo, lapho ama-smartphones eHuawei ethola amasheya amakhulu kakhulu futhi yaba eyesithathu emakethe eShayina nasezweni, ngokulandelana.

Umuntu angalindela ukuthi isinyathelo esilandelayo seHuawei kuzoba ukuthi ihlule i-Apple neSamsung ngokwandisa isabelo sayo semakethe emazweni athuthukile. Mayelana nalezi zifiso, uYu Chengdong, umphathi weHuawei's consumer BG uvumile engxoxweni neCNBC, "iHuawei ifake amadla athe xaxa ezimakethe zamazwe athuthukile."

Ngokombono kaYu Chengdong, amazwe athuthukile anokuthuthuka okungcono kwezomnotho namandla, nabathengi abanamandla okusebenzisa imali. UYu Chengdong uthe, "Njengoba sonke sazi, inzuzo embonini yama-martphone igxile kakhulu emakethe yezingcingo ezisezingeni eliphezulu kakhulu. Amaselula asezingeni eliphansi awatholi nzuzo, kuyilapho amaselula aphakathi nendawo ethola okuncane. Ngokweqiniso, iHuawei ayinandaba nokuthengiswa kwamaselula asezingeni eliphansi emakethe."

U-Yu Chengdong uhlele ukunwebeka emakethe yaseMelika futhi ahlasele isizinda samaselula asekhaya i-Apple ikakhulukazi ngoba iHuawei yayinesizinda esiqinile sobuchwepheshe. Uthe, "IHuawei iyakwazi ukwenza izinto ezintsha futhi inesizinda esihle kwezobuchwepheshe, ngakho-ke singaletha inani elithe xaxa kubasebenzisi bezinto ezisezingeni eliphezulu kakhulu, abomele umklamo ongcono nolwazi olusezingeni lomsebenzisi."

Kuyaziwa ukuthi iHuawei ithole imiphumela ecwebezelayo emakethe yaseShayina futhi ikhula ngentshiseko phesheya kwezilwandle. IHuawei inethemba lokuba ngumkhiqizi owaziwa umhlaba wonke.

Namuhla, iHuawei isibe ngumkhiqizi wefoni wesithathu ngobukhulu emhlabeni, ngesabelo semakethe esicishe sibe yi-10%. Yize kunjalo, indlela eyaphambi yeHuawei isenzima. Uma kuqhathaniswa ne-Samsung ne-Apple, iHuawei isasala ngemuva kakhulu, ikakhulukazi ngenzuzo ephansi ebhizinisini lweselula leHuawei. Idatha evela kwisikhungo sokucwaninga emakethe iCanalys ikhombisa ukuthi iHuawei isalokhu ilandela ngemuva kwe-Samsung ne-Apple kulokhu. Njengamanje, iSamsung ingumdlali ovelele emakethe ye-smartphone yomhlaba, ngesabelo semakethe esingu-22%, kanti isabelo semakethe se-Apple singu-15%.

Ngokombono wezazi, iHuawei ayisebenzi kahle kwezinye izimakethe ezibalulekile (izimakethe ezibalulekile njenge-Indonesia neNdiya), futhi ibhekane nobunzima ekuvuleni iminyango emakethe yezingcingo yaseMelika uJia Mo, ongumhlaziyi esikhungweni sokucwaninga ezimakethe iCanalys, uthe, "IHuawei kumele ingene emakethe yaseMelika Kungaleso sikhathi lapho iHuawei ithola isabelo semakethe enkulu eMelika, lapho izoba nethuba lokuba ngumholi emhlabeni jikelele emakethe yama-smartphone omhlaba."

UJia Mo wayekholelwa ukuthi ukungena emakethe yaseMelika, kwakuyisinyathelo okufanele isithathwe iHuawei ukuze ibe ngeyokuqala emhlabeni. NgoJulayi wonyaka ka-2017, uphiko lebhizinisi labathengi beHuawei lwamemezela imiphumela yengxenye yokuqala yonyaka ka-2017, kuthengiswe ama-smartphones ayizigidi ezingu-73, okuwukukhuphuka ngo-20.6% unyaka nonyaka. Imali ethengisiwe yayo idlula i-105.4 wezigidi zama *Yuan*, obekuwukukhuphuka ngo-36.2% unyaka nonyaka. Embikweni, iHuawei ilindele ukuthi izuze inani lokuthengisa lonyaka lama-smartphones ayizigidi eziyi-140 kuya kweziyi-150 ngonyaka ka-2017.

Lo mgomo wabekwa ngokusezingeni lokuthengisa kweHuawei lama-smartphone ayizigidi eziyi-139 ngonyaka ka-2016. Ngakho-ke, iHuawei isenendlela ende okufanele iyihambe esikhathini esizayo, ikakhulukazi njengoba uYu Chengdong esebeke phambili umgomo wokufeza i-USD 100 wezigidi ekuthengisweni kwemali yebhizinisi labathengi ngonyaka ka-2020.

Ukuze kufinyelelwe kulomgomo, iHuawei kufanele ibeke phambili abasebenzisi abasezingeni eliphezulu emakethe njenge-European Union kanye neJapani. Ukukhuluma kahle, ukusebenza kweHuawei ezimakethe zase-Europe naseJapani kwakukuhle kakhulu. Engxenyeni yokuqala yonyaka ka-2017, inani lokuthengisa lama-smartphones we-Huawei e-Europe likhuphuke ngo-18% unyaka nonyaka, kanti inani lokuthengisa e-Italy likhula ngokushesha kakhulu.

UYu Chengdong uthe engxoxweni nabezindaba wathi, "IRoma ayakhiwenga ngosuku, kufanele sithathe isinyathelo kancane kancane. Isinyathelo sethu esilandelayo ukungena emakethe yaseMelika Abathengi baseMelika badinga imikhiqizo engcono nokwenziwa kwezinto ezintsha, futhi iHuawei inganikeza zombili lezi zinto."

Kuyaziwa ukuthi iHuawei yayishilo ukuthi izoqhubeka nokwenza ngcono ukusebenza kwayo emakethe yaseMelika, kulandela ukukhishwa kwezindaba zokusebenzisana kwayo ne-Google kwi-Nexus 6P ngo2015. NgoJanuwari wonyaka ka-2016, iHuawei yakhipha uchungechunge olusha lweHONOR eMelika ithengiswa kuphela nge-inthanethi. NgoMeyi wonyaka ka-2016, iGoogle yakhipha uhlu lwabalingani beplatifomu yedivaysi yangempela yeselula yeDaydream, futhi iHuawei nayo yafakwa. Ngaphezu kwalokho iMateBook, umkhiqizo okabili owenziwa iHuawei ngokusebenzisana neMicrosoft ne-Intel, yakhishwa eMelika.

Ngokusho kwesisebenzi saseHuawei ebesikade sithunyelwa phesheya, izimakethe zabathengi namabhizinisi ezinkampani ngokuvamile bekungavinyelwe njengamaphrojekthi okuthengwa kwempahla kahulumeni, njengoba bekungekho ubufakazi obanele bokufakazela ukuthi kunokuphelelwa yithemba ekuvikeleni imininingwane. Uthe, "Ibhizinisi labathengi leHuawei libhekise kwi-Apple neSamsung, futhi lazinyusa njengomkhiqizi osezingeni eliphezulu eMelika."

Ngakho-ke, ukwanda kweHuawei emakethe yaseMelika bekulula kancane. Ngokuya komagazini iFortune eMelika, "Ama*smartphones* angaba yindlela enhle kakhulu yokuthi iHuawei ibe ngumkhiqizi owaziwayo eMelika. Abathengi baseMelika abakamsunguli umkhiqizi ofana neHuawei. Emehlweni abathengi baseMelika, akukho ukuqwashisa ngomkhiqizo mayelana neHuawei, ukuthi inhle noma imbi. Empeleni leli yithuba leHuawei."

Ekwandiseni imakethe yaseMelika, uYu Chengdong, oyisikhulu esiphezulu sebhizinisi labathengi beHuawei, wake wathi iHuawei izokwehlula iSamsung ne-Apple eminyakeni emihlanu, bese ithatha ngaphezu kwama-25% esabelo semakethe ukuze ibe umenzi we-smartphone omkhulu emhlabeni.

Kwakuyilomgomo omuhle owaheha abasebenzi abaningi bezindaba (kufaka phakathi nabezindaba zaseMelika) futhi kubenza baqala ukunaka isu leselula leHuawei. Ngasikhathi sinye, iHuawei yayithuthukisa uhlobo lomkhiqizo wayo eMelika ngokukhombisa ubuhlakani bayo kwezobuchwepheshe. NgoMeyi wonyaka ka-2016, iHuawei yafaka isimangalo sempahla enobuhlakani bengqondo ngokumelene nabakwa-Samsung kokubili eDistrict Court for the Northern District of California kanye naseShenzhen Intermediate People's Court in Shayina.

Lapho iHuawei imemezela impi kuSamsung, abathengi baseMelika kancane kancane bathola isisekelo sezobuchwepheshe esiqinile seHuawei. IHuawei inamandla amakhulu emakethe yaseMelika ngokwebhizinisi lebhizinisi kanjalo. IHuawei ingumsunguli westayela emkhakheni wezinto zokuxhumana ngocingo, kodwa ezindaweni ezinjengokungena ngaphakathi kwezinkampani, isabelo semakethe seHuawei sikude nokuba siningi, lapho kubhekene nezinkampani ezinkulu njengeCisco. Lomkhakha wenza kuphela u-6.4% wenzuzo yeHuawei.

Ngaphezu kwalokho, iHuawei ngokungangabazeki izophendukela ekukhuleni komkhiqizo ohlakaniphile esikhathini esizayo, ngenkathi ihlinzeka ngezinsizakalo ezenziwe ngonjiniyela ngokuya ngezidingo zabasebenzisi. Impela, ukubhekana nokuncintisana emakethe yamazwe omhlaba kuyakhathaza, kodwa uYu Chengdong akazange akhathazeke. Ngokubuka kukaYu Chengdong, ukusebenzisa imali eningi ukumaketha ngeke kusize umkhiqizo uphumelele. Okubaluleke kakhulu ukwazi ubuchwepheshe obuthuthukisiwe ngokudlulele. Kuze kube manje, uYu Chengdong wachaza, "Kufanele ube nobuchwepheshe obuhamba phambili futhi unikeze isipiliyoni esingcono ngenkathi uqhubeka nokwenza izinto ezintsha. Ukuthuthuka okungagcineki kwenzeka ngenxa yokugeleza kwemali okuqhubekayo ... IHuawei ifuna ukusinda kulo mncintiswano onzima."

Ukusebenzisana ne-AT&T okwaPhahlazeka.

Mayelana nodaba lokunwebeka emakethe yaseMelika, uLuu Qicheng, uchwepheshe wezimboni yezokuxhumana uthe engxoxweni nabezindaba, "ukuzimisela kweHuawei kokungena emakethe yaseMelika kuya ngokuhlobene nokwazisa kwenkathi ye-5G. Emakethe yaseYurophu, iHuawei isiphenduke umphakeli wabasebenza ophambili emhlabeni jikelele njengeDeutsche Telekom, iFrance Télécom, iTelefonica, neTelecom Italia. Uma iHuawei ingakwazi ukungena emakethe yaseMelika, ibhizinisi elisebenzayo leHuawei lingafinyelela ukunxinana ekukhuleni kwalo."

Ngakho-ke, ngomhla ka-5 ku-Agasti ngonyaka ka-2017, i-AT&T, umsebenzi omkhulu kunazo zonke eMelika, yafinyelela esivumelwaneni sokuqala seqhinga sokuthengisa ama-smartphones weHuawei eMelika lokhu kwakuyizindaba ezinhle ngempela kwiHuawei, ngethemba lokuthi yayizovula imakethe yaseMelika.

Emehlweni abezindaba nabaphenyi, lokhu ngokungangabazeki kungaba yingqophamlando yokungena okusemthethweni kweHuawei emakethe yaseMelika Lokhu kwenziwa ngoba iHuawei ikwazi ukuthola amandla enkhundleni ye-AT&T ukuze incintisane ne-Apple ne-Samsung emakethe yaseMelika, ngaleyo ndlela ibeka isisekelo esiqinile sokuthi iHuawei ilime ngokujulile emakethe yaseMelika Ngasikhathi sinye, ibizosiza iHuawei ukufeza umgomo wayo wokuba ngumkhiqizi omkhulu we-smartphone emhlabeni eminyakeni emihlanu ezayo.

Ngokwemininingwane evela emibikweni emibili yocwaningo lwemakethe evela kwiStrategy Analytics ne-IDC, inani lama*smartphone* athengisiwe e-Huawei kanye nokwabelana ngemakethe kubekwe endaweni yesithathu emhlabeni kwikota yesibili yonyaka ka-2017, okwakuseduze kweSamsung ne-Apple. Isabelo semakethe seHuawei sasingu-0.7% kuphela ngaphansi kwe-Apple, ebisendaweni yesibili. Umehluko ngenani lokuthengisa laliphakathi kwamayunithi ayizigidi ezingu-2.4 kuya kwezingu-2.5.

Umuntu angasho kalula kusuka kuleliqoqo ledatha ukuthi iHuawei ingavele idunyiswe njengenye yemikhakha ephezulu eminthathu emhlabeni yama-smartphone, eceleni kwe-Apple ne-Samsung. Ngeshwa, iHuawei yayingakangeni emakethe enkulu kunazo zonke zomhlaba yezingcingo eziphathwayo ezisebangeni esihamba gaphezulu kwe-USD 500 – e-United States.

Lokhu kancane kungenxa yokuthi akekho umsebenzi omkhulu eMelika onyuse ama-smartphones eHuawei. Ukuze kuvuleke iminyango emakethe yaseMELIKA, iHuawei ibilokhu izama izindlela ezahlukahlukene zokuthuthukisa ubudlelwano bayo nabasebenza ngezocingo baseMelika.

NgoNovemba wonyaka ka-2016, lapho iHuawei ithula uhlelo lwayo oluphezulu lwe*smartphone* iMate 9 emakethe yaseMelika, kwahlangatshezwa ukwamukelwa okubandayo ngabasebenza ngezocingo eMelika abasebenzi abakhulu ababalwa ngaphezu kwe-80% yokuthengisa amaselula eMelika ayengafuni ukusebenza neHuawei. *IWall Street Journal* icaphune ukuhlaziywa kwabangaphakathi, yathi izithiyo ezinkulu empumelelweni yeHuawei emakethe yama-smartphone yaseMelika beku: ukuqwashisa ngomkhiqizo ophansi, ukukhathazeka ngezokuphepha okuhlobene nemishini yenethiwekhi kaHuawei, nemigoqo yezobuchwepheshe emkhakheni wamazinga wokuxhumana weselula edijithali.

Umbiko ovela ku-*Wall Street Journal* ubuye waveza ukuthi umdlandla wokusebenzisana phakathi kweHuawei ne-T-Mobile yaseMELIKA wawuphansi, ngenxa yezingxabano ezihlobene nobunikazi. Umphathi osuselwa e-US weHuawei uthe uma kuqhathaniswa nobudlelwano obubandayo obuphakathi kweHuawei neT-Mobile, iHuawei ibambisene kahle ne-AT&T, umsebenzi omkhulu kunabo bonke eMelika Ngakho-ke, ngokuxhumana okusebenzayo, iHuawei yafinyelela esivumelwaneni sokusebenzisana ne-AT&T.

Uhulumeni waseMelika kwakunesikhathi eside wakhipha izexwayiso mayelana nokuphepha kobuchwepheshe beHuawei, ekukhathazekeni kwezokuphepha nezinye izinkinga. Ngo-2012, i-US Congress yakhipha umbiko owathi iHuawei neZTE babeka engcupheni ezokuphepha ezweni lonke laseUnited States, futhi yancoma ukuthi lezi zinkampani ezimbili ziyeke ukwenza imisebenzi yokutshalwa kwezimali nokuhweba eMelika ngenxa yalokho ukusebenza kweHuawei emakethe yaseMelika kungachazwa njengomzabalazo kuzo zonke izinyathelo.

Ngemuva kokufaka umsebenzi onzima, iHuawei yafinyelela esivumelwaneni sesu ne-AT&T. Abezindaba zeDijithali, i-The Information, bathi i-AT&T bekulindeleke ukuthi ithengise ngokusemthethweni ama*smartphones* eHuawei eMelika ngesiwombe sokuqala sonyaka ka-2018, kanti bekulindeleke ukuthi ikhiphe uhlelo olusha lwselula entsha ye-Huawei, iMate 10.

UYu Chengdong, oyi-CEO yeHuawei Consumer Business, ubekuqinisekisile ukuthi iMate 10 izokhishwa ngokusemthethweni ekwindla ngonyaka ka-2017. Engxoxweni, uYu Chengdong ugcizelele ukuthi inhloso yabo ngeMate 10 kwakuwukudlula isizukulwane esisha iPhone ye-Apple esikhishwe ngesikhathi esifanayo.

Ngokusho kukaYu Chengdong, iMate 10 izoba nomklamo omangalisayo wesikrini esigcwele, impilo yebhethri ende, isivinini esisheshayo nokusebenza okungcono kwamakhamera omabili, kanye nemisebenzi eminingi ekhangayo.

Imininingwane yomphakathi ikhombisa ukuthi iMate 10 izofakelwa isizukulwane esisha se-Kirin 970 processor nesikrini esigcwele esivela kwa-JDI, leso sinobukhulu obuyi-6-inch futhi sinesilinganiso sesikrini esingu-18:9, kanye nobukhulu be-QuadHD bamaphikseli angama-2160 × 1080.

Isazi sabhala indaba mayelana nalokhu, lapho sathi, "Kusemasinya kakhulu ukusho ukuthi ngabe iKirin 970 processor ne-Mate 10 yesikrini esigcwele ingayilethela phezulu yini iHuawei. Ukugxila okusemqoka manje

ukuthi iHuawei ithathe iMate 10 iyise emakethe yaseMelika ngokusebenzisa
i-AT&T ekuqaleni konyaka ka-2018, lapho umncintisani wayo omkhulu kuyi-
Apple. Umbuzo uwukuthi, ingabe iHuawei ingangena ngempela emakethe
yaseMelika?"

Ngokudabukisayo, amaselula weHuawei aphinde ahlangabezana nobunye
ubunzima ekwandiseni emakethe yaseMelika Ngokwemibiko yabezindaba:
Ngomhla ka-8 kuJanuwari ngonyaka ka-2018 (isikhathi saseMelika), i-AT&T,
umsebenzi omkhulu wesibili kunabo bonke eMelika, owayesebenzisana
neHuawei, ngaphandle kokuxoxisana neHuawei yayeka ukusebenzisana kwayo
neHuawei futhi yathi ngeke besathengisa amaselula eHuawei emakethe
yaseMelika.

Yize isithole ukuphathwa okunje, iHuawei ayizange iyeke ukukhipha
imikhiqizo yayo emisha nemininingwane yokufakwa ohlwini eningilizayo
emakethe yaseMelika iHuawei ithe i*smartphone* yayo iMate 10 Pro
izothengiswa eMelika ngokusebenzisa iziteshi zomphakathi, kodwa hhayi
ngeziteshi zokuthengisa zabaqhubi.

Yize i-AT&T ingazange imemezele isizathu sangempela sokuyeka,
abezindaba nabaphenyi basebasazi kahle kamhlophe ukuthi ukukhanselwa
kokusebenzisana kubangelwe ukucindezela kukahulumeni waseMelika.

Ngo-2012, iMELIKA Congress ibikhiphe umbiko oveza ukukhathazeka
ngokuphepha kwemishini yeHuawei. Ngo-2013, uBarack Obama,
owayenguMongameli wase-United States ngaleso sikhathi, wasayina
umthethosivivinywa owenqabela iminyango kahulumeni waseMelika ukuba
ithenge ngokwabo ubuchwepheshe bolwazi, ikakhulukazi imishini ye-IT evela
eShayina.

Ngaso sonke lesikhathi, uhulumeni waseMelika ubelokhu esebenzisa
ezokuphepha ezweni lonke njengesizathu sokugcina izinkampani zaseShayina
ezinjengeHuawei ngaphandle kwemakethe yaseMelika Lokhu empeleni
ukuvikelwa kokuhweba okufihlakele. Uhulumeni waseMelika ubekade ekala
isisindo "ngokumelana" kuzo zonke izingxoxo phakathi kweHuawei ne-AT&T.
Ngaphezu kwalokho, ukube iHuawei yangena ngempumelelo emakethe yama-
smartphone aseMelika, bekungangabazeki ukuthi ingaba "isongo" kubaholi
bezimboni baseMelika.

Kuyatholakala ukuthi amaselula ahamba phambili eHuawei akhiqizwe
ngokusebenzisana nabakwa-AT&T basebenzise amaqhezu weKirin

esikhundleni sama qhezu e-Qualcomm. Njengoba iHuawei ingazange isebenzise amaqhezu we-Qualcomm, okwenzeka kamuva kwahlongoza "izindlela zokuvikela" kuhulumeni waseMelika Ngaphandle kokuvikelwa kwamalungelo obunikazi, isizathu esenza ukuthi amaselula weHuawei ayethengiswa eMelika kwadingeka ukuthi asebenzise amaqhezu e-Qualcomm ngokuyisisekelo kwakungenxa yokuvikelwa kokuhweba, kunokuba kucatshangwe ngezokuphepha kwangempela.

Amazwi okuphetha

Emashumini amabili eminyaka edlule, iCisco yayingumholi ophelele womongo we-router nasemakethe ye-swishi. Yayingahlulwa, ibusa cishe u-80% wemakethe womongo we-router umhlaba jikelele. Kodwa-ke, le nganekwane enhle yahlulwa yiHuawei yaseShayina. NgoJuni ngonyaka ka-2017, kwaba nokuduma kwezulu kuyo yonke imboni yezokuxhumana ngocingo. Inkampani yaseShayina, iHuawei, yayidlule ngempumelelo i-Cisco yaseMelika futhi yaba ngompetha emakethe yomhlaba wonke bomongo we-router.

Ngonyaka ka-2017, i-nhlangano yohlolo yaseMelika yaqala yamemezela, "Engxenyeni yokuqala yonyaka ka-2017, emakethe yabahlinzeka ngezinsizakalo zama*router* kanye namaswishi e-Ethernet ezinikeza inethiweki yonke indawo, iHuawei yehlula iCisco, eyayikade ibusa imakethe yomhlaba wonke yomongo we-router, okokuqala ukuze ibe ngumholi wemakethe lomhlaba!"

Lokhu bekusho ukuthi ngemuva kokuhlula i-Ericsson, iHuawei yaphinda futhi yahlula imbangi yayo, iCisco. IHuawei, ebikade isohambweni olulula olumnandi, yaqhubeka nokuya phambili. Kodwa-ke, uhulumeni waseMelika wayengasithokozeleli lesi sikhundla. Uhlelo langempela lokusebenzisana ne-AT&T ekuqaleni konyaka ka-2018 lwashuba ngenxa yokungenelela kukahulumeni waseMelika Kodwa-ke, iHuawei ayimisanga emikhondweni yayo ngenxa yokukhanselwa kokusebenzisana ne-AT&T. Ngokuphambene nalokho, iHuawei ibisadonsa kanzima ukuya phambili. Imininingwane yomphakathi ikhombisa ukuthi imali yokuthengisa kweHuawei ifinyelele kumabhiliyoni angama-603, 621 wama*Yuan* ngonyaka ka-2017, okwanele ukufanekisa umfutho weHuawei onamandla.

Ukuze wembule izimfihlo zokuthuthuka okusheshayo zeHuawei, umbhali wethule amasu webhizinisi angaziwa kakhulu kaRen Zhengfei neHuawei, isiko lenkampani, nezinyathelo zokunqoba ubunzima bokufakwa emazweni omhlaba ngezindlela eziningi.

Kule ncwadi, umbhali wembula ubunzima uRen Zhengfei abhekana nabo ekuqaleni ibhizinisi impilo yakhe isenzima, kanye nokungaqiniseki ngesikhathi sokuthuthuka kweHuawei nokujika kwayo kwezinto. Umbhali uphinde wakhipha nezikhathi ezinzima lapho uRen Zhengfei ehola iHuawei kusuka "ekujuleni kwenkathazo" ukuya "ngumnqamula ngaphezu kwabanye," kanye nezinqumo ezihambisanayo azenza kulezo zimo. Sethemba ukuthi lokhu kuzoba usizo kosomabhizinisi baseShayina ngandlela thile. Ukuze kunikezwe okuqukethwe okuthize futhi okuthembekile, umbhali uxoxisane nabasebenzi baseHuawei abaningana.

Sibonge kakhulu ngokukhethekile kubasebenzi abahle kakhulu base-Fortune Business School Benchmarking Enterprise Book Series, ababambe iqhaza ekuhleleni kwencwadi, ukuqinisekiswa kwemakethe, ukuqoqwa kolwazi, ukufundwa kwe-manuscript, ukuhlelwa kombhalo nokwenziwa kwamashadi njll.

Abasebenzi abalandelayo baba nomthelela ekuqedweni kwale ncwadi, futhi sibonga ngokukhethekile kubo: Zhou Meimei, Wu Xufang, Jian Zaifei, Zhou Zhiqin, Wu Jianglong, Wu Chaonan, Zhao Lirong, Zhou Bin, Zhou Fengqin, Zhou Lingling, Zhou Tiangang, Ding Qiwei, Wang Yang, Jiang Jianping, Huo Hongjian, Zhao Lijun, Lan Shihui, Xu Shiming, kanye no Zhou Yuncheng Njll.

Ukubhalwa kwanoma iyiphi incwadi kuncike emiphumeleni yocwaningo lwabantu abaningi. Ngenqubo yokubhala, umbhali wabonisana nemithombo efanele, kubandakanya umabonakude, izincwadi, i-inthanethi, amavidiyo, amaphephandaba, omagazini nezinye izinto. Zonke izikhombo ezenziwe kule ncwadi zicashunwe ngokuqondile. Imithombo icacisiwe ngangokunokwenzeka, neminye imininingwane ifakwe kuhlu lwezikhombo ekugcineni kwencwadi. Umbhali angathanda ukuzwakalisa ukubonga kwakhe kubabhali bezincwadi ezifanele! Uma kukhona ukwengamela, sicela uthethelele umbhali.

Esezinhlelweni zokushicilela, le ncwadi ithole ukwesekwa okuqinile nosizo olukhulu kosolwazi abaningi, ochwepheshe abafunda ukulingisa kabusha kokuphatha eHuawei, ukufakwa emazweni omhlaba kanye nezokukhangisa, izimboni zangaphakathi, nabahleli benkampani yokushicilela. Umbhali angathanda ukuzwakalisa ukubonga kwakhe okukhulu kubo bonke laba bantu. Kungenzeka ukuthi amaphutha enziwe encwadini ngenxa yokujaha. Abafundi bamukelekile ukugxeka nokuwalungisa! Ngesikhathi esisodwa, abafundi bamukelekile ukucela ukuhanjiswa, ukuqhuba izinkulumo noma ukuphakamisa ukusebenzisana okuhlelekile.

JIN YI

Izinkomba

[1] An, Xiaopeng, and Qiao, Biao. "Analysis of the Operations of China's Telecommunications Manufacturing Companies at the Stage of Internationalization—Taking Huawei as an Example." *Frontiers of Economics*, 2008(8).

[2] Bao, Xiaowen, and Song, Lianke. *The Classic Core Competitiveness of China's Enterprises: Corporate Culture. Corporate Culture*. Beijing: Economic Science Press, 2003.

[3] Chen, Wuchao. "Apple: Innovation is the Soul of Corporate Culture." *The Education Times*, 10 March 2016.

[4] Chen, Wei. "Why Japaniese companies stay committed to 'improvement'."

[5] *Zhidian*, 2012(8).

[6] Chen, Xinyan, and Zhou, Fengcan. "How Samsung Overtook Apple." *Southern Weekly*, 1 December 2012.

[7] Cheng, Dongsheng, and Liu, Lili. *The Truth behind Huawei: The "Wolf Pack" Advancing Amidst Contradiction and Balance*. Beijing: Contemporary China Publishing House, 2004.

[8] Cheng, Dongsheng, and Liu, Lili. *Huawei's management wisdom*. Beijing: Contemporary China Publishing House, 2005.

[9] Cai, Yu. "Huawei's Big Step into Hong Kong's 3G Market is More for 'Demonstration' than 'Benefit'." *Financial Times*, 12 January 2004.

[10] Fang, Xiangming. "Participating in the "Belt and Road" Initiative, Hong Kong's Advantage Lies in its iInternationalization and Marketization." *China Business News*, 6 June 2017.

[11] Gong, Boyu, and He, Minghui. "Research on Huawei's Internationalization Process." *Chinese & Foreign Entrepreneurs*, 2016(11).

[12] Gong, Wenbo. *As Ren Zhengfei Said It: The Business Wisdom of the Top CEO from China*. Beijing: China Economic Publishing House, 2008.

[13] Ge, Minglei, and Zhang, Yidan. "How did the 'General' Come into Being? —A Case Study of Huawei's Management Training." *Human Resources Development of China*, 2015(11).

[14] Hu, Xinyue, Sun, Fei, and Tang, Yongli. "The Evolution of Network Structure of International R&D Collaborations among Multinational Companies—Taking Huawei as an Example." *Technology Economics*, 2016(7).

[15] Jiang, Min. "Analysis of how Huawei's corporate culture was molded and inspired." Nanchang University, undergraduate thesis, 2012.

[16] Li, Chao, and Cui, Haiyan. "Huawei Internationalization Survey Report." *IT Time Weekly*, 2004(10).

[17] Li, Xinzhong. *Huawei's Extraordinary Path*. Beijing: China Machine Press, 2015.

[18] Li, Na. "Huawei Ranks among the Top 100 of Fortune Global 500, Surpassing Ericsson by 300 Places." *China Business News*, 21 Julayi 2017.

[19] Li, Na. "Sale of Huawei Phones Banned in the UK." *China Business News*, 14 June 2017.

[20] Li, Ruiqiu. "Technological Innovation: The Inevitable Choice Companies Take to Gain Competitive Advantage." *Reform & Openning Up*, 2005(4).

[21] [MELIKA] Adizes, Ichak. *Corporate Lifecycles*. Beijing: China Social Sciences Press, 1997.

[22] Qiu, Huihui. "Huawei: Internationalization of Talent and 'De-heroism'." *21st Century Business Herald*, 1 August 2009.

[23] Ren, Ge. "Ren Zhengfei: Creating the Wolf Culture in Huawei." *China Enterprise News*, 26 Julayi 2011.

[24] Ren Zhengfei. "Innovation is the Inexhaustible Driving Force for Huawei's Development." *Guangming Daily*, 18 Julayi 2000.

[25] Ren Zhengfei. "Take Responsibility and Persist in Innovation." *Modern Enterprise Culture (Part I)*, 2016(8).

[26] Tang, Shengping. *Walking Out of Huawei*. Beijing: China Social Sciences Press, 2004.

[27] Tian, Tao, and Wu, Chunbo. *Will Huawei be the Next One to Fall*. Beijing: CITIC Publishing House, 2012.

[28] Wang, Hai. "Ren Zhengfei: Huawei is Approaching the Thirty-Year Milestone. It Needs to be Reborn If It Does Not Want to Perish." *China Business News*, 28 September 2016.

[29] Wang, Liwei, Hu, Wenyan, Wang, Jiapeng, and Lu, Xiaoxi. "Ren Zhengfei Speaks about Huawei: From Conquering Europe to Conquering the World." *Caixin Weekly*, 2015(6).

[30] Xu, Jie. "Huawei Faces Setback Again in the U.S's Call for Tender. Analysis of Suggestion for It to be Listed Overseas." *Securities Daily*, 26 August 2010.

[31] Ye, Zhiwei, and Wu, Xiangyang. "Hu Xinyu Incident Makes Waves Again. Huawei Says Netizens Misunderstood Its Mattress Culture." *Shenzhen Special Zone Daily*, 14 June 2006.

[32] Yang, Shaolong. *What does Huawei Rely On*. Beijing: CITIC Publishing House, 2014.

[33] Yao, Weijie. "The truth behind Huawei's '34+ layoffs'." *China Newsweekly*, 2017(3).

[34] Editorial Department of the China Entrepreneur Magazine. "Ren Zhengfei's Summary of Huawei's Success Philosophy: Even Girls who Dance Ballet have Thick Legs." *China Entrepreneur Magazine*, 2014(10).

[35] Zhao, Xiaomeng. "Why Tan Mujiang Moved its Headquarters."*China Marketing*, 2014(8).

[36] Zhong, Chen. "Research on Huawei's Internationalization Strategy based on Grounded Theory." *Economic Forum*, 2011(6).

[37] Zhou, Zhan. "Research on Huawei Technologies Co., Ltd's Internationalization Strategy based on Its Knowledge Accumulation." Xiangtan University, MA Thesis, 2014.

[38] Zhou, Liuzheng. *Huawei's Philosophy*. Beijing: China Machine Press, 2015.

[39] Zhang, Jichen, and Wen, Liyan. *Huawei's Human Resource Management (Actual Implementation)*. Shenzhen: Haitian Publishing House, 2015.

MAYELANA NOMBHALI

U-JIN YI unguMeluleki Oyinhloko kanye Nomqondisi Omkhulu We-Enterprise Research Institute, kanye nongoti wocwaningo lwezomnotho lwe-inthanethi. Useshicilele imibhalo yezezimali ecishe ibe yizigidi ezingama-20, futhi inemininingwane ejulile yemibono emikhakheni efana nokuguqulwa kwamabhizinisi endabuko ekubeni ilungele i-Inthanethi, kanye ne-Internet Plus kanye nokumaketha kwenethiwekhi.

Umenywe ukuthi azokhuluma ngezihloko ezithi *How to Transform Traditional Enterprises, What Should Enterprises Do When Their Negatives News Make Headlines, How Should Traditional Enterprises Ride the Wave of Internet Plus kanye ne-How Can Traditional Enterprises Exceed in Internet Plus Services.*

Emakilasini asezingeni enzelwe oMongameli bezinkampani ngenqwaba Amanyuvesi aquka Tsinghua University, Peking University, Beijing Technology kanye ne-Business University ne-Shanghai Jiao Tong University. Isifundo sekilasi likaZhou Xibing esasibanjwe endaweni yesikhulumi se-Litchi Micro Lesson kwabhalisa ngokweqile ngabafundi abangaphezu kuka-1500 ngenkathi ilayishwa okokuqala, futhi izifundo ezifanele bezisalayishwa.

Uke wabhala nezifundo zocwaningo zamabhizinisi adumile afana ne-Huawei, Lenovo, Tsingtao Brewery, Baidu, Yonyou, Wahaha Group, Gree Electric, Tan Mujiang, Lao Gan Ma kanye ne-ShayinaCEOt.com. Eminye yemisebenzi yakhe ihlanganisa i-*Crisis Management in the Age of Internet Plus, This is how Chucheng became a Bestseller, Apple Magic, The Long Tail of Obama, Internet Plus Services, Internet Plus, How and Becoming Internet-ready.*